国家自然基金（71872076)资助

平台经济

众包供应链数字化运营

黎继子——著

中国纺织出版社有限公司

国家一级出版社
全国百佳图书出版单位

内 容 提 要

本书将平台经济下的众包创新与供应链管理相结合，提出了众包供应链的概念，通过理论概括、逻辑演绎和具体的数学模型，试图建立平台经济下众包供应链与数字化运营的全新理论和实践框架，为企业的数字化转型提供一套行之有效的工具和方案。

本书可供企业决策层管理人员、供应链管理人员和电子商务从业者学习参考，也可作为高等院校创新管理、电子商务、管理科学与工程、企业管理等相关专业的本科生和研究生的参考书。

图书在版编目（CIP）数据

平台经济：众包供应链数字化运营 / 黎继子著. —— 北京：中国纺织出版社有限公司，2022.11
ISBN 978-7-5180-9892-7

Ⅰ. ①平… Ⅱ. ①黎… Ⅲ. ①供应链管理—研究—中国 Ⅳ. ①F252.1

中国版本图书馆CIP数据核字（2022）第180510号

责任编辑：刘 丹　　责任校对：王花妮　　责任印制：储志伟

中国纺织出版社有限公司出版发行
地址：北京市朝阳区百子湾东里 A407 号楼　邮政编码：100124
销售电话：010—67004422　传真：010—87155801
http://www.c-textilep.com
中国纺织出版社天猫旗舰店
官方微博 http://weibo.com/2119887771
三河市宏盛印务有限公司印刷　各地新华书店经销
2022 年 11 月第 1 版第 1 次印刷
开本：710×1000　1/16　印张：16
字数：250 千字　定价：68.00 元

凡购本书，如有缺页、倒页、脱页，由本社图书营销中心调换

前 言

在数字经济背景下,基于"互联网+"的平台经济(Platform Economy),颠覆了当今企业组织结构和商业发展模式。2021年全球市值排名前十中,前五家企业[苹果(Apple)、谷歌(Google)、微软(Microsoft)、亚马逊(Amazon)和腾讯],全部是基于互联网的平台化公司。同样,在中国最活跃、最影响当下人们日常生活的"BADXJ"(百度、阿里巴巴、滴滴、小米和京东),无一例外也都是基于平台模式,并继续扩展自己的帝国版图。

众包(Crowdsourcing),作为一种以创意和创新为特征的"互联网+"的平台模式,它反映出互联网时代的一种创新和实践,强调大众参与和体验性,以及从过去大规模生产转向当下个性化长尾窄众产品的生产。如今许多跨国公司如Amazon(众包平台:Mechanical Turk)、戴尔(Dell)(众包平台:IdeaStorm)、Microsoft和宝马(BMW),以及小米(MIUI)和海尔(HOPE)等均上线自己设计创新众包平台,并取得巨大的成功。

本书将平台经济下的众包创新与供应链管理相结合,提出了众包供应链(Crowdsourcing Supply Chain)的概念,通过理论概括、逻辑演绎和具体的数学模型,试图建立平台经济下众包供应链与数字化运营的全新理论和实践框架,为企业在数字经济环境下数字化转型提供一套行之有效的工具和方案。

全书共12章,主要内容包括众包供应链的概念、特点和类型;众包供应链的运营组织结构和数字化演化路径;众包供应链的数字化运作模式;众包供应链数字化驱动模式和运营策略;基于Online Review(在线评论)的众包产品在线设计生产决策;基于Online Review的众包产品营销策略;众包 Online 设计平台下企业信息完全披露及双边匹配决策；众包 Online 设计平台下企业信息披露行为与策略；众包 Online 设计平台下企业操纵信息披露行为与策略；基于最小批量和多重激励下的众包供应链的订货策略分析；基于 On-Line/Off-Line 混合定制的众包供应链设计与生产决策分析；Bayes 信息更新下基于众包供应链延迟 Online 设计生产策略。全书结合实例和数据分析，力求将理论融于实际，以便更加详细地阐述众包供应链数字化运营理论，进而突出可操作性。

本书可供企业决策层管理人员、供应链管理人员和电子商务从业者学习参考，也可作为高等院校创新管理、电子商务、管理科学与工程、企业管理等相关专业的本科生和研究生的参考书。

黎继子

2022 年 6 月 16 日

目 录

第 1 章
众包供应链的概念、特点和类型

一、数字平台经济与众包的关系 / 2

二、众包供应链的概念界定 / 6

三、众包供应链的数字化特点 / 8

四、众包供应链的类型分析 / 11

第 2 章
众包供应链的运营组织结构和数字化演化路径

一、众包供应链的运营组织结构 / 16

二、众包供应链数字化发展路径分析 / 20

三、众包供应链的组织结构数字化演化路径 / 26

第 3 章
平台经济：众包供应链的数字化运作模式

一、众包供应链的三种数字化创新主导模式 / 34

二、众包供应链的数字化运作模式——以海尔为例 / 37

三、众包供应链的数字化运作模式二——以苏宁为例 / 41

四、海尔与苏宁的众包供应链的数字化运作模式比较分析 / 44

第 4 章
平台经济：众包供应链数字化驱动模式和运营策略

一、众包供应链的数字化驱动模式 / 50

二、众包供应链的竞合策略 / 53

三、众包供应链系统组织数字化运营分析 / 56

四、众包供应链系统数字化构建策略流程 / 64

第 5 章
基于 Online Review 的众包产品在线设计生产决策

一、基本模型 / 76

二、分散式供应链模型及分析 / 80

三、集中式供应链模型及分析 / 82

四、众包产品设计方案的生产策略 / 85

五、模型拓展及比较分析 / 87

六、数值分析 / 90

第 6 章
基于 Online Review 的众包产品营销策略分析

一、问题描述 / 100

二、基于广告和 Online Review 策略模型建立 / 101

三、考虑返现（Rebates）的营销模型建立 / 107

四、数值分析 / 113

第7章
众包Online设计平台下企业信息完全披露及双边匹配决策分析

一、问题描述及符号说明 / 121

二、信息双边匹配模型 / 124

三、信息双边匹配模型的拓展 / 126

四、算法求解及敏感性分析 / 128

第8章
众包Online设计平台下企业信息披露行为与策略分析

一、问题描述及符号说明 / 141

二、基于信号博弈下的企业信息披露行为分析 / 143

三、基于完全信息下的企业信息披露行为分析 / 151

四、不同信息披露策略下的企业决策分析 / 153

五、数值分析 / 156

第9章
众包Online设计平台下企业操纵信息披露行为与策略分析

一、问题描述及符号说明 / 161

二、企业操纵信息披露与反击行为模型的建立 / 164

三、企业操纵信息披露策略和竞争者反击策略互动分析 / 175

四、数值分析 / 179

第10章
基于最小批量和多重激励下的众包供应链的订货策略分析

一、问题假设及描述 / 185

二、多周期众包供应链的订货基本模型 / 186

三、基于最小批量和多重激励的扩展模型 / 188

四、算例分析 / 198

第11章
基于 On-Line/Off-Line 混合定制的众包供应链设计与生产决策分析

一、问题假设及描述 / 207

二、基于 Off-Line 定制的众包供应链建立 / 208

三、基于 On-Line/Off-Line 混合定制的众包供应链 / 210

四、模型求解算法 / 213

五、算例分析 / 215

第12章
Bayes 信息更新下基于众包供应链延迟 Online 设计生产策略

一、问题假设及描述 / 229

二、基于众包的供应链基本模型 / 230

三、信息更新下众包供应链 Online 设计策略 / 231

四、众包 Online 设计信息更新下的延迟生产策略 / 234

五、不同组合策略的最优分析 / 237

第1章
众包供应链的概念、特点和类型

一、数字平台经济与众包的关系

（一）数字平台经济

数字平台经济是人类通过平台大数据的识别、选择、过滤、存储、使用、引导、实现资源的快速优化配置与再生，实现经济高质量发展的经济形态。数字经济通过不断升级的网络基础设施与智能机等信息工具来达到提升发展，人类通过互联网、云计算、区块链、物联网等信息技术，大大增强了处理数据的数量、质量和速度等，也推动了人类经济形态由工业经济向信息经济—知识经济—智慧经济形态转化，极大地降低社会交易成本，提高资源优化配置效率，提高产品、企业、产业附加值，推动社会生产力快速发展，同时，为落后国家后来居上实现超越性发展提供了技术基础。

数字平台经济有3大特征。

一是平台支撑。平台是数字经济的"新物种"。上一轮数字化浪潮，由公司驱动，通过大规模的信息系统投资，完成了公司的数字化，大大提升了公司运营效率与管理半径。而现在平台的出现推动了整个社会的数字化，为个体、小微企业提供可负担的、世界级的数字基础设施，最大限度地释放了个体、小微企业的潜力。整个社会信息成本大幅下降，公司信用不再和规模直接挂钩，直接促成了大规模协作的形成。

二是数据驱动。数据是数字平台经济的"新能源"，是数字平台经济最重要的特征。在上一轮信息化浪潮中，业务流程高度数字化，数据在公司内部实现了高效采集与储存；数据作为支持性工具，帮助公司实现全球业务可查、可控、可追溯。平台的出现，使数据的流动与共享成为可能；人工智能等新技术的应用，显著提升了数据挖掘的广度、深度和速度。从数据挖掘出发，颠覆原有商业模式，建立全新的商业生态，成为新的发展路径。

三是普惠共享。普惠共享是数字平台经济的"新价值"。"人人参与、共建共享"的特点，实现了普惠科技、普惠金融和普惠贸易。在科技领域，以云计算为代表的按需服务业务形态，使个人及各类企业可以用很低成本就轻松获得所需要的计算、存储和网络资源，而不再需要购买昂贵的软硬件产品和网络设备。在金融领域，以互联网信用为基础的新型大数据信用评分模型，让更多的个体享受到适合其各自风险特质的金融信贷服务。在贸易领域，各类贸易主体都能参与全球贸易并从中获利，贸易秩序也将更加公平公正。

我国的数字平台经济飞速发展，2017年，我国数字经济规模达27.2万亿元，同比增长20.3%，占国内生产总值（GDP）的比重达到32.9%。2018年，我国数字经济规模达到31.3万亿元，占GDP比重为34.8%，占比同比提升1.9个百分点。其中数字产业化规模达6.4万亿元，信息消费、数字经济领域投资、数字贸易等需求活力不断释放。2019年中国数字经济增加值规模达到35.8万亿元，占GDP比重达到36.2%。2020年，我国数字经济的规模达到39.2万亿元，占GDP的比重为38.6%，数字平台经济成为我国稳定经济增长的关键动力。

（二）众包在数字平台经济中的作用

1. 众包的基础概念

众包是指将过去应由企业内部完成的工作内容公开在网络上以公开自由的方式外包给非特定的网络用户。众包由多人共同在网络中参与，发包方可以是个体或者非个体的企业或机构，通过公开发布悬赏任务，聚集有意愿的网络大众共同参与完成，并在相关发包任务规定下获取经济报酬。

众包是一种产生于互联网背景下的大众化生产方式，具有成本低、时效快、生产效率高，以及满足发包方的个性化需求等优势。众包主要由三方组成，即发包方、众包平台和接包方。三者之间的关系如图1-1所示。

图1-1 众包三方主体关系

发包方通常是企业，包括营利或非营利机构，或者有需求解决相关任务想法的个体用户。发包方发布工作任务的途径一般有两种。一种是在公司官网上直接发布，以经济奖励悬赏的方式吸引大众网民来参与解决任务，大众网民或特定的机构企业即为接包方，在这种模式下不需要众包平台的参与，成本也更低。另一种是通过众包平台发布工作任务和内容，平台在此过程中扮演中介的角色。发包方将工作任务、工作报酬和要求等具体条款发布在平台之上，由网络大众选择参与。众包平台的本质是连接发包方与接包方之间的中介机构。中国的猪八戒网络公司便是一个典型代表。自2001年成立以来，公司主要利用互联网和公司网站汇集各种各样的发包任务，打破时间和地域条件的限制，在全球网络范围内发布任务，寻找发包方，通过经济奖励吸引相关专业才共同努力开展创新，探索问题解决之道。激励接包方参与的方法便是提供相应的经济利益，金额由发包方根据任务难度决定，网络大众皆可参与问题的解决，只需在规定的任务框架和时间之内提供所需的最佳内容，便可以获得由发包方提供的奖金。接包方的主体由数量众多的网络大众组成，接包方既可以是专业领域人士，也可以是相关任务问题的兴趣爱好者。全球范围内的网络用户个体或者团队可以通过在众包平台注册，提出自己的解决方案，发包方择优录取，如果方案被采用，便可获得相应的奖金报酬。

2. 众包产生的背景

首先，众包的发展基于网络技术的飞速发展和不断成熟，随着信息技术在商业领域中的广泛运用，"互联网＋"的普及运用使得公司的运营模式发生了很大的变化。而不同于以往的是，过去由企业内部完成的工作被转移到了企业外部，互联网技术使得发包方和接包方可以进行远程交流，提供了极大的便利性和可操作性，并且任务种类多种多样。多样的服务产品为各行业、机构组织和企业所采用。

其次，多种多样的企业任务需求为众包提供了广阔的市场基础和发展前景。众包不同于外包的根本之处是，外包产生于社会生产力大发展以及社会分工的基础之上，有利于企业实现规模效益。众包则发源于社会的差异化和多样化。新时代下需要社会提供更大的创新能力，属于更加个性化的个体的行为。当今时代下，个体用户的需求呈现出多样化以及个性化的大趋势，消费和需求市场更加复杂，消费者的需求变得更加多样。个体的差异化需求对厂商、对企业提出了更高的要求，并且为众包提供了宽广的市场发展条件。

再次，大众知识水平的提高也为众包的发展打下了广阔的人才基础。多种多样的互联网社交平台发展迅速，互联网用户急剧上升。在众多的大众网络用户中，汇聚了具有各种专业知识的多样的专业性人才，这为企业解决发包任务提供了坚实的大众力量。大数据时代的到来为各行各业的人们提供了广阔便利的交流空间，网络大众可以主动开发并参与到多样的互联网活动当中，使企业发包任务的解决更加便利。

3. 众包在数字平台经济中的作用

基于大数据、人工智能和区块链技术的不断发展，众包凸显出一个明显特征，即盘活网络资源，将内部成本外部化给更为专业的专家学者等专业人才来完成，使数字平台经济参与人更多、范围更广、参与的人员更为专业。也就是说，众包模式是利用数字平台经济中互联网形成智能的网络服务平台，众包模式改变了传统的生产服务方式，使生产运作方式更加专业化。在众包平台上，来自全球的专业性人才汇聚一堂，充分利用互联网技术提供的资源，解决发包方提出的各种任务，充分发挥个体的聪明才智，借力于网络大众，实现企业和外部资源的连接与互通，从而达到发包方与接包方的互利共赢。另外，作为一种公众参与的问题解决模式，在网络任务众包过程中，接包方可以根据个人喜好相应地选择问题，提出自己的解决方案，在此过程中，网络大众还可以增强自身的专业知识技能。同时，众包可涉及平台经济领域的各个环节：研发创新众包、生产众包、销售众包和物流众包，使得数字平台经济更具活力。

二、 众包供应链的概念界定

从20世纪90年代开始，信息化和网络化的发展不仅带动了电子商务、业务外包等新型产业的发展，而且影响了传统产业的设计、生产和销售，以及供应链运作模式，企业的经营和商业模式呈现多样化的趋势。如果说业务外包（Outsourcing）模式使供应链企业得以集中发展核心业务，扩大生产、销售和管理模式，那么，近年发展起来的众包则反映了互联网时代的一种新的创新和实践，其所呈现的是大众参与性和体验性，以及过去过多关注的大规模生产转向现在个性化的长尾窄众产品的生产。随着互联网的普及，以众包为平台，大众与消费者的创新和创造能力彰显出巨大的能量和商业价值，以众包为基础发展而来的众包供应链及其创新，也日益受到关注。

以美国无线T恤公司（Threadless）为例，公司创始人杰克·尼克尔和雅各布·德哈特通过互联网建立一个专业"众包"平台，吸引一大批年轻设计师和艺术爱好者在平台上发表意见、交流技术或在技术上一比高下，并将优秀的创意作品印制在T恤上进行销售，目前，在该平台上，成员总共提交47万件设计作品，通过在线评分系统，共有16564名艺术家在众包竞赛中胜出，这些胜出的设计就会马上由下游供应链合作企业予以量产，然后通过网上销售邮寄给顾客。通过这种众包供应链及其创新模式，使得无线T恤获得很大成功，在非常平常的服装领域开创了属于自己的蓝海商机。同样，在国内包括海尔、苏宁、小米和京东等企业也纷纷进入众包领域，将众包环节嵌入自己供应链环节，运用众包供应链来扩大创新幅度，降低产品研发成本，增加客户黏性和提高市场响应速度，以此来打造企业供应链的核心竞争力。

众包作为一种新出现的运作模式，是2006年6月在美国《Online》杂志由Jeff Howe首次提出，并在维基百科上定义众包为一个公司或机构把过去由员工执行的工作任务，以自由自愿的形式，外包给非特定的大众的做法。另外，国外学者 Brabham（2008）认为，众包是企业通过互联网在线发布问题，大众群体提供解决方案，为赢者获取报酬，且其知识成果归企业所有，是一种在线分布式问题的解决模式和管理模式；Chanal（2008）也指出众包是企业开放式创新，它通过网络设备，聚集外界众多离散的资源，这些资源可以是个体，如创意人员、科学家或工程师，也可以是团队，如开源软件群体；更进一步，Pine（2010）认为网络众包主要可分为三种模式：面向日常工作的众包、面向信息内容的众包和面向创新的众包。

国内学者张利斌等（2012）也综述了众包兴起的原因，以及众包与外包的关系；王姝等（2014）用实证分析方法分析了网络众包模式中互补共生的运营方式和基于知识服务的协同组织过程，探讨了个体与利益相关者如何通过协同创造群体价值；吴金红等（2014）从大数据环境出发，构建了企业竞争情况众包模式的逻辑框架，分析保障大数据项目成功的三个关键环节措施；郝琳娜等（2014）考虑R&D创新模式溢出效应不同的情况下，针对企业创新模式和投入策略选择，以及众包竞争模式下企业间完全竞争和合作时的决策问题，建立了相应博弈模型，分析了企业的决策对R&D创新水平的影响；李忆等（2013）从知识交易角度出发，分析了众包模式与定价机制的匹配，以及众包模式与交易机制匹配。

上述这些文献研究都强调通过互联网络，发挥草根力量的能动性和创造性，但是，忽视了众包所需要系统配套性和匹配性，即忽视了众包前后环节的打通和衔接，弱化从创意出炉到产品落地的众包时效性和可实施性的整合。具体来说，众包如果不强调时效性就意味着失去对客户和对需求的快速响应，也就意味着失去市场，众包也不可能成为一种为企业产生发展的一种常态模式。另外，如果众包不强调可实施性，那么，众包可能成为华而不实的花架子，或实现众包时所产生的成本很高，难以为继。

一般来说，众包最适合的环节是在供应链上游的研发设计阶段。如果众包在生产、销售和其他环节进行，其参与的门槛与由此所产生的沉没成本很高。同时，这些环节参与的刚性条件很强，极大限度限制受众人员参与,导致最终难以出现"众"包的局面。由于最合适众包的是设计创新环节,且该环节位于供应链最上游,而时效性和个性化则关联供应链最下游客户,如果将原本关联密切供应链两端环节分别断开,单独隔离进行分析众包,则难以达到众包的原始初衷。只有将最上游众包创新环节和最下游之间的供应链环节有机联系和匹配起来,进行供应链的整合,才能实现众包的要求。因此,不管从众包所要求的时效性,还是众包的匹配性和可实施性出发,对众包的定义,应该从供应链的角度进行分析和界定,即将众包与供应链进行耦合分析。

众包供应链(Crowdsourcing Supply Chain,CSC):是指供应链企业以众包为平台,通过互联网络方式,在线发布产品和服务研发设计要求,让大众群体自主参与,并逐步延伸供应链各个环节与之互动,共享信息,形成对产品或服务的采购、生产、销售和配送进行一体化运作,让消费者获得全过程完美体验的管理模式(图1-2)。

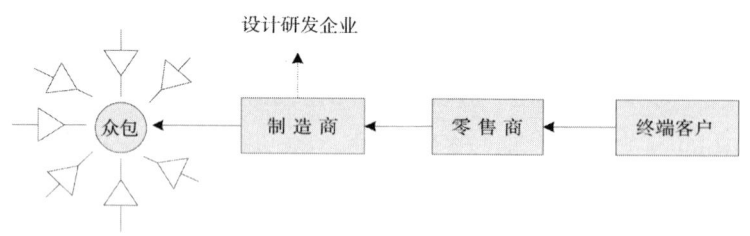

图1-2 众包供应链示意图

三、众包供应链的数字化特点

(一)数字化特点

从上述对众包供应链界定中可以看出,基于众包供应链与一般意义上的众包定义有所区别,主要是众包供应链是从一个较为系统的范围内进行定义的，基于此，众包供应链也就具有这几个方面的特点（图1-3）。

（1）借力互联网性。众包供应链强调互联网的互联互通性，一方面将众包的研发和设计信息，或是技术难题通过网络方式发布出去，让大众参与其中。同时，供应链管理本身也强调信息在各个环节的共享，众包作为供应链的一个外部嵌入环节，更需要信息交互，以保证下游最新信息向众包环节及时传递，以及众包环节的最终结果信息需要下游环节评定、实时消化和组织实施。

（2）大众参与性。众包供应链不同于外包和分包模式，众包供应链不是将相关环节指定给某个特定的组织、团体或个人来完成，而是通过一定方式和平台，让供应链以外的组织和大众人员自愿参与，参与者不受空间地域、国别限制，只要有相关专业能力和素质均可参与，是供应链组织外部创新的一种来源方式。

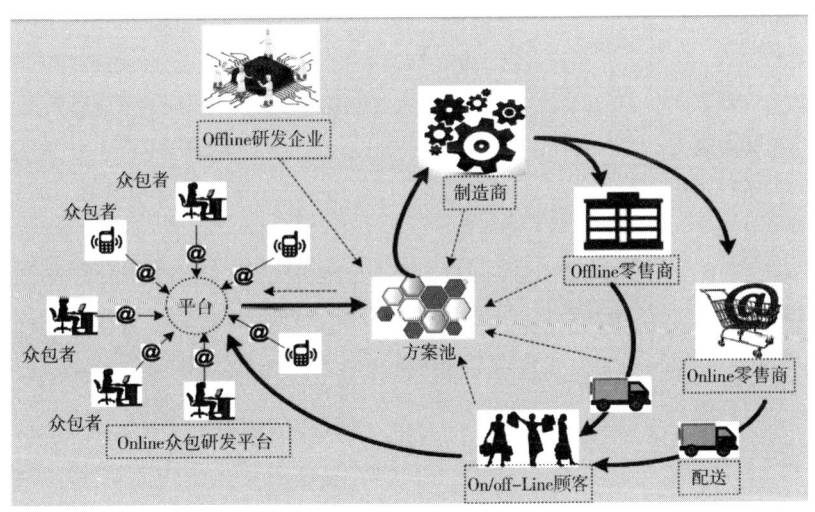

图1-3 众包供应链的特点

（3）突出两端性。众包供应链在强调供应链整体协同性的同时，更突出供应链两端环节，即供应链最上游的设计研发环节与供应链最下游环节的终端消费者个性化需求的匹配。由于末端"海量"的、具有较强时效性的个性化需求，迫使供应链组织最前端不得不依靠众包方式，通过供应链外部资源的研发设计，来及时弥补本身组织内部专有资源的不足。

（4）供应链连接性。虽然众包供应链更突出两端性，但是，没有供应链中间环节企业的支撑和支持，众包的优势和最终消费者的体验就难以得到实现。比如宝洁（P&G）、星巴克（SBUX）、耐克（Nike）和百思买（Best Buy）等通过各自供应链网络平台来吸引专业人员和业余爱好者共同参与解决技术难题，设计新产品和提供新创意，并通过自身供应链系统来最终实现，都取得了很好的发展势头。

（二）众包供应链和外包比较

外包和众包供应链两者之间既相互联系，也存在区别。区别主要表现在如下几个方面（表1-1）。

表1-1 众包供应链和外包的区别

	众包供应链	外包
互联网络	必要条件	不是必要条件
合作关系	自愿参与、非契约关系	契约关系
实施合作环节	供应链上游的设计和研发环节	供应链任何环节
参与对象数量	众多	为数不多的1~2个对象
合作对象的稳定性	不固定	相对固定
合作复杂程度	相对简单	相对复杂
产品或服务主要产生者	消费者、潜在用户、专业人士	生产商、销售商
对合作结果	只有结果要求，没有具体形式要求	既有结果要求，也有实现形式要求
主要适合供应链类型	响应型供应链	功能型供应链
追求经济效果	范围经济	规模经济
外部对象参与的动机	自愿、偏好、功利性弱	积极、功利性强

外包和众包供应链也有相似的方面。首先，它们都是竞争日益激烈的市场经济产物，是企业在竞争中不断寻找新模式和变革办法；其次，延伸了组织边界，创新不局限于企业内部，企业开始向外部需求寻找创新资源，这是对传统创新模式的最大突破；再次，两者都是网络时代的产物，都是信息交互和专业化不断加强的结果。

四、众包供应链的类型分析

众包供应链根据不同特点和分类标准分有不同的类型,按照众包供应链发起起源,可以分为内生型众包供应链(Endogenous Crowdsourcing Supply Chain)和外生型众包供应链(Exogenous Crowdsourcing Supply Chain);按照众包供应链目的和周期,可以分为项目型众包供应链(Project-Oriented Crowdsourcing Supply Chain)和续存型众包供应链(Continuous Crowdsourcing Supply Chain)。

(一)内生型众包供应链与外生型众包供应链

内生型众包供应链,是指企业在其原有研发和创新基础上,有的企业缺失研发和创新环节,通过供应链自身建立"众包"平台,以吸引外部海量Online创新人员,来参与供应链的设计和研发创新。这种类型众包供应链的众包环节,源于供应链自身创新需求驱动,同时,通过内部自建"众包"平台、自我运作来进行,是一种内部的内生型众包供应链。

外生型众包供应链,是指一般供应链和"众包"平台企业,分别隶属于不同的组织,两组织之间各具优势,众包平台企业具有Online海量设计者资源,但缺乏将新产品进行生产和营销的经验;而一般供应链恰恰相反,或研发环节缺失,或难以跟上日益快速更新所需的研发资源。故两者之间为了相互借用对方的优势来发展自己,依靠对方力量来弥补自身的短板,所以,这种众包供应链是一种外生型众包供应链。

内生型众包供应链和外生型众包供应链比较分析见表1-2。

表1-2 内生型众包供应链和外生型众包供应链比较分析

	内生型众包供应链 Endogenous Crowdsourcing Supply Chain	外生型众包供应链 Exogenous Crowdsourcing Supply Chain
驱动来源	内部因素	外部因素
众包环节设立	自身内部建立	寻求外部合作（自身不建立）
众包运作	自行运行	外方运行
协调性	相对容易	相对复杂
众包者数量	较多	很多
合作稳定性	固定	不固定
复杂程度	复杂	简单
目的	Online/Offline 研发相互融合	依赖 Online 研发和创新
专业性	强	弱
投入的资源	较多	较少

（二）项目型众包供应链和续存型众包供应链

项目型众包供应链，是指众包供应链为完成某一项目而存在。项目完成后，众包供应链组织则随之解体和终结，这种众包供应链的形成和运行，具有很强的目的性和时效性。一般来说，项目型众包供应链更多具有外生型众包供应链的特征，体现出一种基于任务的外部合作性，比如，猪八戒网就属于这一类。

续存型众包供应链，是指众包供应链众包创新环节，长期嵌入和内化在供应链体系中，不因某项研发和创新产品的完成而终结。对于任何针对该供应链企业的产品改进设计或创意，都可无限制次数，无截止时间，只要对企业某种产品进行创新、改进、改善的方案，任何时候任何地方均可，这种续存型众包供应链往往出现在内生型众包供应链，如果一般供应链企业与众包平台组织结成长期战略合作关系，这种外生型众包供应链在一定程度上，也属于续存型众包供应链，如小米 MIUI 平台和海尔的 HOPE 平台是这一类。

两种供应链比较分析见表1-3。

表1-3 项目型众包供应链和续存型众包供应链比较分析

	项目型众包供应链 Project-Oriented Crowdsourcing Supply Chain	续存型众包供应链 Continuous Crowdsourcing Supply Chain
合作时间	暂时性	长期性
目标任务	刚性、明确	柔性、明确
专业化程度	高	不是很高
合作稳定性	固定	不固定
合作复杂程度	复杂	相对简单
风险程度	较高	低
供应链类型	外生型众包供应链	内生型或外生型众包供应链
重复度	一次性	多重复
时间限制	有时间窗口	没有时间窗口

参考文献

[1] 王建文. 互联网时代服装企业低成本营销的新路径——以无线 T 恤为例 [J]. 纺织导报, 2013, 8: 89-90.

[2] HOWE J. The rise ofcrowdsourcing [J]. Wired Magazine, 2006, 14 (6): 1-5.

[3] BRABHAM D C. Crowdsourcing as a model for problem solving: an introduction and cases [J]. The International Journal of Research into New Media Technolgies, 2008, 14 (1): 75-90.

[4] CHANAL V. How to invent a new business model based on crowdsourcing: the crowd spirit [C]. Proceeding of EURAM, 2008, 14-17.

[5] PINE J. The limit of crowdsourcing incentive activities: what dotransaction cost theory and evolutionary heories of the firm teach us? [EB/OL]. http://cournot.strabg.sr/users/osi/program/TBH-JP-crowdsourcing.pdf. [2010/2012-07-23].

[6] 张利斌, 钟复平, 涂慧. 众包问题研究综述 [J]. 科技进步与对策, 2012, 29 (6): 154-160.

[7] 王姝, 陈劲, 梁靓. 网络众包模式的协同自组织创新效应分析 [J]. 科研管理, 2014, 35 (4): 26-33.

[8] 吴金红, 陈强, 张玉峰. 基于众包的企业情报工作模式创新研究 [J]. 情报理论与实践, 2014, 37 (1): 90-93.

[9] 郝琳娜, 侯文华, 刘猛. 众包竞赛模式下企业 R&D 创新水平策略博弈分析 [J]. 科研管理, 2014, 35 (4): 111-120.

[10] 李忆, 姜丹丹, 王付雪. 众包知识交易模式与运行机制匹配研究 [J]. 科技进步与对策, 2013, 30 (13): 127-130.

[11] ALBORSA J, RAMOSB J C, HERVASA L. New learning network paradigms: communities of objectives, crowdsourcing, wikis and open source [J]. International Journal of Information Management, 2008 (4): 194-202.

[12] HIRTH M, HOFFELD T, TRANGIA P. Analyzing costs and accuracy of validation mechanisms for crowdsourcing platforms [J]. Mathematical and Computer Modeling, 2013, 57: 2918-2932.

[13] BAYUS B L. Crowdsourcing new product ideas over time: An analysis of the dell idea storm community [J]. Management Science, 2013, 59 (1): 226-244.

第2章
众包供应链的运营组织结构和数字化演化路径

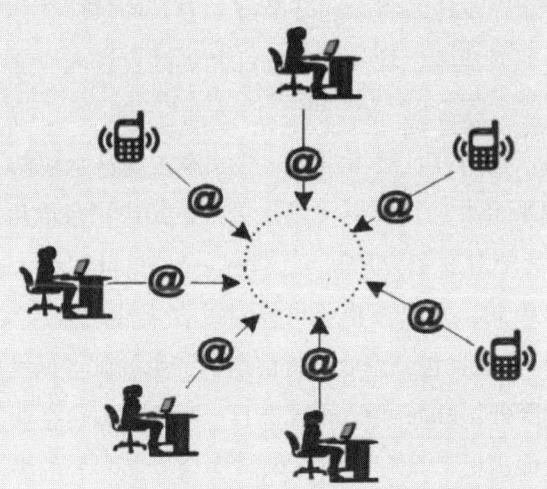

一、众包供应链的运营组织结构

电子商务、数字支付和智能配送等新型业态的出现，不断影响和改变传统产业的研发、生产和销售，以及供应链运作和创新模式。一方面，特别是基于供应链下游的零售端，被天猫（Tmall）、京东（JD）、苏宁（Suning）和"唯品会"等国内网络巨头的引导下，跨入了引领世界标杆"新零售"模式，以制造见长的中国产业得到了有力支撑；另一方面，近年兴起的众包，则反映了互联网时代，基于供应链上游环节的一种新的创新范式和实践（张九庆，2015；庞建刚 & 刘志迎，2016；黎继子等，2016）。基于"众包"创新突破企业原有边界，通过互联网方式，吸引线上海量潜在的参与者，使得该创新研发模式巨大的能量和商业价值得以彰显，成为互联网向供应链上游延伸的下一个"大风口"，日益受到人们关注。故包括亚马逊、戴尔、星巴克、宝洁、海尔、小米等企业也纷纷将众包环节嵌入自己的供应链体系，来扩大创新幅度，降低产品研发成本，增加客户黏性和提高市场响应速度，强化企业自身核心竞争力。

国内外文献对众包研究日趋增多，这些文献主要从众包的三个主体，即发包方、接包方和平台方进行研究（张永云等，2017；余琨岳等，2017；王开阳等，2017）。其中对发包方的研究，Troye & Supphellen（2012）研究发现，采用众包创新模式，发包方企业可以对顾客个性化需求反应速度更快；Sun et. al.（2012）发现发包方企业可将前期所产生的试产试销成本，通过众包方式得以大幅度降低；Blohm et. al.（2011）则发现发包企业与参与者之间有效交流互动，能促进更多具有不同知识结构众包参与者的参与；侯文华和郑海超（2012）研究发现众包发包方积极反馈，可使得创新方案更具多样性。

而接包方的研究主要集中于接包方动机和属性方面。其中 Brabham

(2010)、夏恩君和赵轩维（2017）通过 Threadless 众包社区和 MIUI 社区发现，除了物质奖励之外，众包参与者价值实现也是他们参与众包最主要的动因；Bayus（2013）通过长期跟踪发现，众包参与者的创新与过去成功经验呈负相关，众包创新者倾向重复提交以前的创意方案；Frey et. al.（2011）发现如果众包参与者具有复合知识结构，可对创新的实质性贡献和非实质性贡献有正向作用。在平台方的研究上，Hetmank（2013）分析有效的设计众包系统，应包括用户管理模块、任务管理模块、贡献管理模块以及工作流管理模块；Mason & Watts（2010）探讨平台方如果标价过高，可以吸引更多众包参与者参与，但同样也容易吸引欺诈者前来，导致任务完成质量降低。

综上分析，发现现有文献很少将"众包创新"环节与下游生产、销售环节进行一体化分析，即从供应链视角来研究众包创新问题。如果不从供应链视角研究众包创新，即使再新颖的创意，没有下游环节企业的协作、用户深度参与，也可能成为镜中花水中月，难以被市场所接受，难以实现众包作为互联网基因而强调的用户体验；反过来，下游企业没有上游众包企业研发的支撑，也可能是无米之炊，难以为继。故应将"众包"和供应链进行耦合分析，给出众包供应链运营组织结构，如图 2-1 所示。

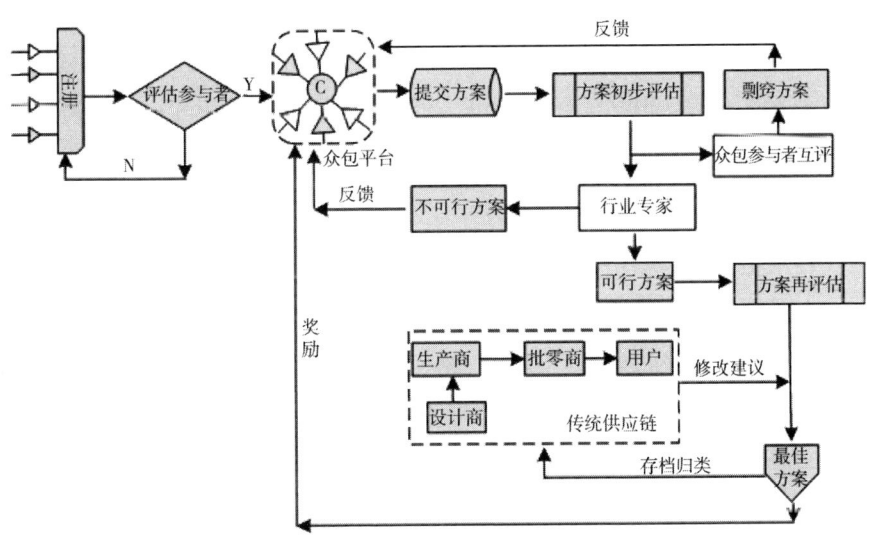

图 2-1　众包供应链的运营组织结构

一般来说，众包供应链由四个子系统构成，即众包参与者测评系统、众包方案评估系统、众包服务反馈系统和生产销售系统。其中，众包参与者测评系统是前提，众包方案评估系统是关键，生产销售系统是重点，服务反馈系统是保障。

（一）众包参与者测评系统

众包参与者测评系统，是众包参与者在参与 Online 众包设计前所进行的一个准入门槛评估和必要的步骤。考虑互联网分布广泛的特点，特别是产品设计和创新是一项开创性和创新性的活动，对人员的素质要求较高，如果没有任何障碍和要求，可能使得组织创新活动的标准大幅降低，同时，由于众包人员的良莠不分，可能浪费大量的企业资源，消耗大量的人力和物力来对众包设计进行后处理，从而达不到企业基于互联网"众包"创新目的的初衷和构想。另外，这种事前门槛评估对众包参与者进行后续的统计分析，以及有效服务"众包"参与者提供了基础数据。

众包参与者测评系统，就是对希望进入众包平台进行众包创新设计的人员进行注册登记，同时也对参与人员进行一个初步评估。这种评估是初步的，门槛不会太高。因为门槛太高意味着放弃了众包设计是一种开放性、包容性和广泛参与性的创新活动。初步测评主要包括个人基本信息和专业基本信息两类。其中专业基本信息包括设计经验、专业背景、学历学位、期望奖励方式；个人基本信息包括年龄、爱好、性别、所在国别和省份。通过这种注册和初步评估的众包参与者将成为正式成员，参与企业的创新和设计活动，而没有通过测评的人，则摒弃在创新活动门槛之外。

（二）众包方案评估系统

众包方案评估系统，是众包参与者进入众包平台后，根据企业和消费者发布在众包平台上的要求，进行创新和设计。根据要求在规定的时间内提出自己的设计创新和解决方案，由于提供的方案涉及各个层面和各种层次，既不能简单地一切接受投入生产，又不能随意全盘否定。需要有层次性地进行评估和分析，保证有创新和创意的方案不会遗漏，也不会让貌似新颖但难以实施生产的设计贸然投产。

众包方案评估系统包含三个层面的评估：众包参与者之间的 Online 评估、行业内专家 Offline 评估和供应链内各个环节专家 Online/Offline 评估。其中，众包参与者之间 Online 评估，确切来说只是一个预评估，由于考虑众包参与者参与的广泛性和专业性差异，海量的参与者对同行提交方案进行评估，最有可能评估出提交的设计方案是否存在雷同，甚至是否剽窃方案，从而很大限度避免了知识产权的纠纷；然后进行第二个层面的评估，即邀请行业内专家 Offline 评估，让专家对剩下的方案进行分类，归类出可行的创新方案和不可行的创新方案，并说明原因；第三个层面的评估是供应链内各个环节专家 Online/Offline 评估，对可行方案进行详细分析，由于供应链内中有自身的研发设计人员、生产人员和销售人员，他们对本供应链产品品类的研发、生产和定价销售有着较深刻的认识，很大限度上提高了众包设计方案的可执行性，以尽快实现产品量产和销售。在第三个层面的评估中，供应链内各个层面的专业人员，将结合供应链运作实际，对提交的方案提出修改和改进的意见，使方案变得可行和完善。

(三) 众包服务反馈系统

众包服务反馈系统，是指众包参与者所提交完设计方案后，为了维护好众包参与者的积极性和热情，需要对众包参与者进行长期有效维护和互动，保证众包供应链的创新得以持续。如果说消费者的需求是创新的原始思想起点，那么众包参与者的高效参与就是创新构思的源点。

众包服务反馈系统，就是对所有众包参与者进行很好沟通和服务的系统，该系统包含四个方面的内容。一是奖励众包最佳方案的提交者，奖励三种情况：一次性固定金额物质奖励，或可变金额的物质奖励，或精神奖励；二是对所有被认为是可行方案的众包参与者给出反馈，并进行相应的评价和累计积分，累计积分达到一定程度时给予相应的精神激励和物质激励；三是对有剽窃行为的众包参与者，需要进行善意警示，当到达一定程度时则可排除在众包平台外，纳入黑名单库；四是企业应该对所有众包参与者，发起一个类似"开放日"的活动，让众包参与者有机会近距离感受企业的文化价值，了解企业的生产销售环节，增强参与者的归属感，特别是对于海外的优秀众包参与者可以提供一些免费的旅行机票和食宿，形成良好的众包文化和氛围。

(四) 生产销售系统

生产销售系统，就是通过上述两个子系统提供的最佳众包设计方案，进行生产以及后续的销售。由于所生产和销售的产品是源于众包创新设计的产品。故在生产工艺、生产设备和生产人员，甚至是生产时间安排上，与一般供应链存在一些差异，比如，对于生产是外包出去，还是自行生产，采用众包设计的产品，产品寿命周期更短，产品周转的速度更快，要求生产设备更多是柔性设备，或数字化和智能化装备，生产人员的素质更高，生产时间安排要求更为灵活。在众包供应链生产系统中，众包设计产品更多是基于定制化（Tailored）和个性化（Personalized）产品，模块化设计也必然涉及，而产品的模块化所包含的通用件和定制件的分类，以及供应商的选择问题，也必然影响生产的速度和定制化程度，这也是众包设计生产时所需事前考虑的。

为了与消费者更多地进行互动和提升消费体验，众包供应链所生产产品的销售，将采取"新零售"销售模式来吸引消费者，如采用网上下单网下提货（Order Online–Pickup in Store），线上线下同款同价，或者采取全渠道销售（Omnichannel Sales）的方式，以扩大消费者全程参与性。同时，引导消费者表达自己的诉求和偏好，增加社交媒体的营销互动，以便将消费者潜在的诉求和偏好，转化为引领企业满足消费者和企业创新的起点，不断增加消费者对企业产品的需求黏性，将消费者潜在需求转化为企业利润和可持续发展的源泉。

二、众包供应链数字化发展路径分析

"众包供应链"作为一种"互联网＋研发创新"下的新型供应链，其产生和发展遵循一定存在发展路径。一般来说，众包供应链的组织结构演化经历四个阶段：内部分化阶段（Internal Decomposition）、内部社区化阶段（Internal Community）、外部开放化阶段（External Open）和外部平台化阶段（External Platform）。

（一）内部分化阶段

在传统供应链系统内，基于互联网的线上"众包创新"环节往往是缺失的，随着外部需求的多样化和个性化发展，对供应链上游创新和研发环节提出了新的挑战，传统供应链为了充分发挥有限研发资源，在初期阶段，往往鼓励供应链内部研发机构的不同研发小组，在时间和精力允许的条件下，自愿和有额外报酬地参与到特定的研发项目中，但这不能影响研发小组成员原本属于自己的研发任务。许多传统供应链企业，在众包发展初期，就是从自身研发环节内部挖潜而派生出来。通常也是通过基于互联网，在企业内部发布研发信息和奖励标准，研发部门内部员工自愿参与，被选中的方案将被给予回报和奖励。国内企业小米发展初期就是这种模式，如图2-2所示。

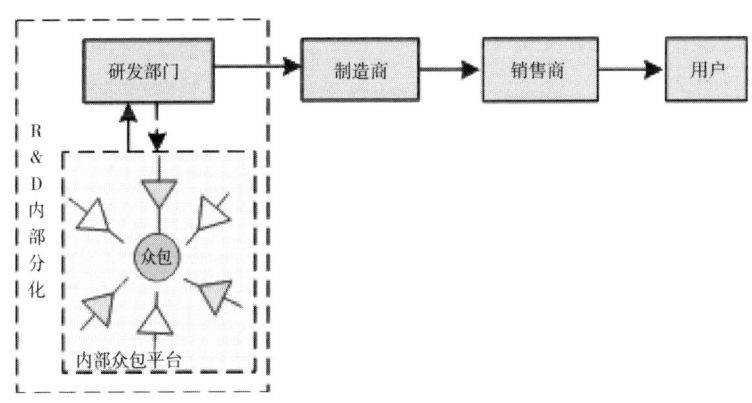

图2-2 众包供应链内部分化阶段

在这个阶段中，参与众包的设计者和研发人员，都是内部研发部门的员工，且参与人员的基数有限，能否参与依赖于个体时间和意愿，但这些人员的设计和研发思维存在一定的固化模式。而内部化阶段的优势，是这些参与众包的人员，均对供应链所设计的产品品类较为熟悉，对设计和研发的工艺、质量和功能、成本有较好的把控，所以，设计出来的产品能很快适应供应链下游环节的运作。

(二) 内部社区化阶段

供应链的创新不是仅仅涉及供应链的研发设计部门，往往需要供应链上下游的各个环节的积极参与。即众包创新参与者可扩展到供应链下游的零部件生产商、产品的制造商、批发零售商。由于供应链上下游各个部门，对供应链所经营的产品都有着不同的理解，只有群策群力，共同协作协商，才能把控个性化定制化产品的运作流程。故众包供应链发展到第二个阶段时，其结构从内部研发部门扩展到整个内部供应链的各个环节，即内部社区化（Internal Community）阶段，通过内部互联网，将产品开发和设计信息在网上在线发布，并征求供应链内部各个环节企业员工的相关创新思路和方案，员工均可自愿参与。国内企业海尔就是该模式的代表，如图2-3所示。

在内部社区化阶段，众包参与人员的基数更大，组成人员的知识结构互补性更强、更为多样，同时这些参与人员都是供应链内人员和员工，同样对供应链所经营的产品品类更为熟悉和了解，但也存在着不同部门的人员，需要更好地组织和协调，才能形成合力和整体优势，也需要平衡好本职工作和自愿参与的众包额外工作，避免产生本末倒置的情形。

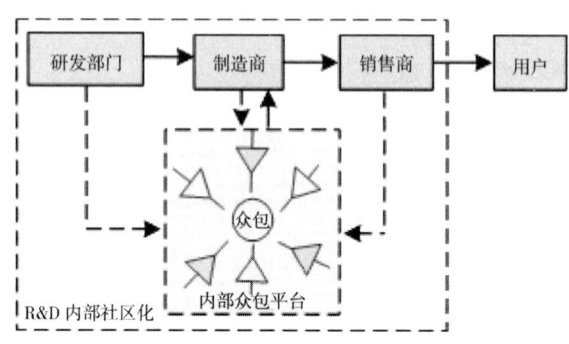

图2-3 众包供应链内部社区化阶段

(三) 外部开放化阶段

随着开放式创新（Open Innovation）和生态网络创新（Ecologic Network Innovation）发展，供应链的创新边界不断扩大，供应链创新和研发的外延和内涵发生了很大变化。首先，顾客被鼓励参与创新研发全过程，企业不仅需要引领和满足顾客需求,同时还需让顾客有很好的体验,增加顾客和用户的黏性,让顾客成为供应链企业的"忠实粉丝"。这就需要将众包创新环节从内部封闭结构走向外部开放结构,让顾客充分表述并参与产品的研发和设计,与供应链上下游其他各个环节企业人员充分沟通和互动,使得研发和创新更能贴近市场,更能被消费者尽快接受。国外企业星巴克就是这种模式的典范,如图2-4所示。

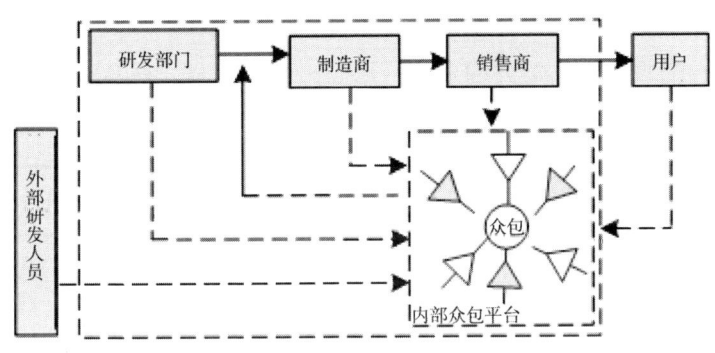

图2-4 众包供应链外部开放化阶段

另外,供应链内部创新资源毕竟有限,而且创新思维相对固化,在面对市场定制化和个性化程度不断提高,窄众和长尾产品不断被企业接受的现实,仅仅依赖供应链内部研发和设计环节,往往力不从心,而互联网的便利性,为通过网络来吸引海量在线设计人员参与供应链的研发提供了便利条件,也使得传统供应链企业在不增加人员的基础上,通过借助互联网外部研发力量来强化自身的开发设计能力,所以,这个阶段就是外部开放化阶段。

在这个阶段,参与众包设计的人员基数成倍放大,各种不同的创新和设计方案更多、更杂,这时组织和管理众包工作就显得非常复杂和重要,一方面需要协调内部各项工作,同时更需要呵护外部众包参与力量的积极性,一旦忽视和怠慢外部众包创新参与者的热情,外部开放阶段很容易被锁定回原来的内部社区化阶段,难以得到海量在线设计众包参与人员的智力支持。

(四) 外部平台化阶段

随着众包供应链的发展，众包创新和设计环节的专业化程度不断增大，同时，众包环节的运行的复杂和管理难度也日益加深，仅仅依靠供应链企业自身力量，将占用企业更多资源和时间，并且效果也不一定很好。因此出现一些第三方组织机构的专业众包平台，这些众包平台将专门承接及服务于众包企业和连线海量在线众包设计者，使得传统供应链企业从自身建立和自行运营众包创新环节的事务中解脱出来，众包平台机构以专业化方式，高效组织管理众包需求方和供给方的对接，比如国内的"猪八戒"众包平台就是该阶段的雏形，如图2-5所示。

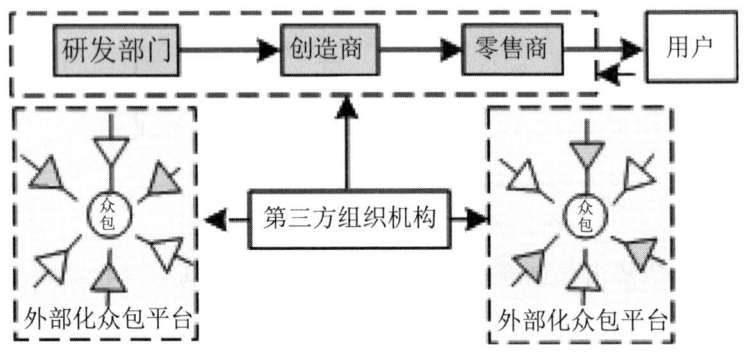

图2-5 众包供应链外部平台化阶段

外部平台化阶段的发展，意味着传统供应链，不管是大企业还是中小微企业，都能通过借助外部众包平台机构，来进行众包研发和创新，使得传统供应链企业进行众包研发创新时，创新成本大幅降低，同时效率得到提高；但是也存在着以后将不得不依赖众包平台企业进行研发，而缺乏与众包参与者的直接沟通和交流。

不同阶段众包供应链结构演化优缺点见表2-1。

第 2 章 众包供应链的运营组织结构和数字化演化路径

表 2-1 不同阶段众包供应链结构演化优缺点

	内部分化阶段	内部社区化阶段	外部开放化阶段	外部平台化阶段
优点	1. 熟悉设计流程 2. 了解产品类别功能与成本结构 3. 开发产品相应市场需求时间较短	1. 研发更切合生产和销售实际 2. 促进整个供应链内创新活力和动力 3. 缩短产品研发周期	1. 更能满足顾客个性化需求，增加市场黏性 2. 创新设计人员知识结构更加多样化 3. 创新设计思维更为活跃 4. 对市场响应速度更快 5. 设计成本大幅度降低	1. 更有效、灵活地研发新产品 2. 研发成本更为经济 3. 管理协调更为便捷高效 4. 设计创新更为专业
缺点	1. 设计思维固化，设计创新容易锁定 2. 设计人员有限 3. 设计时间和成本相对较高 4. 设计人员动力相对不足	1. 组织协调难度大 2. 容易抹杀原创性和颠覆性创新产品 3. 需要更高层级管理机构，成本相应增加	1. 设计创新支表不分，甚至出现剽窃现象 2. 在强调创新设计的同时，可能忽视设计的可生产性和价格的可接受性 3. 需持续维护众包参与者的参与热情	1. 不能与众包设计者和消费者直接沟通，缺乏掌握第一手创新资料的渠道 2. 容易过度依赖外部众包平台，导致失去研发核心能力 3. 各易产生相应设计版权纠纷

三、众包供应链的组织结构数字化演化路径

众包供应链作为一种在互联网时代下的新型供应链,其创新发展存在着自身独特的规律性,它是随着互联网普及和商业模式不断升级而演化。众包供应链的创新发展沿着简单到复杂,由非专业到专业,由低级向高级形式不断变迁。一般来说,众包供应链的创新发展经历四个阶段:萌芽阶段、探索阶段、成长阶段和成熟阶段(图2-6)。在这四个阶段中,每个阶段呈现出不同的特点和表现形式,下面将对这四个阶段进行——说明和分析(表2-2)。

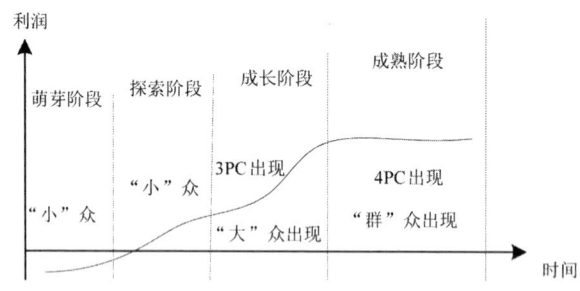

图2-6 众包供应链创新发展的四个阶段

(一)萌芽阶段

众包供应链是在一定环境和条件下产生的,当供应链企业面临着外部激烈市场竞争时,供应链各个成员也越来越重视市场需求和创新信息,这就形成众包供应链的最原始基础。首先,市场竞争迫使供应链企业必须重视消费者意见和建议,在没有形成供应链创新信息共享前,这些消费者和终端市场的创新信息往往被碎片化和粗略化,甚至边缘化,这些从市场反馈回来的信息,刚开始大部分被忽视,只有主要和少数重要的创新信息才被重视,并且被用于改进产品和提高产品质量,而绝大多数信息可能由于是少数消费者的要求,或是由于创新信息在向供应链上游环节企业反馈中被忽视、被扭曲,造成最后不了了之。

第2章 众包供应链的运营组织结构和数字化演化路径

表2-2 众包供应链创新发展的四个阶段特点比较

	萌芽阶段	探索阶段	成长阶段	成熟阶段
众包创新参与者	"小"众	"小"众	"大"众	"小"众+"大"众="群"众
众包供应链结构	众包参与者 → 供应链	众包参与者 ⇄ 众包参与者 → 供应链	众包参与者 ⇄ 众包参与者 → 3PC → 供应链	众包参与者 ⇄ 众包参与者 → 3PC → 4PC → 供应链
信息交互特点	单向交互、点对点	双向交互、点对点	双向交互、纵横向一体化	双向交互、纵横向一体化
涉及供应链	单供应链	单供应链	单供应链	多供应链
创新复杂度	简单	一般	较复杂	复杂
众包专业机构	无	无	第三方众包(3PC)	第三方众包(3PC)和第四方众包(4PC)
众包动力模式	拉动式(Pull)	拉动式(Pull)	主要是拉动式(Pull)，辅以推动式(Push)	拉动式(Pull)和推动式(Push)

在互联网时代，供应链成员企业在信息交互下，各个环节企业信息重视的程度得到了很大的提高。创新信息收集由原来"被动"变为"主动"，即以前是消费者对产品很不满意而主动投诉，为此，供应链企业将一层一层向上追溯被动应付；现在是供应链各个企业主动从市场中挖掘创新信息，不仅是对现有产品的改进信息，而且是感知和触摸未来潜在市场需求的创新信息。以前只是销售企业去收集信息，现在不仅是销售企业，而且包括供应链上游的制造企业，以及专门收集信息的部门都来收集信息。这样一来，一方面是供应链企业需面临海量的信息及创新需要，并要满足这些大众和窄众的创新需求；另一方面，供应链企业有限的资源，难以通过自身力量解决和响应所有市场创新需求。这两个方面的矛盾，迫使供应链企业在收集、捕捉和归类市场需求信息后，利用互联网上悬赏相关需求的解决方案。这种供应链企业"网上悬赏制"就是众包供应链的创新早期雏形。

在萌芽阶段，众包供应链的众包是被动、小范围、简单的产品创新和创意的众包。众包供应链各个环节中，只有创新环节和销售环节企业参与度较深，而供应链其他环节企业涉及程度则较低。众包供应链的众包动力是基于市场创新需求，即是以拉动式驱动众包供应链进行创新运作和实施。

(二) 探索阶段

在探索阶段，众包供应链的优势得到了充分认可，但是作为一种新生事物，对于众包供应链有哪些创新模式，如何进行构建和组织，如何高效运营等问题都是需要探索的，故就存在不同的发展路径。在这个阶段中，首先是众包供应链发起创新主体对象是多元的：有的是以零售企业作为创新主导企业来形成供应链众包，有的是以分销企业为主导创新的供应链众包，有的是以制造企业为主导创新的供应链众包，这些不同的创新主导企业在众包供应链运作中处于核心地位，而其他企业则处于从属地位；其次，在探索阶段中，由于众包创新机制不完善，众包氛围和人气没有到达一定程度，没有形成良性循环，使众包参与者无论在规模上还是数量上显得广泛性不够；再次，众包参与者的人员种类，主要是供应链企业现有的消费者、少量潜在用户、发烧友和一些专业设计创新人员；最后，参与众包的主体，主要是以个体、个人身份参与，极少有较大的机构组织和单位参与众包环节中。总之，探索阶段，众包参与者不管从数量还是从规模上，均具"小"众（Small Individual）的特点。

另外，在探索阶段，众包供应链中的众包创新平台还较为单薄和分散，有的供应链众包创新平台是开放的，有的是闭环式的。开放式众包创新平台更多以信息发布为主，闭环式则强调交互响应。同时，在众包创新平台上，可能众包供应链每个环节的链节企业均有众包发布的入口和出口，有的众包供应链将整个众包创新平台集成在一个综合平台上进行。在信息交互方式上主要通过 PC 端解决。总之，在众包供应链的探索阶段，还没有非常成熟的主流模式，众包供应链的众包创新动力还是基于市场需求的拉动式。供应链企业均是根据自身的特点进行尝试和实验，以找出符合供应链企业自身创新发展的路径和模式。

（三）成长阶段

在成长阶段，众包供应链发展步入一个上升通道，供应链创新企业通过众包找到适合自己的赢利模式，形成了一个较好的众包创新生态供应链环境，表现在如下几个方面：①众包供应链发起的主体对象，不仅有供应链的制造商、供应商和销售商，而且还出现了专业的第三方众包机构（3PC，3rd Party of Crowdsourcing）发起和主导的众包供应链，这样使得众包环节更加专业化。同时，第三方众包（3PC，3rd Party of Crowdsourcing）更能吸引到更多更好的专业人员参与，也利于供应链上的供应商、制造商和销售商更专注于自己的核心业务。②参与众包的主体开始出现了较大专业组织机构和单位，这些专业机构是专门定位于通过众包的设计和创新来赢利，这样使得众包参与者的实力和个体规模大幅度提高。③众包供应链的众包信息交互突破了原有的众包环节、创新环节、销售环节的点对点交互，达到了众包信息与供应链各环节企业信息纵向一体化的信息交互，让众包设计创新信息与采购供应、生产制造和推广销售等相互沟通，保证众包设计的产品能完美落地，避免好创意却难以生产销售的尴尬局面。④众包信息交互方式上，除了传统的 PC 端外，为了方便众包参与者随时随地参与，则增加了移动端的 App、微信、微会、QQ 等沟通方式。

总之，在成长阶段，众包创新参与者更加专业，在规模上有"大"众（Big Organization）的机构参与者参与，同时众包供应链成为多数企业积极发展的创新模式。这时，众包供应链的众包主要创新动力是基于市场需求的拉动式，但在"大"众的机构和第三方众包机构主导下，也慢慢出现了众包创新是基于技术导向推动式的驱动。

（四）成熟阶段

在成熟阶段，众包供应链的创新模式已经完善，众包环节纳入企业供应链创新体系中已经成为"新常态"，众包供应链各个环节分工更加精细、更加专业，在原有的第三方众包机构发起的众包供应链上，还出现了第四方众包（4PC，4th Party of Crowdsourcing），第四方众包将为各个供应链与各个第三方众包平台机构提供一个完整的众包供应链创新解决方案，以实现第三方众包平台与各个供应链的完美匹配。这样，众多的第三方众包平台和众多的供应链只需将精力聚焦自己主营业务上，而相互对接、匹配和协调均由第四方众包企业来提供一揽子方案，专业化程度进一步加强，同时，众包参与者中，机构参与众包的比例将更大，比例达到30%以上，它们参与众包机构的成功率占到众包业务的80%以上，并且个体参与众包也更积极和多维，地域分布也更为广泛，形成了"小"众和"大"众有机融合局面，即"群"众（Cluster）。在"群"众（Cluster）体系中，"小"众和"大"众不仅可相互信息交互，同时，"小"众可以进入"大"众，也可从"大"众退出成为"小"众。更重要的是，在成熟阶段，由于第四方众包（4PC）的参与，众包设计创新信息从单链纵向一体化的信息交互，发展为基于多链间的纵横一体化的信息交互，即所有供应链和众包平台的信息均在第四方众包（4PC）汇合。不可避免地，供应链间和众包平台间的信息通过第四方众包进行了横向互流，为一个第三方众包平台和多个供应链匹配，或一个供应链与多个第三方众包平台匹配创造了对接的可能。同时，在成熟阶段，众包供应链的众包动力是基于市场需求和技术双重导向的推/拉式（Push/Pull）驱动的。

作为在互联网环境下的一种新型供应链模式，众包供应链正日益成为企业增强自身核心竞争力的发展途径和方式。本文在众包供应链概念和特点的基础上，探讨了众包供应链的三种创新模式，并分析了众包供应链的创新发展四个阶段：萌芽阶段、探索阶段、成长阶段和成熟阶段，比较了这四个阶段的表现形式和特点，为后续众包供应链的研究打下了基础。

参考文献

[1] 王姝, 殷凤春. 网络众包的知识价值化过程与组织响应分析 [J]. 科研管理, 2017, 38 (9): 35-42.

[2] 黎继子, 刘春玲, 张念. 互联网+下的众包供应链的运作模式分析 [J]. 科技进步与对策, 2016, 33 (21): 24-31.

[3] 张永云, 张生太, 吴翠花. 嵌入还是卷入: 众包个体缘何贡献知识? [J]. 科研管理, 2017, 38 (5): 30-37.

[4] 王开阳, 索玮岚, 陈锐. 成果整合视角下的创意众包机制分析 [J]. 科学学研究, 2017 (9): 1434-1440.

[5] TROYE V, SUPPHELLEN M. Consumer participation in coproduction: 'I made it myself' effects on consumers' sensory perceptions and evaluations of outcome and input product [J]. Journal of Marketing, 2012, 76 (2): 33-46.

[6] BLOHM H, RIEDL C, LEIMEISTER M, et al. Idea evaluation mechanisms for collective intelligence in open innovation communities: Do traders outperform raters? [C]. //Proceedings of 32nd International Conference on Information Systems, 2011: 556-566.

[7] SUN Y, FANG Y, LIM H. Understanding sustained participation in transactional virtual communities [J]. Decision Support Systems, 2012, 53 (1): 12-22.

[8] BRABHAM C. Moving the crowd at Threadless: motivations for participation in a crowdsourcing application [J]. Information, Communication & Society, 2010, 13 (8): 1122-1145.

[9] 夏恩君, 赵轩维. 网络众包参与者行为的影响因素研究 [J]. 研究与发展管理, 2017, 29 (1): 11-21.

[10] BAYUS L. Crowdsourcing new product ideas over time: an analysis of the Dell IdeaStorm community [J]. Management Science, 2013, 59 (1): 226-244.

[11] FREY K, THJE C, HAAG S. Whom should firms attract to open innovation platforms? The role of knowledge diversity and motivation [J]. Computer in Human Behavior, 2011, 44 (5): 397-420.

[12] HETMANK L. Components and functions of crowdsourcing systems – a systematic literature review [J]. Information Science, 2013, 4: 45-55.

[13] MASON W, WATTS J. Financial incentives and the performance of crowds [J]. ACM SigKD Explorations Newsletter, 2010, 11 (2): 100-108.

第3章
平台经济：众包供应链的数字化运作模式

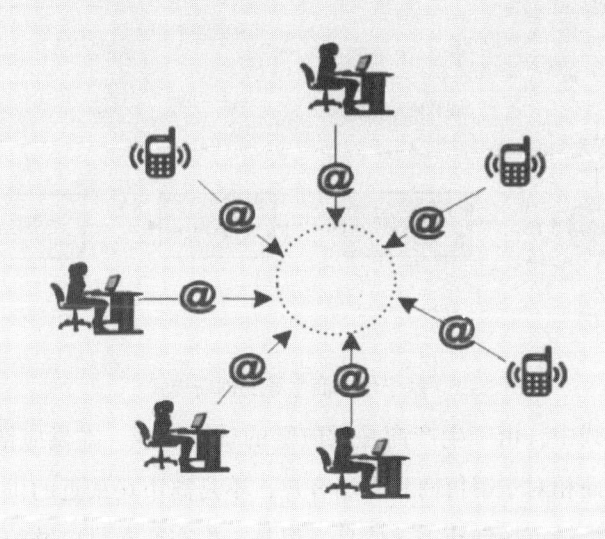

一、众包供应链的三种数字化创新主导模式

众包供应链涉及多个环节主体企业的参与，且作用不尽相同，正是这种差异性使得众包供应链的创新呈现出不同的发展思路。一般来说，根据众包供应链中众包发起的主体对象不同，众包供应链创新运作思路和模式存在三种：基于生产商主导的创新模式、基于销售商主导的创新模式和基于第三方主导的创新模式。

（一）基于生产商主导的创新模式

基于生产商主导的创新模式，是指生产商作为供应链核心企业，根据自己生产领域的优势，收集市场和消费者的需求和创新信息，并进行归类整理，然后将创新研发信息通过互联网平台发布出去，让大众参与，并组织后续结果的审定（即设计研发的审定）、生产、销售和配送等实施的创新管理模式（图3-1）。

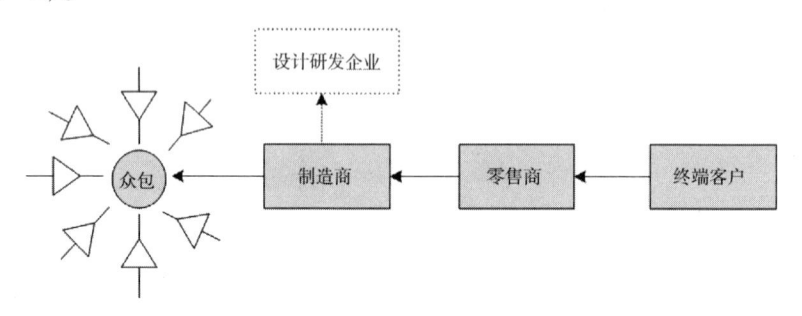

图3-1 基于生产商主导的创新模式

在该创新模式中，由于生产商是供应链的核心企业，在供应链中起主导地位。虽然生产商相对于销售商和终端客户，不是离市场最近的供应链主体，不能直接感受和接触市场创新需求信息，但是，生产商在供应链的主导地位，使得它对于供应链下游渠道掌控能力较强，而处于弱势地位的下游销售商，

不仅愿意而且不得不将终端市场消费者的创新信息和定制化要求,及时反映给生产商。如果生产商在面对 R&D 的工作量不是很大的情况下,生产商将继续依托以原来的 R&D 环节进行承担,而不会通过众包方式进行;但如果生产商面临的是"海量"的定制化、时效性较强的市场创新需求时,生产商以前依托的 R&D 环节不论是从可利用的研发设计资源,还是从满足市场创新需求的时效性,都不能很好完成。因此,供应链生产商将不得不依靠众包方式,将众包环节纳入供应链内部,形成众包供应链系统。目前,海尔作为家电制造领域的佼佼者,就是利用这种众包模式,将部分产品创新设计纳入众包体系,并与现有的供应链进行整合,形成这种以制造商为主导的创新运行模式。

(二) 基于销售商主导的创新模式

基于销售商主导的创新模式,是指销售商作为供应链核心企业,将市场终端现有的或潜在的创新需求通过众包方式让大众参与产品的设计研发工作,并且通过销售商整合上游的生产商进行生产制造,以及相应的销售和配送等环节,快速实现市场相应的创新管理模式(图 3-2)。

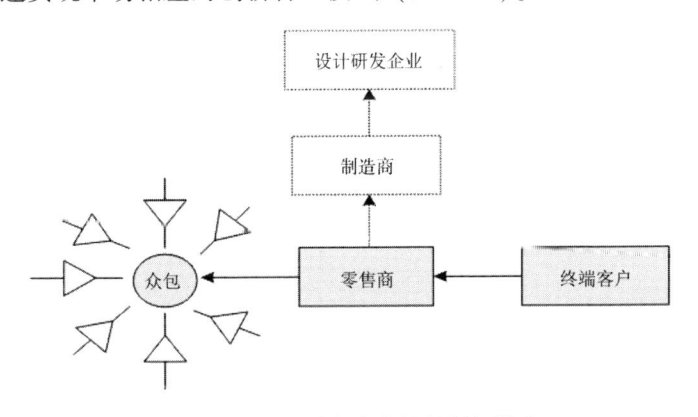

图 3-2 基于销售商主导的创新模式

以销售商主导的众包供应链创新模式中,供应链下游的销售商通常是供应链的主导者,该供应链的竞争优势体现在对下游环节的把控能力,即销售商有着分布较广和较完善的销售渠道,并且在市场中占有较大份额,正是这种强大的市场领悟能力,使得该供应链的销售商有能力理解和洞察消费者和市场的创新需求,知道市场和消费者的"痛痒点"和"穴道",并且满足之其需求。这也是该供应链上游制造企业、设计研发企业所不能达到的，只得依附于供应链下游销售商，按照销售商的要求进行设计和生产制造。但是，在一个需求日益窄众的环境下，消费者个性化选择日益成为市场主要趋势，作为最贴近消费者的供应链下游企业销售商，如果不能顺应外部市场创新变化，把自己的感知变为行动，则可能使得自己变得被动，有可能被供应链其他环节所取代。所以，供应链下游销售商将通过众包方式，一方面让消费者通过这样的网络平台表达自己新的需求的同时，另一方面，通过这种社交网络，让更多受众群体参与产品设计和研发中，从而减轻供应链上游设计和研发环节的压力。

（三）基于第三方主导的创新模式

基于第三方主导的创新模式，是指供应链外的第三方网络专业平台组织，通过自己的众包网络平台，让大众参与者、潜在的消费者和客户表达自己的创新诉求，并参与某个产品的设计和开发中，最后将有新意和潜在需求量的产品，与外部供应链进行对接的创新管理模式（图3-3）。

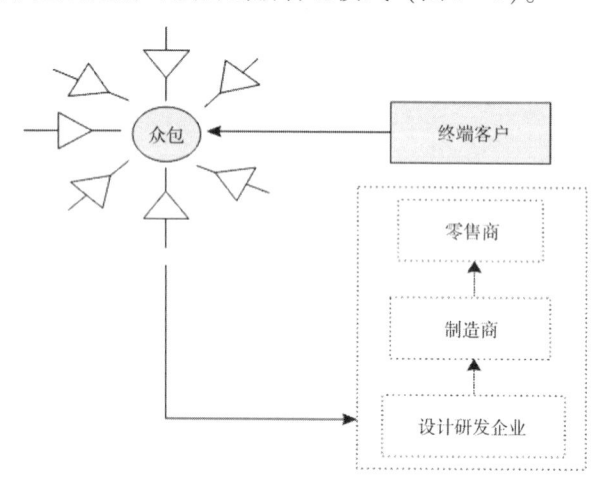

图3-3 基于第三方主导的创新模式

以第三方主导的众包供应链创新模式中，实质上以消费者为主导的模式，终端消费者不是通过供应链上的零售商、制造商或是设计研发企业来表达其个性化创新需求，而是通过专业网络平台进行，供应链外的第三方进行组织众包中的设计，以及后续的生产和市场销售等任务。相对来说，这种创新模式要求该第三方专业有足够的背景和专业能力，并能聚集足够的人气，形成良好的互动性和市场实现能力，这种耦合模式是一种最直接、最扁平化的组织结构，将创新需求和交互平台进行了直接对接，克服了上述两种基于制造商主导的模式和基于零售商主导的模式所存在的层级性，让市场创新信息没有经过任何筛选，没有通过其他供应链环节传递，而是原汁原味地与设计研发环节进行互动和反馈，让每个信息发出者都能发声，并得到响应，这极大激发了大众的参与度和参与热情。所以，供应链外的第三方组织机构就需要具有较好的行业经验和对众包项目的鉴别能力，同时精通互联网手段。

总之，上述三种众包供应链创新模式，并不是相互独立的，而是互补联系的。在实践中也可能相互渗透，相互融合，不管是哪一种创新模式，均是通过供应链各个环节主体企业深度融入众包中，最大限度发挥各自潜能和优势。

众包虽然最早产生在美国，但在中国发展却十分迅速，目前，许多组织和企业都积极实施众包模式来强化企业核心竞争力，取得了很好的效果和发展趋势，最具典型的是海尔和苏宁两家企业，它们分别代表制造型企业和销售型企业，在众包供应链发展中走出了互不相同的模式。

二、众包供应链的数字化运作模式一——以海尔为例

海尔作为世界第四大白色家电制造商，被英国《金融时报》评为中国十大世界级品牌之首，在网络家电、数字化智能家居等技术领域处于世界领先水平，其中有 3 种产品在世界市场占有率居行业前三位。特别是 2013 年以来，海尔专注打造众包供应链开放平台，在这一平台上实现以满足大众和小众需求的"无尺度供应链"，以众包方式运作的"无边界企业"、以扁平化为特征的"无领导管理"的颠覆创新模式，来实现按需设计、按需制造、按需

配送的精益型众包模式。

(一) 海尔众包供应链的设计创新和生产环节

海尔众包供应链的设计创新环节（图3-4），众包参与人有四类：海尔集团员工、海尔供应链企业成员、消费者和所有感兴趣的人员。其中，海尔"员工创客平台"是目前海尔针对员工的平台，在这一平台上，配置资源的方式是以人人创客为目标的自主创业孵化进行的。另外，海尔为供应链成员企业和有兴趣参与者提供了两个开放平台和讨论社区："海立方""海极网"。一方面，海尔通过"海立方"提供孵化基金、制造资源和销售渠道，将平台上的项目发起者、供应商、分销商和用户资源整合起来，为行业各环节群体提供沟通交流、互通资源的机会；另一方面，海尔的"海极网"则是智能消费品的讨论社区，通过公布大家感兴趣的一些话题，海尔将这里打造成科学家、IT人才等极客进行讨论的开源社区，是海尔研发部门搜集信息和消费者数据的一个平台，同时也为海尔汇聚了一大批"超级"用户。

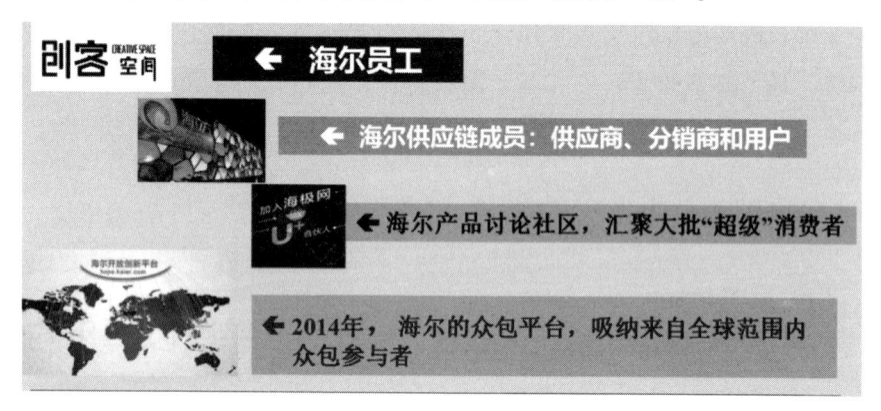

图3-4 海尔众包的创新研发环节

为了通过众包方式来整合各种创新源头，在2014年海尔上线了全新的HOPE 2.0（http://hope.haier.com/）平台，海尔以该众包平台为基础，吸纳来自全球范围内的高精尖技术，为创新技术的实践和落地架设桥梁，不断推进研究将图纸和理论成果转化为改变人们生活的"作品"。海尔通过众包海尔开放创新平台（HOPE平台，Haier Open Partnership Ecosystem），成功打造了海尔天樽空调、海尔智慧烤箱、海尔匀冷冰箱、海尔水晶洗衣机等6大产品（图3-5），塑造了海尔的众包供应链经典创新。比如，海尔获得世界影响力，荣获空调业内最高奖——全球智慧空调领袖奖的"天樽"空调，正是诞生在 HOPE 众包平台，这是一款从设计、研发、命名到功能定位均来自与用户交互的众包产品，673372 名网友和海尔众包研发平台交互，通过网友对传统空调的抱怨点，包括空调病、风太冷及自然风、远程控制等，整合全球资源研发的颠覆性空调产品。天樽空调虽然定价近 2 万元，但拥趸众多，核心在于从设计、生产一直到最终的销售，全流程都让用户参与。

图 3-5 海尔众包创新产品

（二）海尔众包供应链的销售环节

海尔为了配合众包供应链创新平台，积极让消费者等参与者参与供应链全过程互动。早在 2008 年，海尔就开始试水淘宝销售平台，并与淘宝聚划算合作，有超过 100 万的淘宝用户进行了网络投票，通过选择电视尺寸、边框、清晰度、能耗、色彩以及接口 6 个定制模块选项，最终消费者用鼠标投票选出三款产品，海尔以团购的方式销售三款定制彩电，5000 台彩电 4 个小时内全部售罄。随后，海尔天猫官方旗舰店的开设，并在 2012 年 3 月推出了 15 款定制产品，最终售出 16000 多台。特别是海尔自营商城更是扮演着交互先锋的角色，例如，统帅电器会通过电商众包平台向用户征集有创意的设计想法或解决方案，一旦发现好点子，海尔会付费买下知识产权。这种众包方式既可以大规模收集用户的个性化需求，又能构建"产销合一"的新型交互关系。目前，海尔在众包供应链销售环节（图 3-6）与参与者互动口碑效应逐渐显露，在海尔天猫官方旗舰店总计收到用户评价超 10 万条，保持着卖家服务评级系统（Descriptioh Service Rating，简称 DSR）三项评分均领先于同行业

37%的平均值。目前，海尔已经形成了自主经营（海尔商城）、平台型经营（淘系）以及采销型（京东、苏宁、国美等）的全网态势。通过在销售环节与用户的交互来倒逼产品设计，物流服务与用户的交互已是一种常态战略，也成为海尔众包的一个重要环节。

图3-6　海尔众包供应链的销售环节

（三）海尔众包供应链的物流配送环节

互联网的宗旨就是用户体验至上，从用户被动接受产品到用户主动参与全流程体验，企业必须创造用户全流程最佳体验。物流配送（图3-7）作为众包供应链最后一个环节，其作用也非常大，也是消费者体验的重点环节。对于海尔来说，其优势较为突出就是物流配送及服务能力。目前，家电等大件网购的很大瓶颈是送不到、送到装不上等问题。海尔依托自己打造的"日日顺"物流服务平台上，有9万多辆配送的小微车，它们可变成9万多个终端，每年为2亿用户提供统一标准的高质量配送、安装服务。海尔"日日顺"物流服务平台能够实现全国2886个区县的无缝覆盖，支持乡镇村送货上门、送装一体，货到付款城市约覆盖1200个区县，1000多个区县24小时限时达。相比其他电商，海尔电商的全国配送覆盖范围更广，货到付款覆盖范围更广，且全部送装一体化、免运费。

图 3 – 7　海尔众包供应链的物流环节

此外，由于家电行业物流送装一体流程较长，涉及网站客服、物流以及服务等多个业务部门，海尔正推进一项"全流程信息可视化"项目，无论用户从哪一个接触点找到海尔，该用户的订单、物流配送、货品评价等信息，海尔都能够迅速识别，以此提升服务的反馈速度。海尔还在青岛市尝试"满意后付款"，装完之后，用户满意才付款。基于此，海尔打造的众包供应链中，从互联网众包定制化产品设计生产，到交互的销售，再到后端的物流与服务网络整合，海尔正一步步将这些环节深度融合，一个打造全流程体验的众包供应链新模式由此浮现。

三、众包供应链的数字化运作模式二——以苏宁为例

苏宁作为国内首家上市家电连锁销售企业，位居全球家电连锁企业前列，入选《福布斯》亚洲企业 50 强。零售业务起家的苏宁，目前面对京东的激烈竞争，被迫转型而积极实施众包供应链战略，以期实现颠覆式发展，打破阻碍"好创意到畅销产品"的四大魔咒：创意时靠拍脑袋，结果"胎死腹中"；产品设计时，因缺乏综合研发能力，结果"半途而废"；商品转化时，因为没品牌，只能"功败垂成"；销售时，缺乏快速推广渠道，而"前功尽弃"。所以，苏宁作为零售企业打造敏捷众包战略，以实现 2017 年其众包平台的销售

额达到450亿元的宏伟目标。

（一）苏宁众包供应链的创新设计和生产环节

苏宁众包平台，是以苏宁线上到线下（O2O）全渠道为核心包销载体，针对大众海量的创意理念、创新设计，整合需求定义、工业设计、产品研发、大数据/云服务、内容服务、金融孵化、生产制造、质量管控、品牌许可、市场推广、销售渠道、物流管理、售后服务等全产业链众包资源，提供从创意—作品—产品—商品—用品各个转化阶段所需众包服务解决方案的共创、共享、共赢的资源整合平台，快速地将创意产品打造成为畅销产品。苏宁众包供应链既不同于总包分包，也不同于众筹，更不是一般意义上的"众包"概念。它是平行发包、互为外包；数据透明、规则分利；协同创新、共做市场。它包含着互包和多源发包的理念，不是一对多，而是多对多。

苏宁众包供应链（图3-8）有两个重要环节："苏宁云台"是销售平台，"苏宁众包"则是采购平台。苏宁为开展众包供应链项目，成立和设置了专门的战略合作、采销、市场、物流服务等供应链环节。苏宁所推出的众包平台不同于海尔众包平台，该众包平台更像是"众包+定制+代工+代销+外包"的混合体。苏宁众包供应链平台整合了风险投资机构、设计单位、生产企业、渠道和物流等资源，为合作方提供大数据、金融孵化、市场推广、物流售后等全方位一站式服务。

图3-8 苏宁众包供应链

在众包供应链的创新设计和生产环节上，苏宁拥有近4000多人的技术开发团队，以苏宁美国硅谷研究院在云计算、语义搜索、大数据应用等电子商务方面的前沿技术为基础，已与包括中国工业设计协会在内的80家设计公司、40家品牌及制造企业、50家科研单位及院校、20家投资机构合作。其中，在生产代工和生产外包方面，苏宁则整合了包括海尔、TCL、三星、索尼、美的、新科、三菱、志高等厂商；在渠道包销上，苏宁已经与惠而浦、约克、先锋、扎努西、伊莱克斯、美图等品牌开展了深度合作。

（二）苏宁众包供应链的销售和物流环节

苏宁众包供应链在销售环节是其最具竞争力的环节，目前，苏宁连锁网络覆盖中国（包括香港地区）和日本地区共600多个城市，拥有1700多家连锁店，员工18万人，线上苏宁易购网站库存进出日计量（SKU）数超过500万，日均流量超过1000万。售后服务方面，目前，苏宁在全国建立的呼叫中心已经超过5000座席，提供24小时售前咨询、售中沟通和售后受理服务。同时，苏宁拥有全国4000多个售后服务网点和2万名服务技师。物流方面，苏宁有12个自动化拣选中心、60个大型物流基地和5000个以门店为骨干的城市配送点、10000多辆自有配送车辆和50000多名快递队伍。

同时，苏宁充分利用自身的资源优势：1.2亿会员总量，3.4亿在线视频（PPTV）活跃会员，庞大的用户消费数据、多维度的会员信息，让消费者参与创新设计，同时，苏宁众包平台与众包合作方实现信息数据共享，避免无的放矢以及拍脑袋创意。由此，当某项创意或创新产品推出时，就可完成众包供应链设计、生产、营销整个流程一体化运作，重塑了用户—企业—企业—用户（C2B2B2C）整个供应链体系。

苏宁在众包产品方面，主要聚焦于3C、家电以及互联网智能硬件产品，未来将延伸到母婴、百货日用品、家居用品、文化娱乐衍生产品。目前，这一平台与骑客、拙石、凸凹等进行众包合作，美图手机、体感扭扭车、三防蓝牙音箱、空气茶几净化器、蒸汽地拖等苏宁众包产品（图3-9）已经上市。特别是，苏宁众包平台推出的"骑客体感车Smart S1"，苏宁众包供应链系统从产品设计到市场营销，为"骑客体感车Smart S1"最初的产品雏形的众包参与者——杭州骑客智能科技有限公司提供了一整套基于供应链协同的服务，打造出具有苏宁基因的众包供应链体系。

图 3-9 苏宁众包创新设计的产品

四、海尔与苏宁的众包供应链的数字化运作模式比较分析

通过对上述海尔和苏宁供应链不同环节的众包特点分析（表 3-1 和表 3-2），不难发现，企业在发展中存在着差异。

表 3-1 海尔和苏宁供应链各个环节比较

	海尔	苏宁
企业类型	制造型企业	销售型企业
众包设计	通过互联网中"员工创客平台""海立方""海极网"、众包 HOPE 平台进行	通过互联网中"苏宁云台""苏宁众包"平台进行
生产	海尔自身生产	生产代工和生产外包
销售	淘宝销售平台、淘宝聚划算、海尔天猫官方旗舰店	苏宁易购网站和实体连锁店
物流	海尔依托自己打造的"日日顺"物流服务平台	苏宁自身物流平台
成功的产品	海尔天樽空调、海尔智慧烤箱、海尔匀冷冰箱、海尔水晶洗衣机	美图手机、体感扭扭车、三防蓝牙音箱、蒸汽地拖等
供应链上参与众包的人员	消费者、设计者、生产者、物流配送人员	消费者、设计者、生产者

表3-2 众包供应链和一般供应链的区别

	众包供应链	一般供应链
互联网络	必要条件	不是必要条件
合作关系	自愿参与、非契约关系	契约关系
参与对象数量	众多	为数不多对象
合作对象的稳定性	不固定	固定
合作复杂程度	相对复杂	相对简单
体验者	消费者、潜在用户、专业人士、生产者等	消费者
对合作结果	只有结果要求，没有具体形式要求	既有结果要求，也有实现形式要求

通过上述两个案例分析，我们可以总结和界定出一般意义上的众包供应链。即众包供应链是指供应链企业以众包为平台，通过互联网络方式，在线发布产品和服务研发设计要求，让大众群体自主参与，并逐步延伸到供应链各个环节，与之互动，共享信息，形成对产品或服务的采购、生产、销售和配送，进行一体化运作，让消费者获得全过程完美体验的管理模式。

第4章
平台经济：众包供应链数字化驱动模式和运营策略

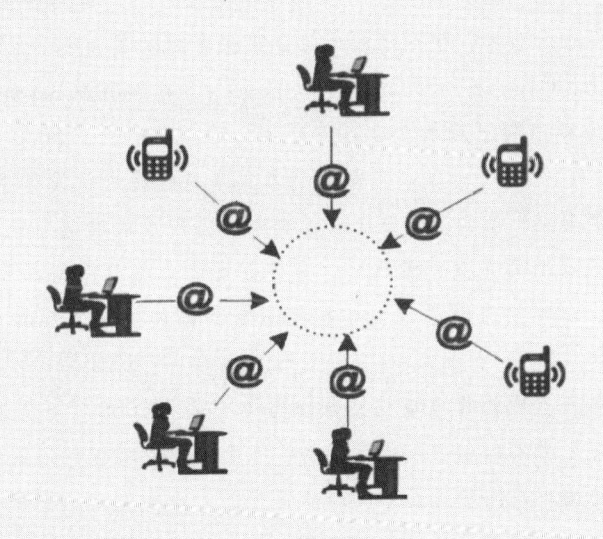

平台经济：众包供应链数字化运营

在大数据和"互联网+"时代，信息传播方式出现了巨大的变化，信息自传播、人际自组织、效应自放大成为"互联网+"时代的规则，人们开始认同长尾、窄众的产品，希望通过自我选购产品来凸显自我价值和品位。因此，供应链企业仅仅依靠自身的资源，难以应对市场终端客户的多样化和个性化需求。同时，市场竞争的加剧，迫使供应链企业不得不突破供应链传统边界范围，寻找和搜索外部创新资源，谋划更独特的创意，以整合供应链系统，进行高效的研发、设计和生产。因此，作为一种基于互联网的新兴合作模式——众包供应链，正在悄然兴起。"众包"源于对企业传统设计模式的反思，突破传统产品设计创新，首先由生产商对市场进行调查，然后对需求进行设计和制造。这种传统创新周期长、资源有限。如今，随着互联网的普及，消费者和潜在用户设计和创造能力日益彰显出巨大的能量和商业价值，以"用户创造内容"（UGC，User-Generated Content）为特征的众包供应链，代表民主定制化设计创新，正成为一种发展趋势。

以总部在美国曼哈顿的 Quirky 公司为例，该公司通过众包供应链运作模式，利用大数据"众包"平台，让该公司40.5万名在线发明家、社区成员发表创意，然后通过投票系统和筛选标准，每周从梳理30000个入选方案中选择出15个创意，公司拥有140名员工，分属设计品牌、工程和销售团队，办公室配有3D打印和原型设计设备。产品一旦确定生产，将供应链上下游各个合作企业整合起来，由香港员工监督在中国生产，生产出的产品存放在中国以及加利福尼亚和宾夕法尼亚的公司仓库里，Quirky 公司通过平台如 Target、Bed Bath & Beyond、Best Buy 出售产品。目前已经出售了超过230万件商品，销售额达到了5000万美元。同样，国内的"集思广益"公司以众包供应链方式来对时装进行设计生产和销售。这些众包供应链的实施，有效地降低了设计成本，打破了供应链企业创新设计来源的边界，在全球范围内寻找创意支持，充分开发大众智慧，增加公众参与度，减少供应链风险。众包供应链领域目前已经引起了国内外学术界和业界的广泛关注。

众包作为一种新出现的管理模式，是由杰夫·豪于2006年6月在美国《连线》杂志首次提出，并在维基百科上定义为：一个公司或机构把过去由员工执行的工作任务，以自由自愿的形式，外包给非特定的大众的做法。更进一步，有的学者将众包置于互联网络的环境下，比如 Brabham（2008）认为，众包是企业通过互联网在线发布问题，大众群体（专业或非专业）提供解决方案，为赢者获取报酬,且其知识成果归企业所有,是一种在线分布式问题的解决模式和生产模式;Chanal(2008)指出众包是企业开放式创新源泉之一,它通过网络设备,聚集外界众多离散的资源,这些资源可以是个体,如创意人员、科学家或工程师,也可以是团队,如开源软件群体;倪楠(2010)指出,众包是通过指定的网站公示给外部受众,并向按要求完成组织任务的毛遂自荐者支付约定报酬的大众承包模式;更进一步,Pine(2010)认为网络众包主要可分成三种模式:面向日常工作的众包、面向信息内容的众包和面向创新设计的众包。

而在众包动因分析中,Piotr(2010)用Maslow需求层次理论和Alderfer的ERG(Existence, Relatedness, Growth)来解释用户参与众包的动机;Brabham(2010)用UGT(Uses and Gratification Theory)理论来解释消费者参与众包设计创新是因为他们能从社区中学到不同知识,相比制造商而言,他们能获得更多的利益;Bayus(2013)通过长时间对Dell公司的众包平台IdeaStorm社区的研究,发现创意者比消费者更能接二连三提出有价值的创意,但是,一旦创意被成功实施之后,该创意群体可能更容易出现反对类似他们创意的负面倾向;Bernardo & Huberma(2008)以You Tube为例,发现关注度是人们参与众包的驱动力,在You Tube中,如果用户对某一类视频下载量较高,则就会有更多类似的视频会上传到You Tube;Alborsa et al.(2008)将众包作为一个分析因素说明在网络环境下,网络学习范式的动因以及带来的结果;张利斌等(2012)也分析了众包兴起原因,大众参与众包的动机;肖岚 & 高长春(2010)考察分析了众包起源与本质特征,以及对开放源代码软件众包创新;谭婷婷等(2014)从众包基本要素和应用方面分析了外国企业众包研究和应用现状。

另外,Eickhoff & De Vries(2012)针对众包中的诚信行为,给出了防止该行为发生方法;更进一步,Hirth et al.(2013)根据一些众包平台,如Amazon Mechanical Turk和Microworkers中,由于参与者是匿名参与而产生剽窃创意行为,为此,根据提供众包任务方案的质量、成本和他们的能力,来甄别众包方案的方法;同样,郝琳娜等(2014)分析各成员参与众包虚拟社区的动机,运用博弈论分别建立诚信保障机制和信誉机制模型,并通过猪八戒网这个案例说明成员间信任是众包发展的重要基础。上述这些文献研究都基于互联网络发挥大众参与者的创新设计和创造能力来对众包进行研究,但是都没有从众包供应链的数字化驱动模式进行分析,故下面从该视角进行分析。

一、众包供应链的数字化驱动模式

根据众包供应链组织结构的演变和发展规律,以及众包供应链自身的特点,众包供应链有四种驱动模式:基于 Post/Pull 驱动模式、基于 Post/Pull / Push 驱动模式、基于 Post/2Push/Pull 驱动模式和基于 Post/Pilot/ 2Push/Pull 驱动模式,如图 4-1 所示。

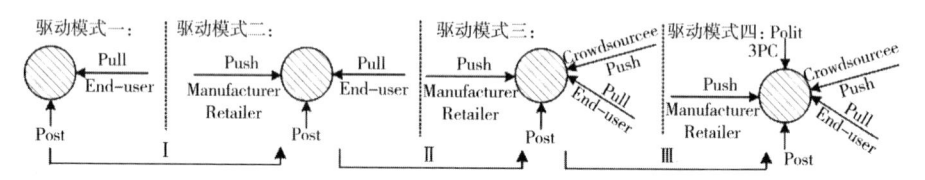

End – user:终端客户 Manufacturer:制造商 Retailer:零售商 Crowdsourcee:众包

图 4-1 众包供应链四种驱动模式

(一) 基于 Post/Pull 驱动模式

基于 Post/Pull 驱动模式(图 4-2),主要产生在众包供应链形成初期,即在内部分化阶段,众包供应链的驱动主要是外部市场多变和个性化需求拉动(Pull),迫使供应链上游研发企业适应定制化设计、定制化生产和个性化需求。那么,在众包供应链内部分化阶段,最先响应的是上游设计和研发环节,而研发环节最先能做的事情就是挖掘自身的潜力,通过张榜和发布消息(Post),让研发部门内部有空闲时间和能力的研发人员,自愿参与研发和创新设计,并择优选取最佳方案,企业给予最佳方案提供者额外奖励。所以,"Post"代表着众包互联网的特性,即"在线""悬赏"和"自愿"。

该驱动模式是一种下游需求拉动(Pull),上游供应链自愿行动(Post)的"两驱动"相结合的驱动方式。在驱动效果上,更多的是感受到一种外部压力而产生内部响应的驱动模式,是一种被动应对驱动模式。这种驱动模式很大程度上容易受到外部需求和内部响应资源的不匹配,而带来低效率。这种驱动模式，适合在外部个性化需求不是很多，供应链研发设计部门基于小组化、扁平化组织结构下，才能较好实施。而在个性化需求量较大，层级化较为复杂时，这种驱动模式的不匹配性就显露出来了。

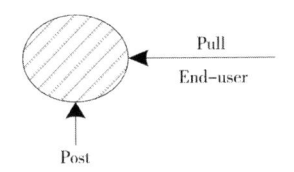

图 4-2 Post/Pull 驱动模式

（二）基于 Post/Pull/Push 驱动模式

基于 Post/Pull/Push 驱动模式（图 4-3），是当众包参与者从供应链内部上游的研发部门，扩展到供应链内部中下游部门时，比如，制造商、批发零售商均参与到众包设计和创新之中，这时的众包驱动就更多表现为一种全过程、全员参与的推动模式（Push）。通过这种推动模式，让供应链组织中每个个体都可以是众包参与者，通过互联网发布消息（Post），以自愿对接研发需求，提出自己的方案和创新设想。虽然从本质上，该驱动模式是基于供应链下游个性化需求拉动（Pull），但通过内部 Post 出来之后，更多的工作和侧重点，在于将个性化需求的创新设计进行内部计划化，即进行组织和控制，以此推动（Push）供应链内部的制造商、批发商和零售商的积极参与，即该驱动模式的推动（Push）工作量远远大于拉动（Pull）工作量。

众包供应链的社区化发展阶段，正是基于 Post/Pull/Push 驱动模式的表现，这种驱动方式不像基于 Post/Pull 驱动模式，仅仅着力于供应链首尾两个环节，Post/Pull/Push 驱动模式则是推广到整个供应链，这种驱动模式所带来的创新效应和创意更广、更具活力。但是，上述两种驱动模式都是基于供应链内部的众包创新，没有将驱动力延伸和突破既定的边界。

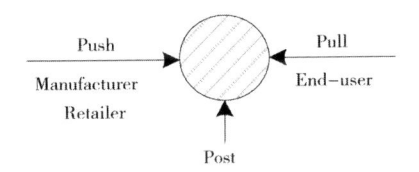

图 4-3 基于 Post/Pull/Push 驱动模式

(三) 基于 Post/2Push/Pull 驱动模式

基于 Post/2Push/Pull 驱动模式（图 4-4），是在外部个性化需求持续放大，仅靠内部研发资源难以维系的情况下，不得不寻求外部研发力量；市场激烈的竞争，传统大规模标准化生产，被定制化生产所取代，故供应链企业不得不强化与用户的互动，加强用户的体验性和黏性，所以，需要将众包的参与者扩展到供应链终端客户，以及延伸到外部海量、潜在的线上设计开发人员。通过互联网 Post 驱动，市场需求的 Pull 拉动，以及众包设计者的天马行空创意推动（Push），这些都为供应链提供了创意源泉，从而进一步再推动（Push）供应链内部制造商、批发零售商，对设计创意进行评估、计划、生产和销售，以此来驱动众包供应链的运作。

基于 Post/2Push/Pull 驱动模式，对应着众包供应链在外部开放化（External Open）发展阶段，即通过互联网将研发设计要求在线 Post 发布，供应链内外部、线上线下（On/Off Line）的人员自愿参与，供应链内部线下的人员更多是通过 Push 方式来驱动创新，而供应链外部的线上人员更多的是通过推动（Push）来驱动供应链的创新和研发。

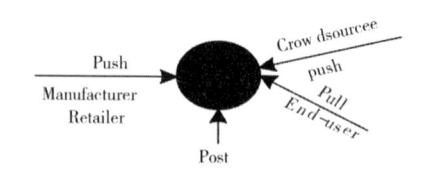

图 4-4　基于 Post/2Push/Pull 驱动模式

(四) 基于 Post/Pilot/2Push/Pull 驱动模式

基于 Post/Pilot/2Push/Pull 驱动模式（图 4-5），是众包供应链发展到高级阶段，即外部平台化阶段，考虑到供应链下游终端市场需求的拉动（Pull），以及由此产生的供应链上游顶端海量众包设计创意的推动（Push）之间匹配差异，需要有专业的第三方进行组织和引领（Pilot），填补个性需求与创新两者之间的鸿沟，这样能够缩短与供应链内部各个环节的磨合度，保证众包供应链整个流程的高效。这时众包平台企业，以第三方的方式独立于供应链之外,对众包发包方和众包参与方起到很好的连接和纽带作用,也就是起到了引领和向导(Pilot)作用,通过供应链需求的拉动(Pull)和海量在线众包参与者推动(Push),进一步推动(Push)供应链内部制造商、批发零售商参与创新和研发。所以,第三方众包平台企业以专业化的 Pilot 方式,将众包参与各方进行全方位、高效率地匹配和协调,极大节约了传统供应链的资源,提高了运作效率。

另外,在供应链内部各个环节中的研发企业、制造企业和批发零售企业,其内部这些企业通过 Push 来执行,即传统供应链整体是以 Pull 方式对接第三方众包平台企业,而在供应链内部各个环节以 Push 方式来完成内部对众包的参与整合。

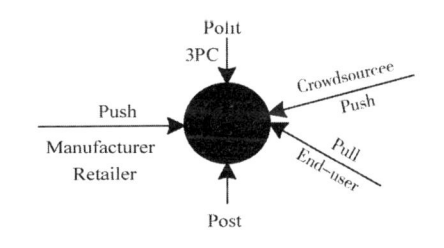

图 4-5 基于 Post/Pilot/ 2Push/Pull 驱动模式

二、众包供应链的竞合策略

众包供应链由于涉及不同主体和企业,故在众包供应链组织发展演化过程中,这些主体企业之间,将表现为不同的竞合关系和合作策略,并与驱动模式一一对应,如图 4-6 所示。

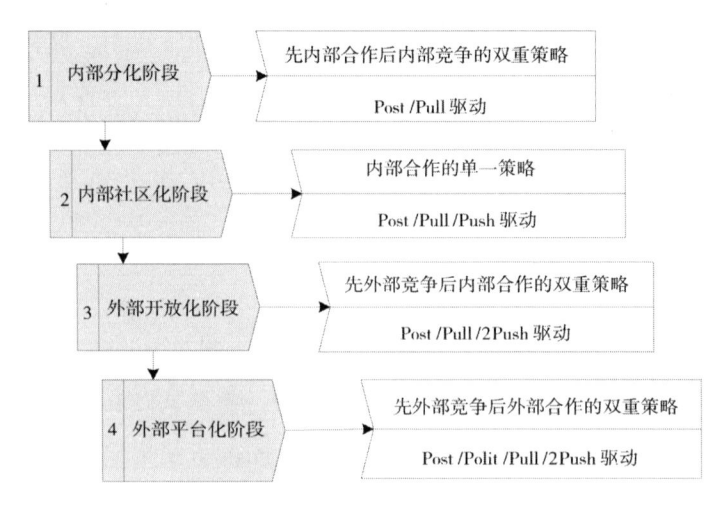

```
┌─────────────┐      ┌─────────────────────────────┐
│1 内部分化阶段│─────▶│先内部合作后内部竞争的双重策略│
└─────────────┘      │     Post /Pull 驱动         │
       │             └─────────────────────────────┘
       ▼
┌─────────────┐      ┌─────────────────────────────┐
│2 内部社区化阶段│───▶│     内部合作的单一策略       │
└─────────────┘      │   Post /Pull /Push 驱动     │
       │             └─────────────────────────────┘
       ▼
┌─────────────┐      ┌─────────────────────────────┐
│3 外部开放化阶段│───▶│先外部竞争后内部合作的双重策略│
└─────────────┘      │   Post /Pull /2Push 驱动    │
       │             └─────────────────────────────┘
       ▼
┌─────────────┐      ┌─────────────────────────────┐
│4 外部平台化阶段│───▶│先外部竞争后外部合作的双重策略│
└─────────────┘      │ Post /Polit /Pull /2Push 驱动│
                     └─────────────────────────────┘
```

图 4-6　众包供应链四种竞合策略

（一）先内部合作—后内部竞争的双重策略

在众包供应链发展初期，众包供应链的众包源于内部分化阶段，存在着合作型众包（Cooperative Crowdsourcing）和竞争型众包（Competitive Crowdsourcing）两种策略，其中竞争型众包策略是针对某一任务，从众多的候选方案中，只选择最优方案的策略；合作型众包策略是指针对某一任务，所有众包者只承担该任务中某一部分，通过共同合作来完成整项任务的策略。在发展初期，由于内部研发和设计资源本身具有一定的完整性和系统性，建制较为完整，可以对额外的个性化研发任务进行研发，研发设计具有合作型众包的特点，当然，对于小型任务，也可以让各个人员或小组，单独进行竞争性众包策略。所以，在众包源于内部分化阶段，双重的发展策略代表着这种众包供应链的众包创新，具有更大的灵活性。

当然，这种双重策略具有灵活性的同时，使众包供应链的专业性可能降低，因为合作型众包需要参与合作众包的人员之间相互合作、相互沟通，特别是遇到一些问题时，更需要相互探讨；而竞争型众包则是参与众包的人员相互竞争，自行进行各自的开发和设计。合作型众包对参与众包人员的素质要求可能不是那么全面，每个参与人只需要擅长自己的领域；而对于竞争型众包参与者，则所需要和具备的素质就更为全面。但这种双重策略在众包供应链发展初期，具有这种灵活性是非常有必要的，它具有更好的适应性。

这种双重策略，往往是先以内部合作策略开始，然后过渡到内部竞争策略，最后发展到合作和竞争共存的双重策略。

（二）内部整合的单一策略

在内部社区化阶段，由于涉及供应链的各个环节，这个阶段只能是基于众包的合作单一策略。这种策略先在内部从众包需求出发，由上游研发部门牵头，将初步设计好的众包创新方案，通过 Push 策略经由下游供应商、制造商和批发零售商提出各自的观点和意见，甚至是创新点，然后反馈到上游研发部门，经过供应链各个环节的整合合作，不断优化、改进设计和研发创新方案，直到该方案达到能满足消费者个性化需求，同时，在供应环节上，能保证基于模块化和便捷化供应；在生产制造环节上，能保证质量和成本的控制；在批发零售上，能保证客户的很好体验和快速交付。

基于合作的单一策略的前提条件是，需要各个环节具有互补性，同时具有合作的机制促成相互之间的协作，而基于供应链的内部组织战略合作，使得在内部社区化阶段的众包供应链先天具有这种条件，故很容易形成基于单一合作的策略，并且具有较高的效率。

（三）先外部竞争—后内部合作的双重策略

先外部竞争—后内部合作的策略，是在外部开放化阶段较为常见的众包供应链竞合策略。当在引入了外部海量在线的众包设计者之后，这些在线的、位于不同地域和不同背景的人员，更多的是各自为战，众包供应链企业很难将这些在线人员整合起来，所以，在针对外部海量在线众包设计参与者时，众包供应链往往以竞争方式来运作创新和设计。

在外部竞争性众包优胜劣汰后，供应链企业才可将这些在线供给方案，通过内部整合性协作和合作，对这些方案进行改进，也就是进行第二次"众包"，而这次内部的众包，更多地表现为一种内部合作性众包，从而使得来自外部的众包方案更易被供应商、制造商和批发零售商执行，可以说内部合作性众包是对外部竞争性众包的补充和完善，没有外部竞争性众包，就没有内部合作性众包的基础。所以，这种众包策略从根本上说，就是一种竞争性合作众包。

（四）先外部竞争—后外部合作的双重策略

先外部竞争—后外部合作的双重策略，在外部平台化阶段，海量在线众包设计者在众包平台组织管理下，其管理的范围和规模，以及管理效率，远远大于传统供应链企业对众包的运作管理水平。在外部平台化阶段初期，如同在外部开放化阶段，刚开始众包创新设计均是采取以外部竞争性众包的策略。

随着众包平台企业对在线海量众包参与者的管理不断深入，以及互联网平台的便利性，让不同地域、不同知识背景的人，在不同时间段，如同在同一个组织单位一样，可以随时随地，没有任何障碍地合作和交流，这样合作性众包策略也慢慢成为众包供应链的运作主体模式。尤其是人们面临的设计产品的复杂性也越来越大，单个个体或单位组织很难单独承担，需要不同的单位对同一设计众包任务进行分割，分割为不同的任务再进行众包合作，这种合作众包在未来所占份额将越来越大。而这种外部平台化阶段的双重策略将成为众包供应链运作的主流模式。

三、众包供应链系统组织数字化运营分析

不同类型的企业，其众包供应链运作涉及不同目标和定位，对供应链系统设计有着不同的要求，这与它们所众包的产品类型密切相关。通常来说，根据不同的定位和目标，设计众包供应链系统有两种：精益型众包供应链（Lean Crowd-sourcing Supply Chain，LCSC）；敏捷型众包供应链（Agile Crowd-sourcing Supply Chain，ACSC），两种类型的众包供应链在设计和管理中各有自身的特性和要求（见下表）。

（一）精益型众包供应链

精益型众包供应链（LCSC），强调的是成本控制，要求供应链各个环节

如何最大限度地节约和减少不必要的开支。由于成本控制是从供应链角度出发，即一方成本的减少不是建立在另一方成本增加的基础上，而是追求从整体供应链上所有企业总成本的减少。所以，海尔在众包环境下实施供应链精益管理，则对众包环节涉及的设计和研发提出了挑战。通常来说，该情形下的海尔设计研发环节是只能基于产品部分功能进行改进和更新，不可能是对产品功能进行重新定义和颠覆性改变，如果是彻底地改变，后续供应链中涉及的原材料采购、零部件生产和装配、产品的销售等环节，都会随之重新定义和设计构建，这样要想在一定时间内能达到控制和维持较低供应链运作成本，保证供应链的精益生产则根本难以完成。而如果众包环节设计研发是基于原产品功能的改进和升级，则供应链生产流程、生产组织和质量控制等没有实质性改变，各个环节之间的协调较为顺畅，即使产品和流程部分改变，也不会对供应链造成全局性影响，生产和运作成本不会有较大变动和波动，精益生产整个格局没有改变。

海尔和苏宁众包供应链系统的比较表

	海尔—精益型众包供应链（LCSC）	苏宁—敏捷型众包供应链（ACSC）
链长	较长	较短
关注焦点	功能与成本	新颖与速度
供应链的适应性	刚性	柔性
产品复杂程度	较为复杂	一般
众包环节	局部改进和升级的产品	全新的产品
市场接受度	高	不确定
产品寿命周期	完整且较长	不完整且较短
参与度	供应链各环节高度参与众包环节	供应链各环节参与众包环节
众包出品的节奏	一般	快

所以，海尔实施的精益型众包供应链是基于产品功能部分改进和更新的众包，其众包的驱动力来自两个方面：一是来自外部市场驱动，是消费者产生内容（UGC），即消费者主动对原有产品的功能而提出自己的想法，它是在原有产品的功能基础上的提高和改进，也可能是外部市场已经出现了更好功

能的产品，迫使供应链企业必须应对外部市场的变化，在此背景下，海尔供应链企业可以通过上述三种众包供应链的运作模式，或是联合运作模式来触发基于精益众包供应链的运作；二是来自供应链本身内源性压力，供应链自身上游研发设计环节没有相应的研发设计能力，不得不借助外部大众力量来对企业原有产品功能进行改进和设计。另外，在基于产品功能部分改进和升级的众包中，为了进行精益生产，减少和控制成本，就需要在产品功能改进和升级时，让供应链各个环节企业参与其中，以便设计和研发出的产品能在生产、装配、运输、存储和销售等环节的成本得到综合控制；不至于在设计研发生产中各自为战，自成体系，相互牵制，造成上游众包设计出产品在下游难以生产，或是生产的产品成本很高、产品质量难以控制，达不到精益生产的要求。

（二）敏捷型众包供应链

敏捷型众包供应链（ACSC），更多强调的是速度和时尚创意。不同于海尔精益型众包供应链的关注重点是成本，苏宁敏捷型众包供应链聚焦"新颖"和"速度"。在该模式下，通过不断快节奏地推出有创意产品，以测试市场对产品的响应，一旦新产品能被市场所接受，并且有流行开来的趋势，这时众包供应链的敏捷性优势就能发挥出来。因此，苏宁敏捷型众包供应链应该是一种设计研发产品品类多、高效短流程的供应链。基于此，一般要求敏捷型众包供应链在众包的设计研发环节中，所设计和研发的产品应该是全新的、创意性很强的产品，对市场来说就是从来没有出现过的产品，并且该产品是否被市场所接受和流行也存在很大的不确定性。

苏宁敏捷型众包供应链的快速性要求其供应链应该是高效短流程的，相应生产的产品本身不应是很复杂的产品，而且该供应链要求众包环节所设计的产品的更新速度很快。如果所设计和生产的产品较为复杂，则不可能快速实施设计和制造，其创新性和速度快的竞争能力难以实现。高效短流程为特征的敏捷型众包供应链，意味着供应链环节不能过长，供应链环节越长则分工越精细，生产刚性也就越大，协调难度也会增大，众包环节中快节奏所推出的多品类新产品也难以在刚性供应链中快速生产出来，大大降低了供应链敏捷性。因此，苏宁敏捷型众包供应链需要供应链各个环节相对较少，而且生产柔性较强，能适应不同品类产品的生产和制造，以及后续的销售和物流配送。同时，供应链自身流程短，也使得在物理空间范围上，对市场的响应速度得到保证。

另外，苏宁敏捷型众包供应链针对时尚产品，也存在一个流行时间窗，一旦确认所推出的该新颖型产品将流行开来，成本将不是考虑的主要因素，生产速度和物流速度就成为供应链关注的重点，因为时尚性产品的生命周期很短，它不像其他产品具有产品生命周期完整的五个阶段（引入期、成长期、发展期、成熟期和衰退期），它可能仅仅只有引入期和成长期，可谓是"来也匆匆，去也匆匆"，所以，敏捷型众包供应链对市场响应和对众包产品的研发设计投放节奏均体现在一个"快"字，否则就使得商机丧失殆尽。

（三）众包供应链发展路径分析模型框架

从海尔和苏宁的案例中可以看出，众包供应链作为一种众包与供应链相耦合的新型供应链，存在如何进行选择和决策的问题，由于它们特点不同，基于具体路径模式各不相同，一般来说，它们都包含三个层面的发展路径。

1. 战略层面

企业根据内外部环境进行分析确定自己未来发展方向，并判定自己是否利用众包来作为增强企业的竞争能力的主要手段，一旦确认将众包嵌入企业供应链中，就意味着企业的整个供应链流程将会发生很大改变，企业整个流程再造和流程优化将不可避免，这是牵一发而动全身的变革。另外，企业需根据自身的生产产品的特点和要求，在强调企业创新的前提下，确定是以成本优先还是以速度优先为原则进行重构供应链，这将影响整个供应链组织结构、人员匹配和运作计划、协调。因此，就有两种众包供应链类型：精益型众包供应链和敏捷型众包供应链。在这两种众包供应链类型的基础上，接着进一步考虑企业在供应链的地位，供应链中位于不同链节企业的地位不同，这相应也就决定了企业如何将众包与供应链耦合，即相应有四种众包供应链运作模式：基于制造商主导的运作模式、基于销售商主导的运作模式、基于第三方主导的运作模式和联合运作模式。

2. 策略层面

在众包供应链战略层面确定后，就需要分析和讨论供应链企业采用何种众包方式和众包交易类型两个问题。根据产品的复杂程度和创新要求，需要对众包方式进行决策和选择，一般来说，众包方式有竞争性众包和整合性众包两种类型。竞争性众包，也称排他性众包，是指需求方要求的解决方案具有竞争性和排他性，即需方要从众多解决方案中选择和采纳一个最为满意的方案，这一模式遵循"赢者通吃"原则，只有赢者才能获得报酬，而其他提供解决方案的供方则没有任何收益；而整合性众包是一种非排他性众包，是指需求方要求的解决方案具有综合性和互补性特征，即任务需要众多的供方合力完成，是基于供方合作总包模式，完成任务后，每个供方都能按照一定比例获得报酬，比如，海尔通过合作众包获得19354种冰箱命名和12008个字体。相对于竞争性众包来说，整合性众包技术含量高，众包任务复杂，需要较多人员参与。

另外，与众包方式密切联系的是交易机制，即众包双方的报酬通过何种方式进行交易和认定，交易机制是否合适，在一定程度决定了众包的成败。而确定交易机制存在有三种选择：买方交易、卖方和双方交易。买方交易是指供方首先报价的一种交易方式，也就是众包供应链向大众供给方开出的报酬价格；卖方交易是指大众供给方向供应链方开出的价格报酬；双向交易是指买卖双方通过协商达成的报酬。不管是哪一种交易方式，都应该建立在公平和双方均认可的基础上进行。

3. 运作层面

在确定战略和策略层面上的问题后，运作流程还需进一步细化，这时就进入了运作层面，由于涉及的众包供应链类型不一样，这时，具体运作流程也就存在较大差异了。对于以成本优先为原则的众包供应链，产品创新更多是基于局部创新，在众包设计创新的前期、中期和后期，供应链各个环节企业，包括消费者、零售商、制造商和供应商均参与进来，对创新产品进行商榷和讨论，保证设计出来的产品既符合市场需求，又能最大限度地节约生产和销售成本，而参与众包者获得中包后，得到发包方的激励，并进入下一轮

第4章 平台经济：众包供应链数字化驱动模式和运营策略

的众包循环中；如果企业选择以速度优先为原则的众包供应链，这时要求产品创新速度和节奏很快，供应链各个环节企业参与度就不可能顾及。在产品生产出来后，快速推向市场，是否能成为流行产品，流行周期长和短，均需要市场来进行检验。因此，敏捷型众包供应链更适合以扁平组织结构进行组织和管理，以方便快速响应市场的变化。

为了更清晰地展示众包供应链多元发展路径和演化状态在不同企业不同发展阶段的表现，本书提出了一个整合性的框架模型，如图4-7所示。

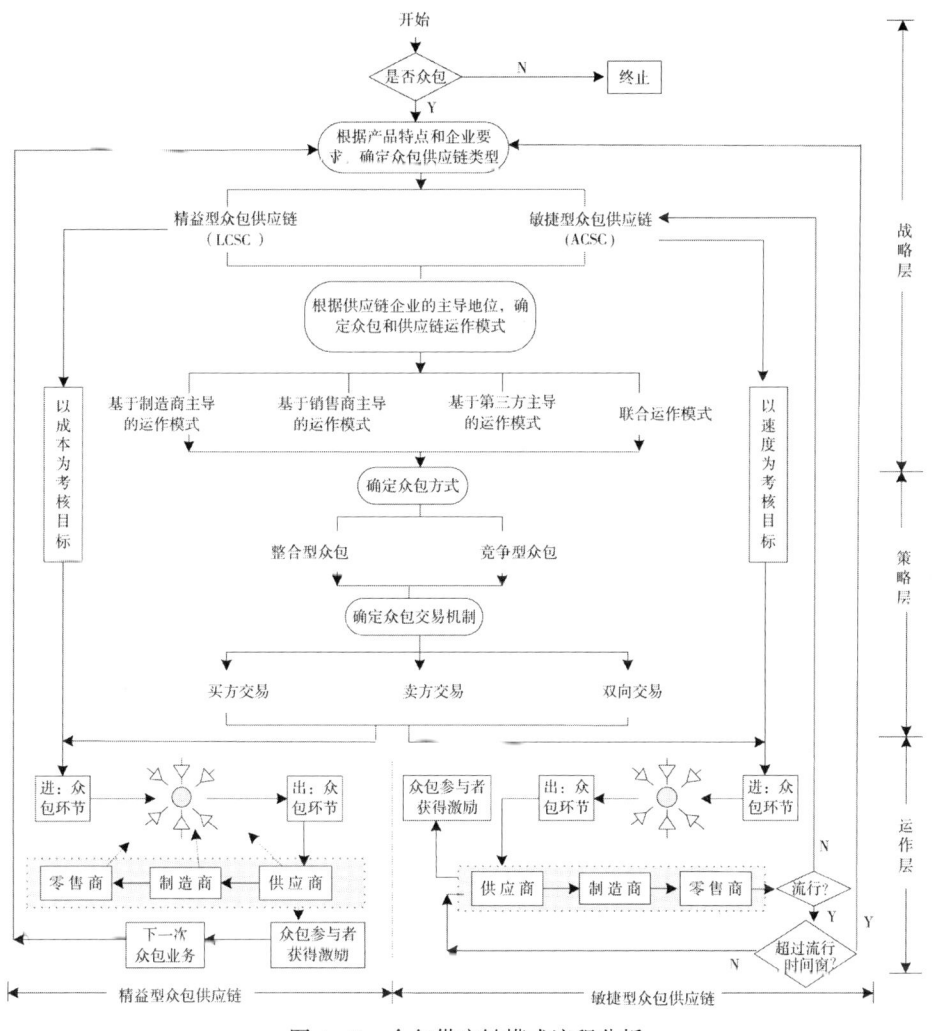

图4-7 众包供应链模式流程分析

针对不同情况，企业根据内外部环境的差异，采用与之对应的企业发展模式，使企业能有效加快众包供应链实施的效率，提高企业的竞争力。通过本案例研究发现以下几种情况。

首先，众包供应链不同于一般意义上的供应链和外包，众包供应链具有四个方面特征：突出设计和消费者体验的两端性、借力互联网运行、供应链连接的一体性和大众参与性。所以，众包供应链是指供应链企业以众包为平台，通过互联网络方式，在线发布产品和服务研发设计要求，让大众群体自主参与，并逐步延伸到供应链各个环节与之互动，共享信息，形成对产品或服务的采购、生产、销售和配送，进行一体化运作，让消费者获得全过程完美体验的管理模式。

其次，众包供应链根据企业类型特点和企业追求的目标不同，存在两种众包供应链类型：以成本为目标的精益型众包供应链和以响应速度为目标的敏捷型众包供应链。当然，也存在两种众包供应链的混合体，即同时强调成本和响应速度为目标的精益敏捷型供应链。这些类型的众包供应链，同时与其设计和生产的产品的特点也存在一一匹配的关系。

最后，在众包供应链中，根据企业在供应链的主导地位，存在着四种不同主导型供应链：制造商主导的众包供应链、零售商主导的众包供应链、第三方主导的众包供应链，以及两个或以上企业主导的众包供应链。这些众包供应链以整合众包或竞争众包方式进行众包，并以买方或卖方或双向交易的方式进行众包交易。

通过对海尔和苏宁案例的分析比较，为企业实施众包供应链提供较好的参考和借鉴意义，启示如下。

首先，实施众包供应链需要打通参与者和供应链互联互通的渠道。众包供应链的活力很大限度上取决于众包能否有机嵌入供应链体系中，并融合形成一个整体。因此，众包参与者和供应链之间沟通平台需要全天候连线，始终保持活跃状态，一方面，让众包参与者提交的问题、疑问和方案，都能得到最快、最及时的回复；另一方面，供应链一方通过各种方式让各类参与者，如消费者、创新设计人员、供应商、制造商和销售商能以最便捷方式（手机

QQ、微信、APP 等），随时随地地将创新想法集成、修改和更新，并习以为常地参与众包各个环节，进行交流交互，互联互通，每个参与者都能在众包平台中有着较好的体验，让众包参与者和供应链通过互联互通渠道，达到和实现将众包平台变为真正的"梦工厂"的可能。

其次，实施众包供应链需要创新设计激励方式。众包供应链涉及不同属性的参与者，对这些参与者的激励方式不仅是供应链链节企业之间需要协调的问题，同时也是众包和供应链耦合协同的问题，目前，激励众包创新中有悬赏制、招标制、雇佣制和计件制等，但是这些多是短期进行激励的手段和方式，没有从长远的角度来考虑众包供应链的创新和激励，可能导致众包参与者积极性不高，对供应链企业认同较低，影响参与者参与众包多频性。只有将短期和长期激励相结合，才能使众包供应链的众包创新在积累中不断壮大，才能使众包参与者与供应链企业一起成长。所以，众包供应链激励机制应在短期激励制度的基础上，再增加长期激励方式，比如让参与众包者所设计和生产的产品按销售额的一定比例获得报酬，或者通过拥有企业的一定股权方式进行激励等。

最后，实施众包供应链需要对供应链流程进行全局设计和优化整合。众包供应链的构建不是在原来供应链的基础上仅仅加上一个众包环节就形成了众包供应链，众包环节的引入将导致供应链各个环节由原来的链内闭环运作变为开放式交互运作；由原来中心化创新变为"去中心"化创新；由以前基于供应链成员的运营，变为现在基于海量大众参与的运营和管理，并且众包供应链企业必须具有互联网的"DNA"。因此，为应对这些变化，在对原来供应链进行改造时，对其全流程的重新设计和优化成了必然，不同众包供应链模式可按优化要求和设计条件而不尽相同。因此，实施众包供应链不是对原来供应链的修修补补，而是需要从全局进行重新考虑和设计。

四、众包供应链系统数字化构建策略流程

企业在决定将众包环节纳入自身供应链系统时,须构建和组织众包供应链系统。其构建策略分析如图4-8所示。

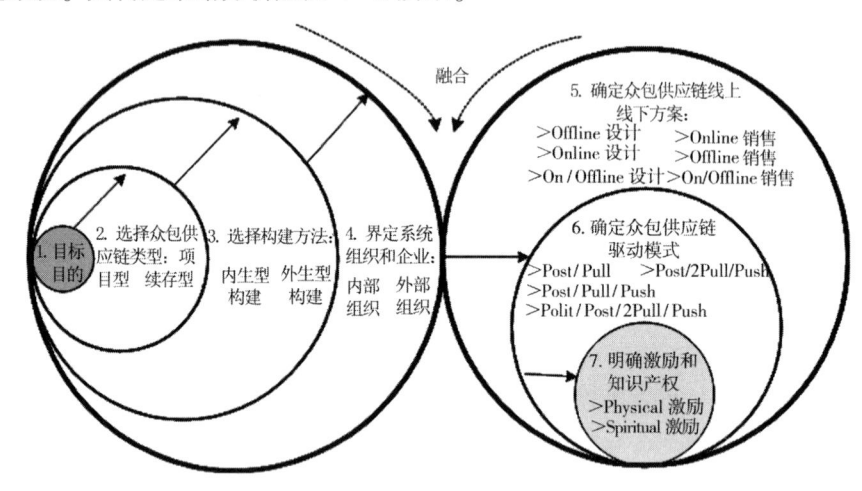

图4-8 众包供应链策略分析

(一)构建众包供应链前的决策

在构建众包供应链之前,企业首先了解将"互联网+创新"的众包平台模式,与自身供应链进行整合的目的和原因。要摒弃赶时髦的心态和观念,分析"众包"所带来的好处,以及弥补一般供应链自身设计在研发和创新中的缺陷,防止头脑发热和冲动。

一般来说,将众包设计环节纳入自身供应链体系,主要存在三种目的。一是互补型。一些企业自身存在着研发和创新环节,但考虑众包对企业整个供应链创新存在较强的互补作用,即众包能快速、低成本进行创新设计,并且让众包设计者、消费者和供应链各个环节企业共同参与,更好地突出所生产产品的特点:个性化、时尚化、价格低、更新快、参与度高、体验性好。

二是空白型。一些中小企业由于资金和实力的限制，没有自身的研发力量或研发设计环节，但现实环境也迫使它们不得不进行研发和设计，故这些企业不得不将目光投向供应链外部，来寻求研发力量，而这种基于"互联网+创新"的众包模式，刚好能在很大限度满足这些中小企业的现实需求。三是主次型。有些企业供应链自身也存在着研发设计环节和研发力量，并且在很大限度上也满足自身对外部市场的需求，仅仅想通过众包环节的纳入，将辅助自身的研发力量更好与外部的沟通。

所以，在这个步骤中，考虑的指标就包括设计产品定位、设计产品的种类、设计成本、设计效率、设计速度和个性化体验。即考虑的是"Why"的因素。

（二）甄别合适的众包供应链类别

分析了外部环境和明确了目的之后，企业需要根据自身的内部情况，选择适合自身众包供应链类型。选择何种众包供应链类型，很大限度上与企业所处的行业，以及所生产产品有很大关联。具体来说，与产品的结构复杂程度，产品是耐用品还是快消品有密切关系。当然，也与所处的外部市场环境存在着关联性。

一般来说，如果产品结构不是很复杂，或是快消品类产品，则选择竞争型众包嵌入供应链体系中，如快时尚、数码产品外形设计等；如果是较为复杂的产品，或是模块化的产品时，则选择整合型众包嵌入，比如，IT产品设计、街区地图设计等；也有些企业针对复杂产品，采取混合众包，即同时包含竞争型众包和整合型众包，比如，汽车整车设计等。

当涉及众包任务性质时，还需考虑选择续存型众包供应链，或项目型众包供应链。如果市场需求更新快，企业需不断迎合消费者品位和时尚的需求，则更多选择续存型众包供应链，使众包设计者持续对产品进行设计和改进，因此，对众包设计没有截止时间限制，可以长期进行，优秀的设计创意和创新方案，随时随地均可接受和奖励；而对于目的性、任务性、时效性均很强的任务来说，则选择项目型众包供应链，这种情况下，系统更突出竞争性和时间节点。

(三) 分析构建众包供应链的最佳途径

在构建众包供应链体系时,一般来说有两种途径:一是通过自身打造众包平台,自行运作众包供应链系统(内生型);二是借助外部力量,利用外部众包平台,对接供应链系统(外生型)。

内生型众包供应链存在着四个不同的发展阶段:内部分化阶段、内部社区化阶段和外部平台化阶段、外部开放化阶段。而外生型众包供应链只有外部平台化这一个阶段。故内生型众包供应链的构建和设计,相对来说所需的时间较长,但适应性和融合性较好;而外生型众包供应链的设计时间就很短,更多体现"即插即用"的功能。故企业在选择众包供应链系统构建方法途径时,不管是内生型还是外生型众包供应链,需针对企业的实际,选择适合自己的构建方式方法。

(四) 界定众包供应链系统中的组织单元

众包供应链与一般供应链相比,具有链节长,涉及组织和企业较多的特点。因此,需要对众包供应链组织和企业进行界定和梳理,以明确各自作用和功能,职责和责任。

一般来说,众包供应链系统组织存在两个层面:内部组织和外部组织。内部组织:自身的研发设计企业、供应商、制造商、批发零售商;外部组织:众包平台组织和消费者群体。当然,针对某些企业时,可能出现一些特殊的情况,外部组织和内部组织可能出现一些分化,如众包平台是企业自身构建的,则众包平台企业是内部组织;有些企业可能零售商是加盟商,在这种情况下,加盟商则不是内部组织,而属于外部组织。另外,虽然内部组织企业的人员,一般都是内部员工,但是外部组织企业的人员,可能是企业自身的人员,也可能不是企业的员工,比如,众包平台中,参与者既可以是外部海量在线参与者,也可能是企业内部员工(自身设计研发人员、制造企业的工艺师或工程师、零售商中的销售人员等)。

对众包供应链系统的组织以及人员的界定,也是对不同的组织和个人进行规范化管理,避免职责不清、管理混乱,防止给众包供应链顺利运作带来不利的影响。

第4章 平台经济：众包供应链数字化驱动模式和运营策略

（五）优化出众包供应链各环节线上线下方案

众包供应链系统内主要涉及三个环节：研发设计环节、生产环节和销售环节。因此，在构建众包供应链系统时，需规划好众包供应链各环节的线上/线下选择和设计，以便进行统一协调和管理。

具体来说，针对研发设计环节，众包供应链选择：线上（Online）众包设计或线上线下（On/Offline）混合设计。如果进一步来说，在线上线下（On/Offline）设计时，是选择以线上（Online）众包设计为主，线下（Offline）设计为辅的形式，还是选择以线上（Online）众包设计为辅，以线下（Offline）设计为主的形式（图4-9）。

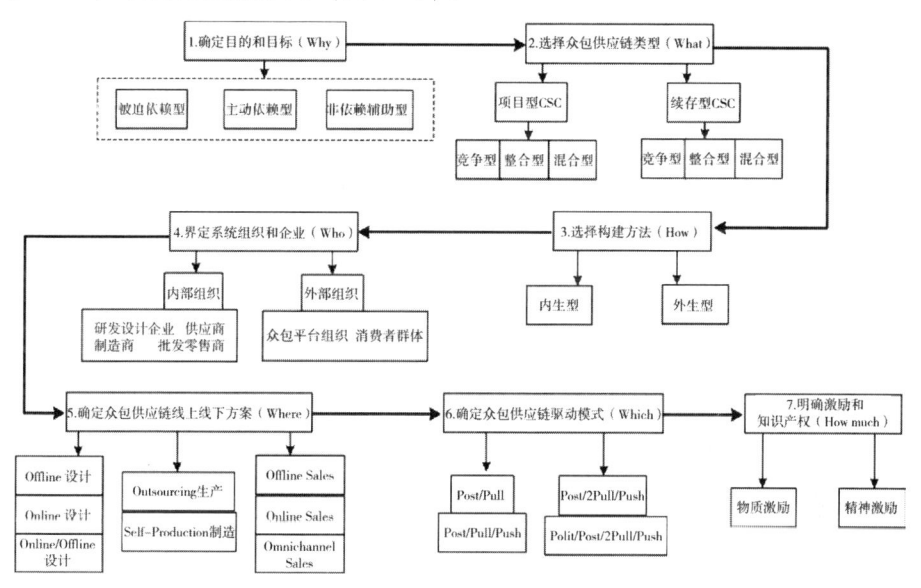

图4-9 众包供应链组织策略流程

在针对生产环节时，选择外包生产（Outsourcing）或选择自行生产（Self-production），以及在何种情况下，既有外包生产，又有自行生产，自行生产和外包生产的比例如何确定等。在针对销售环节时，选择线下实体店销售渠道模式，或通过电子商务线上的渠道模式，或是线上线下的全渠道（Omnichannel）模式。在全渠道模式中，不同款式在不同的销售渠道销售，还是全渠道模式中同款同价的销售模式等。

（六）匹配出众包供应链系统的驱动模式

在确定众包供应链组织结构后，接着需进一步考虑众包供应链系统的运转驱动模式。由于驱动模式与众包供应链各个链节企业的功能定位密切相关，所以，在构建众包供应链时，明确驱动模式，将对众包供应链系统构建起到很重要的作用。

在四种驱动模式中，基于 Post/Pull 驱动模式强调需求的主导作用，强调消费者的参与，故在构建众包供应链系统时，将零售商和顾客放在第一位，所以，在选择销售渠道时，更多的是线上线下全渠道（Omnichannel）的方式；而基于 Post/Pull/Push 驱动模式，是在设计众包供应链时，均衡对待供应链中每一个环节，讲究各个环节的协调；基于 Post/Pull/2Push 驱动模式，则强调各个环节协调的同时，也突出和强化众包供应链的两头的作用，即众包设计环节和消费者个性化诉求；基于 Post/Pilot/Pull/2Push 驱动模式，则着重考虑众包的专业化和核心化问题，做到有所为，有所不为，将有限资源聚焦于自身核心竞争力的环节中。

（七）设计和明确众包供应链的激励和知识产品归属

众包供应链的激励设计是众包供应链构建中的一个重要内容。由于众包供应链涉及多个链节，而且这些链节企业组织归属于不同，有的归属外部组织，有的归属于内部组织。同时，在外部组织中，既可能涉及外部人员，又可能涉及内部人员。因此，对于不同链节企业，以及不同人员的激励设计显得十分必要，只有这样，才能使众包供应链中每个企业和个体，围绕共同的目标进行合作。

在众包供应链中，对制造商和批发零售商的激励设计比较成熟，如销售前的价格折扣契约（Margin Markdown）、销售后期的回购契约（Buyback）、利润共享契约（Profit‐Sharing Scheme）等；对于众包平台企业的激励，可以采用灵活销量契约（flexile Quality）、利润共享契约来进行；如果是直接针对众包参与者个体，可以采用一次性的物质激励（Economic Incentive）、精神激励（Psychological Incentive），或是物资和精神的双重激励（Hybrid Incentive）模式。另外，由于众包设计和研发的产品，涉及一个知识产权（IP, Intellectual Property）归属问题，对于通过一次物质奖励的众包设计和研发产品，通过公开约定后，可以认定该设计研发产品的产权归属于供应链企业；如果没有通过公开约定，这可能存在潜在的争议。另外，如果没有针对众包设计人员进行物质奖励，所涉及的众包设计产品也必须通过某种形式确定产权的归属问题，避免产生知识产权纠纷。

总之，众包供应链系统的数字化构建，应该在分析外部市场环境和内部企业的目的和原因的基础上，一步一步进行设计和优化，从而达到既定目的和目标。

参考文献

[1] 张利斌，钟复平，涂慧．众包问题研究综述［J］．科技进步与对策，2012，29（6）：154-159．

[2] 肖岚，高长春．众包——改变企业的创新模式［J］．上海经济研究，2010，3：35-41．

[3] 倪楠．众包——企业 HR 管理借助外力的新模式［J］．新资本，2010，3：38-40．

[4] 谭婷婷，蔡淑琴．众包外国研究现状［J］．武汉理工大学：信息与管理工程版，2011，32（2）：263-266．

[5] 郝琳娜，侯文华，张李浩，等．基于众包虚拟社区的诚信保障和信誉评价机制研究［J］．系统工程理论与实践，2014，34（11）：2837-2849．

[6] 李伯虎，张霖，任磊，等．再论云制造［J］．计算机集成制造系统-CIMS，2013，17（3）：449-457．

[7] 叶伟巍，朱凌．面向创新的网络众包模式特征及实现路径研究［J］．科学学研究，2012，30（1）：145-150．

[8] 王建文．互联网时代服装企业低成本营销的新路径——以无线 T 恤为例［J］．纺织导报，2013，8：89-90．

[9] 王姝，陈劲，梁靓．网络众包模式的协同自组织创新效应分析［J］．科研管理，2014，35（4）：26-33．

[10] 吴金红，陈强，张玉峰．基于众包的企业情报工作模式创新研究［J］．情报理论与实践，2014，37（1）：90-93．

[11] 吕英杰，张朋柱，刘景方．众包模式中面向创新任务的知识型人才选择［J］．系统管理学报，2013，22（1）：60-66．

[12] PINE J. The limit of crowdsourcing incentive activities: what dotransaction cost theory and evolutionary theories of the firm teach us? [EB/OL]. http://cournot.strabg.sr/users/osi/program/TBH-JP-crowdsourcing.pdf. [2010/2012-07-23].

[13] BRABHAM D C. Crowdsourcing as a model for problem solving: an introduction and cases [J]. The International Journal of Research into New Media Technolgies, 2008, 14（1）: 75-90.

[14] CHANAL V, CARON M L. How to invent a new business model based on crowdsourcing: the crowdspirit [C]. Proceeding of EURAM, 2008, 14-17.

[15] PIOTR O. Why bother? Examining the motivations of users in large-scale crowd-powered Online initiatives [D]. University of Alberta, Master of Art, 2010, Fall.

[16] BRABHAM D C. Crowdsourcing as a model for problem solving: leveraging the collec-

tiveintelligence of Online communities for public good [D]. University of Utah, Doctor of Philosophy, 2010, Dec.

[17] BERNARDO A, HUBERMA N. Crowdsourcing and attention [J]. Web Technology, 2008 (11): 103 – 105.

[18] ALBORSA J, RAMOSB J C, HERVASA L. New learning network paradigms: communities of objectives, crowdsourcing, wikis and open source [J]. International Journal of Information Management, 2008 (4): 194 – 202.

[19] EICKHOFF C, DE Vries A P. Increasing cheat robustness of crowdsourcing tasks [J]. Information Retrieval, 2012, 1 – 17.

[20] HIRTH M, HOFFELD T, Tran – Gia P. Analyzing costs and accuracy of validation mechanisms for crowdsourcing platforms [J]. Mathematical and Computer Modeling, 2013, 57: 2918 – 2932.

[21] BAYUS B L. Crowdsourcing new product ideas over time: An analysis of the dell idea storm community [J]. Management Science, 2013, 59 (1): 226 – 244.

[22] DAI X, CHOW P, ZhENG J. Crowdsourcing new product design on the web: an analysis of Online designer platform service [J]. Mathematical Problem Engineering, 2013, 8: 1 – 12.

[23] HUANG Y, SINGH PV, MUKHOPADHYAY T. How to design crowdsourcing contest: a structural empirical analysis [J]. Working paper, 2012.

[24] HOWE J. The rise of crowdsourcing [J]. Wired Magazine, 2006, 14 (6): 1 – 5.

第5章
基于Online Review的众包产品在线设计生产决策

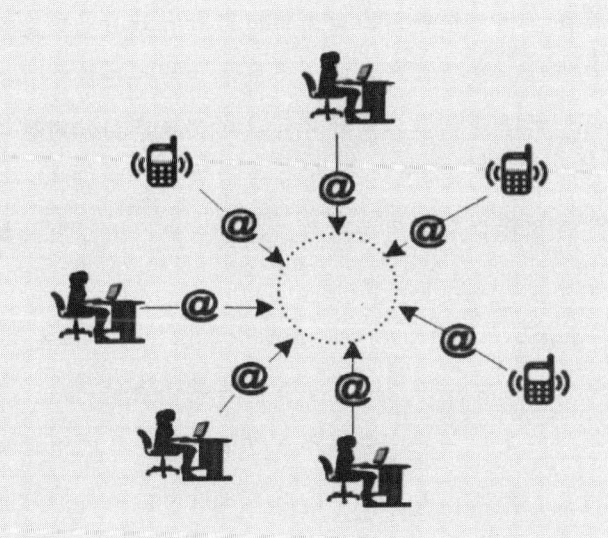

在众包产品设计环节方面，面对收集的产品设计方案，如何有效评估众包方案的质量并进行改进，目前仍是困扰众包企业的关键难题。为解决此问题，鼓励消费者通过在线渠道对未生产的新产品设计方案进行在线评论（Online Review）成为一种有效手段。与通常购买产品后留下的在线评论不同，对众包产品的评论通常是在将众包产品设计方案投入生产之前产生的。如果再将众包方案投入生产后创建消费者的评论平台，则可能出现成品不符合消费者的真实需求的情况，致使消费者拒绝购买，带来制造商的无效生产。因此，包括小米在内的一些公司通过将制造商的评论纳入消费者的评论中，从而引入了联合评论，在大规模生产众包产品之前，同时评估众包设计生产方案的质量。例如，小米始终通过其众包网站（MIUI.com）不断更新其即将发布产品的相关信息，包括营销价格、实用功能和产品质量方面，旨在通过征求"米粉"的意见来修改和重塑这些产品。"米粉"接受了这些众包产品并感到满意，随后小米再进行批量生产。近年来，小米通过这种众包策略使其智能手机在全球范围内占有较高的市场份额。

在众包供应链中，每个成员在对众包设计方案的评估中都扮演着独特的角色。线上众包产品设计者根据消费者的特定需求贡献自己的众包方案，而制造商则根据众包设计方案估算产品的生产成本、可制造性和可回收性等信息。结合来自制造商的上述信息，消费者可以对众包产品发表整体评论。此外，制造商和消费者的评论还有助于改进众包方案的原始设计。小米作为智能手机和其他智能设备提供服务的高科技产品供应商，通过引入在线联合评论后已成功跻身全球智能手机市场前列。

"制造商和消费者联合评论"是一种新的产品设计评价模式。该模式下，消费者可以通过两方面的在线评论信息全程参与设计众包产品。与现有的在线评论文献研究不同的是，目前，学者只考虑购买过产品的消费者留下的在线评论信息，而缺乏了制造商这一主体提供其在线评论信息的情形。当一个不被大众所熟知的新产品发布时，前期购买产品的消费者不能对产品做出全面的评价。例如产品的耐久度、可制造性及环保度等，制造商则可以提供这类评论信息，为消费者进一步了解众包产品做出努力。为此，制造商需要投入一定的成本以获得这些产品信息。然而，众包产品不仅需要面对消费者对产品不了解带来的挑战，来自同类型的非众包产品的竞争也同样是制造商考量众包产品是否值得生产的一大因素。因此，制造商选择众包产品还是非众包产品进行生产，如何定价，给出怎样的评论策略至关重要。再者现有文献中在线评论对众包产品的影响仍然十分缺乏。基于此，在制造商和消费者联合评论这一前提下，考虑了众包产品与非众包产品竞争时的产品生产策略问题。

一、基本模型

(一) 问题描述

在本节中，我们考虑一个制造商和零售商组成的两级供应链（图 5-1），分别通过线上和线下渠道向具有不同品味和需求的异质消费者营销众包产品和非众包产品。为了满足海量消费者的个性化需求，制造商要么依靠自己的设计部门来提供产品个性化定制设计方案，要么依靠众包模式来征集广大的大众设计师的定制解决方案。因此，制造商有两种选择，即生产众包产品或非众包产品，它们都属于相似的产品类别。例如，全球家用电器制造商"海尔"不仅制造常规空调（即非众包产品），而且还生产基于众包设计的空调

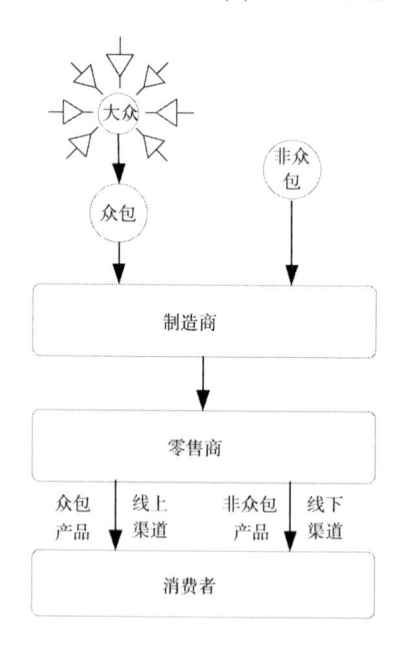

图 5-1 供应链结构

(即众包产品),即以"天正"为品牌的基于众包设计生产的空调,以满足消费者的个性化需求。提供个性化定制服务的原因在于,现今消费者已经变得足够成熟,可以通过详尽地考虑所有可能消费渠道中的各项产品的对比选择来优化他们的购物体验,以期购买对消费者来说净效用最大的产品。此外,与通过线下渠道出售给消费者的非众包产品不同,众包产品通常基于在线订单和在线设计,零售商在线上营销众包产品可以更有效地响应消费者的反馈,因此,我们假设零售商分别通过线上和线下渠道向消费者出售众包产品和非众包产品。

(二)效用函数和需求函数

根据效用理论,消费者购买众包产品或非众包产品的意愿取决于购买产品的净效用价值。消费者对众包产品效用函数的估计受到产品价格和制造商以及在线消费者的评论影响,而非众包产品效用函数的估计仅受其价格的影响。在一个营销阶段内,我们认为一个消费者只会选择购买一个单位的产品数量,则所有消费者通过比较两种产品的净效用之差在两种产品之间做出选择。因此,消费者有三种选择:选择购买众包产品,选择购买非众包产品,不购买任何产品。为了找到众包产品和非众包产品的需求函数,我们根据效用理论(Michael and Rosen, 1978)为消费者建立了不同购买选择的效用函数,见表 5-1(不购买任何产品则效用为 0)。其中 a 和 b 分别是众包产品和非众包产品的基本价值。参数 θ 表示制造商对众包产品提供评论信息的水平,包含了产品的可制造性、耐久度/绿色度和可回收性等信息,而制造商评论水平的单位效用记为 μ。消费者的在线评论效用为 x^α,是由产品的好评率 x 和消费者在线评论的影响度 α 组成的(Hu 2016)[64]。另外,k 表示众包产品相对于非众包产品的定制化程度比率 k($k>1$)。最后,ξ 表示消费者为购买产品所付出的搜索成本,因为消费者们购买产品的经验不同,我们认为该成本服从均匀分布 $\xi \sim [0,1]$。

表 5-1 不同产品消费者效用

需求来源	购买渠道	产品购买效用
众包产品消费者	线上购买	$U_{CW} = a + \mu\theta + x^{\alpha} - p_{CW} - k\xi$
非众包产品消费者	门店购买	$U_{NON} = b - p_{NON} - \xi$

两种产品的效用函数之差是消费者选择两种产品的分隔点,我们记众包产品和非众包产品的效用函数之差为 ξ_1。通过表 5-1 中两产品的效用函数相减容易得到 $\xi_1 = \dfrac{a - b + \mu\theta - p_{CW} + p_{NON} + x^{\alpha}}{k - 1}$。同样地,消费者在选购非众包产品和不购买产品之间做出选择的分隔点是 $\xi_2 = b - p_{NON}$。根据异质消费者的不同选择(图 5-2),我们假定不等式 $0 < \xi_1 < \xi_2 < 1$ 成立。考虑到制造商和零售商对产品的定价和评论的决策,我们可以得出消费者选择不同产品的阈值:如果 $\xi \in [0, \xi_1]$,消费者倾向于购买众包产品;如果 $\xi \in [\xi_1, \xi_2]$,消费者将选择非众包产品;如果 $\xi \in [\xi_2, 1]$,消费者放弃购买任何一种产品。

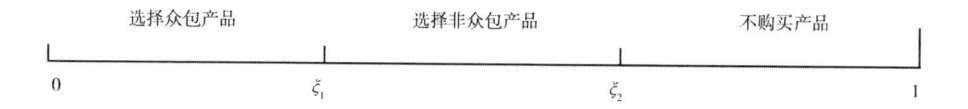

图 5-2 异质消费者的产品选择

由以上不同消费者的效用函数,我们对随机变量 ξ 求积分,即可求得众包产品和非众包产品的最优产量:

$$q_{CW} = \int_0^{\xi_1} f(\xi)\mathrm{d}\xi = \dfrac{a - b + \mu\theta - p_{CW} + p_{NON} + x^{\alpha}}{k - 1} \tag{5.1}$$

$$q_{NON} = \int_{\xi_1}^{\xi_2} f(\xi)\mathrm{d}\xi = b - p_{NON} - \dfrac{a - b + \mu\theta - p_{CW} + p_{NON} + x^{\alpha}}{k - 1} \tag{5.2}$$

我们假设制造商是斯坦伯格博弈的领导者。该模型的事件顺序如下:首先,大众设计师们根据客户的需求提供完成的众包设计方案。其次,制造商向零售商宣布众包产品和非众包产品的批发价 w_{CW} 和 w_{NON},并根据众包产品设计的性质确定众包产品的评论水平 θ。第三,零售商在观察到制造商对众包产品的评论水平以及众包产品和非众包产品的批发价格后,确定两种产品的零售价格 p_{CW} 和

p_{NON},以及其鼓励消费者对众包产品做出评论的投资。然后,消费者在观察制造商的评论后,做出产品选择并发表自己的在线评论。制造商根据众包设计产品的预期获利,从而确定众包产品设计解决方案可投入生产的条件。最后,这些选定的众包解决方案将投入生产,以满足消费者的需求。

(三)符号说明

与本章相关的变量及符号说明见表5-2。

表5-2 符号说明

符号	说明
集合	
i	产品类型,记CW为众包产品,NON为非众包产品
j	决策方式,记C为集中式决策,D为分散式决策
决策变量	
p	单位产品的零售价格
w	单位产品的批发价格
θ	制造商的评论水平
x^{α}	消费者的评论效用
参数	
U	消费者的效用函数
a	众包产品的基础价值
b	非众包产品的基础价值
μ	制造商单位评价效用
x	消费者在线评论的好评率
α	消费者评论的影响度
ξ	消费者的搜索成本,服从均匀分布 $\xi \sim [0,1]$
k	众包产品之余非众包产品的定制度比率
m	零售商激励消费者好评的成本系数
n	制造商提供评论的成本系数

二、分散式供应链模型及分析

本节我们考虑在分散式供应链决策模型情况下,由一个制造商、一个零售商和一群异质性消费者组成的市场。制造商同时向零售商提供众包产品和非众包产品,而消费者则从零售商处分别从线上购买众包产品或线下门店购买众包产品。故此,分散式供应链决策模型情况下,零售商和制造商的利润可以表示为:

$$\max_{(p_{CW}, p_{NON}, x^\alpha)} \pi_R = (p_{CW} - w_{CW}) q_{CW} + (p_{NON} - w_{NON}) q_{NON} - \frac{m(x^\alpha)^2}{2} \quad (5.3)$$

$$\max_{(w_{CW}, w_{NON}, \theta)} \pi_M = w_{CW} q_{CW} + w_{NON} q_{NON} - \frac{n\theta^2}{2} \quad (5.4)$$

其中等式(5.3)和等式(5.4)的第一项和第二项分别是零售商对于众包产品和非众包产品的营销收入。等式(5.3)的第三项表示零售商为鼓励在线消费者参与在线评论而付出的投资成本。例如,电子零售商通常会向线上购物的顾客提供现金折扣、免费礼品或者折扣券,以此吸引消费者们发布在线评论,并提升未来消费者的购买意愿,这部分促销的费用是电子零售商的额外支出。等式(5.4)的第三项是制造商对众包产品的评价成本,包括产品的宣传成本、评估检测成本和信息反馈成本等。将等式(5.1)和等式(5.2)分别代入等式(5.3)和等式(5.4)中可得式(5.5)和等式(5.6)。

$$\max_{(p_{CW}, p_{NON}, x^\alpha)} \pi_R = (p_{CW} - w_{CW}) \left(\frac{a - b + \mu\theta - p_{CW} + p_{NON} + x^\alpha}{k - 1} \right) +$$

$$(p_{NON} - w_{NON}) \left(b - p_{NON} - \frac{a - b + \mu\theta - p_{CW} + p_{NON} + x^\alpha}{k - 1} \right) - \frac{m(x^\alpha)^2}{2} \quad (5.5)$$

$$\max_{(w_{CW}, w_{NON}, \theta)} \pi_M = w_{CW} \left(\frac{a - b + \mu\theta - p_{CW} + p_{NON} + x^\alpha}{k - 1} \right) +$$

第5章 基于 Online Review 的众包产品在线设计生产决策

$$w_{\text{NON}}\left(b - \frac{a - b + \mu\theta - p_{\text{CW}} + p_{\text{NON}} + x^\alpha}{k - 1} - p_{\text{NON}}\right) - \frac{n\theta^2}{2} \tag{5.6}$$

根据斯坦伯格博弈,对式(5.5)及式(5.6)求导得出,制造商和零售商的最优产品批发价格、零售价格和各自的评论投入以最大化产品营销的期望利润。接下来的命题给出了供应链成员决策的最优值及均衡存在的前提条件。

命题5.1 在分散式供应链模型下,满足前提条件 $k > \dfrac{m\mu^2 + 4mn + 2n}{4mn}$,零售商的最优零售价格和产品需求,制造商的最优批发价及各成员评论水平结果见表5-3。

表5-3 分散式供应链模型下最优决策

最优值	众包产品	非众包产品
零售价	$p_{\text{CW}}^{D^*} = \dfrac{4an[3m(k-1)-1] - 3bm\mu^2 - 2bn}{4[4mn(k-1) - m\mu^2 - 2n]}$	$p_{\text{NON}}^{D^*} = \dfrac{3b}{4}$
批发价	$w_{\text{CW}}^{D^*} = \dfrac{4amn(k-1) - bm\mu^2 - 2an}{2[4mn(k-1) - m\mu^2 - 2n]}$	$w_{\text{NON}}^{D^*} = \dfrac{b}{2}$
产品需求	$q_{\text{CW}}^{D^*} = \dfrac{mn(a-b)}{4mn(k-1) - m\mu^2 - 2n}$	$q_{\text{NON}}^{D^*} = \dfrac{m[4n(bk-a) - b\mu^2] - 2bn}{4[4mn(k-1) - m\mu^2 - 2n]}$
产品利润	$\pi_{\text{CW}}^{D^*} = \dfrac{mn(a-b)\{m[12an(k-1) - (2a+b)\mu^2] - 6an\}}{4[4mn(k-1) - m\mu^2 - 2n]^2}$	$\pi_{\text{NON}}^{D^*} = \dfrac{bm[12n(bk-a) - 3b\mu^2] - 6b^2n}{16[4mn(k-1) - m\mu^2 - 2n]}$
评论水平	$\theta^{D^*} = \dfrac{m\mu(a-b)}{4mn(k-1) - m\mu^2 - 2n}$	$x_r^{\alpha^{D^*}} = \dfrac{n(a-b)}{4mn(k-1) - m\mu^2 - 2n}$

命题5.1表明,分散式供应链模型下,制造商和零售商存在一个斯坦伯格博弈的均衡点,使供应链成员的利润各自最大化。考虑到分散式供应链模型下制造商及零售商的最优决策需要满足一定前提条件,下一个推论将找到并解释这一前提条件的意义。

推论5.1 我们得到当且仅当不等式 $\dfrac{a}{b} > 1$ 且 $k > \dfrac{a}{b} + \dfrac{m\mu^2 + 2n}{4mn}$ 满足时,分散式供应链模型下各供应链成员的获利才能最大化。

推论5.1展示了只有当消费者众包产品的基本价值高于非众包的基础价值，并且相信众包产品的定制化程度要高于非众包产品时，制造商和零售商都将在分散决策环境下获得最佳利润。该条件是由公式（5.1）及公式（5.2）的函数海瑟矩阵必须负定及产品需求大于零所导出。这一推论同时也非常符合实际。首先，众包产品相对于同类型的非众包产品而言，有可以根据大众个性需求定制的特点，这将使得众包产品相对于普通的非众包产品的基本价值上升。同样，根据大众要求定制过后的众包产品拥有超过非众包产品的定制化程度。这一模型导出的前提条件与现实假设相符，侧面验证了模型的正确性。

三、集中式供应链模型及分析

在本节中，我们考虑集中式供应链决策模型的情况。实际上，为了使整个供应链的利润最大化，一些在供应链中占主导地位的制造商（如小米和海尔）通常会赞助其下游零售商促进合作，以避免竞争带来的双重边缘化效应。因此，在集中式供应链决策模型的情况下，供应链整体营销产品的利润如下：

$$\max_{(p_{CW}, p_{NON}, \theta, x^\alpha)} \pi^C = p_{CW} q_{CW} + p_{NON} q_{NON} - \frac{m(x^\alpha)^2}{2} - \frac{n\theta^2}{2} \quad (5.7)$$

将式（5.1）和式（5.2）代入式（5.7）中，我们得到：

$$\max_{(p_{CW}, p_{NON}, \theta, x^\alpha)} \pi^C = p_{CW} \left(\frac{a - b + \mu\theta - p_{CW} + p_{NON} + x^\alpha}{k - 1} \right) +$$

$$p_{NON} \left(b - \frac{a - b + \mu\theta - p_{CW} + p_{NON} + x^\alpha}{k - 1} - p_{NON} \right) - \frac{m(x^\alpha)^2}{2} - \frac{n\theta^2}{2} \quad (5.8)$$

公式（5.8）中的第一项和第二项分别对应零售商通过线上渠道营销众包产品的营销额和通过线下渠道营销非众包产品所得的营销额。第三项是零售商为鼓励大众给出在线评论所做的评论努力投入，而对应的第四项表示制造商对众包产品进行在线评论所付出的成本。集中式供应链模型下，供应链整体共同选择最优的零售价格和订货量来最大化供应链整体利润。命题 5.2 给出了集中式供应链模式下供应链成员的最优决策值和评论水平。

命题 5.2　在分散式供应链模型下，满足前提条件 $k > (m\mu^2 + n)/2mn$，供应链成员整体的最优决策及各成员评论水平结果见表 5-4。

表 5-4　集中式供应链模型下最优决策

最优值	众包产品	非众包产品
零售价格	$p_{\mathrm{CW}}^{C*} = \dfrac{2amn(k-1) - bm\mu^2 - bn}{2[2mn(k-1) - m\mu^2 - n]}$	$p_{\mathrm{NON}}^{C*} = \dfrac{b}{2}$
产品需求	$q_{\mathrm{CW}}^{C*} = \dfrac{mn(a-b)}{2mn(k-1) - m\mu^2 - n}$	$q_{\mathrm{NON}}^{C*} = \dfrac{2mn(bk-a) - bm\mu^2 - bn}{2[2mn(k-1) - m\mu^2 - n]}$
产品利润	$\pi_{\mathrm{CW}}^{D*} = \dfrac{mn(a-b)\{m[12an(k-1) - (2a+b)\mu^2] - 6an\}}{4[4mn(k-1) - m\mu^2 - 2n]^2}$	$\pi_{\mathrm{NON}}^{D*} = \dfrac{bm[12n(bk-a) - 3b\mu^2] - 6b^2 n}{16[4mn(k-1) - m\mu^2 - 2n]}$
评论水平	$\theta^{C*} = \dfrac{m\mu(a-b)}{2mn(k-1) - m\mu^2 - n}$	$x_r^{\alpha^{C*}} = \dfrac{n(a-b)}{2mn(k-1) - m\mu^2 - n}$

命题 5.2 表明，集中式供应链模型下，当满足前提条件时，供应链整体利润存在唯一最大值，使得供应链整体利润最大化。下一个推论将找到并解释模型存在最优解的前提条件及其现实意义。

推论 5.2　当且仅当不等式 $\dfrac{a}{b} > 1$ 且 $k > \dfrac{a}{b} + \dfrac{m\mu^2 + n}{2mn}$ 满足时，集中式供应链模型下整体供应链的获利才能达到最大值。

推论 5.2 类似于推论 5.1，同样表明了从现实意义上集中式供应链模型成立需要有两个前提假设：一是众包产品的基本价值在消费者心中要高于非众包产品，二是众包产品定制化程度需要超过非众包产品。与前面推论不同的是，集中式供应链前提条件中对众包产品定制化程度的最低要求不同。基于这一差异，提出推论 5.3 进一步讨论。

推论 5.3　在消费者和制造商联合评论影响下，集中式供应链决策模型可以达到均衡的范围要比分散式供应链更为有效。

推论 5.3 展现了在给定相同参数的情况下,相比于分散式供应链决策模型下,集中式供应链决策模型下的众包产品设计方案更容易被采用,这表明供应链成员之间的合作可以扩大消费者评论的影响力和制造商评论影响力之间的差距,从而确保消费者评论的影响力将占主导作用,这有利于促进众包设计产品的采用和生产。

命题 5.3 在集中式供应链决策模型中:

(1) 如果众包产品的定制化比率 $k > \dfrac{a}{b} + \dfrac{m\mu^2 + n}{2mn}$,则众包产品的最优零售价格高于非众包产品。

(2) 当定制化比率较低时,即 $\dfrac{a}{b} + \dfrac{m\mu^2 + n}{2mn} < k < \dfrac{2a-b}{b} + \dfrac{m\mu^2 + n}{2mn}$,众包产品的市场需求高于非众包产品且供应链成员营销众包产品得到的利润也高于非众包产品;当定制化比率处于中等时,即 $\dfrac{2a-b}{b} + \dfrac{m\mu^2 + n}{2mn} < k < \dfrac{a^2}{b^2} + \dfrac{m\mu^2 + n}{2mn}$,非众包产品的市场需求大于众包产品,但供应链成员营销众包产品得到的利润仍然高于非众包产品;如果定制化比率较高时,即 $k > \dfrac{2a-b}{b} + \dfrac{m\mu^2 + n}{2mn}$,众包产品的市场需求和从中获利均不及非众包产品。

命题 5.3 表明,在集中式决策模型中,众包产品的零售价始终高于非众包产品,这意味着非众包产品总是更加低廉。此外,发现当定制化比率保持在中低水平时,众包产品在市场上占主导地位。然而,当定制度比率达到较高水平时,非众包产品将取代众包产品并占据更多的市场份额。这种现象表明,众包产品的定制化程度越高并不意味着更好的市场覆盖率。有趣的是,在定制化比率处于中等时,即使众包产品的市场需求小于非众包产品,制造商和零售商也可以从众包产品的营销中获得更多的收益。不同于定制化比率低或高的情况,在这种情况下,众包产品相对于非众包产品用更少的市场需求为供应链成员贡献了更多的利润。故此,定制化比率 k 应该设置在中等水平,从而改善整个供应链绩效。

四、众包产品设计方案的生产策略

根据前面的分析,本节我们重点考虑制造商和消费者联合评论影响下投入生产之前选择生产众包设计产品的条件,该条件与消费者在线评论和制造商评论密切相关。实际上,包括小米和海尔在内的一些与众包相关的制造商通常使用"每件产品利润"作为关键的评估指标,以选择最佳的众包设计解决方案,当新产品的每件利润被评估为高于特定值时,新设计的产品将被允许制造。依据此准则,假设当每单位众包产品的利润高于每单位非众包产品所带来的利润时,众包产品才被允许投入生产,因此得到以下定理。

定理 制造商选择众包产品生产的条件为:

(1) 分散式供应链决策模型中,联合评论满足 $\alpha > \ln \frac{n(a-b)}{4mn(k-1) - m\mu^2 - 2n} / \ln x$,且 $\mu > \sqrt{\frac{6mn(k-1) - 3n}{m}}$;

(2) 集中式供应链决策模型下,制造商和消费者的评论满足 $\mu > \sqrt{\frac{2mn(k-1) - n}{m}}$ 且 $\alpha > \ln \frac{n(a-b)}{2mn(k-1) - m\mu^2 - n} / \ln x$;反之,制造商应该放弃生产众包产品,选择非众包产品。

定理展示了不论在分散式或集中式供应链决策模型中,仅当在线消费者评论的影响程度高于一个阈值而制造商评论的单位效用低于一个阈值时,众包产品的单位产品利润会比非众包产品更高,即 $\pi_{CW}^{D*} / q_{CW}^{D*} > \pi_{NON}^{D*} / q_{NON}^{D*}$。通过这样的设置,生产众包产品的给供应链整体带来的绩效将比非众包产品更好。否则,制造商将放弃对众包产品定制设计产品的生产,而选择非众包产品。

该定理还证明,对众包产品设计的评估也依赖于消费者的在线评论影响力和制造商评论的影响力。同时还进一步揭示,如果接受众包产品设计方案,则消费者的在线评论影响力应该大于制造商的评论影响力。值得注意的是,在我们的模型中,消费者在线评论影响力的增加会造成制造商评论影响力的下降。这意味着存在一个平衡点,在该平衡点上消费者的评论影响力会保持较高水平,而制造商的评论影响力则处于相对较低的水平。两种供应链决策方式下,制造商和消费者对众包产品和非众包产品的最优决策和评论水平的比较在下一命题中展现。

命题 5.4 比较集中和分散式供应链情形下供应链成员的最优决策。

(1) 制造商和消费者的最优评论水平在集中式决策模型的情况下要高于分散式决策模型的情况,即 $x^{C*} > x^{D*}$,$\theta^{C*} > \theta^{D*}$;

(2) 众包产品和非众包产品在集中式决策模型情况下的市场总需求要比分散式决策模型下的总需求大,即 $q_{CW}^{C*} + q_{NON}^{C*} > q_{CW}^{D*} + q_{NON}^{D*}$;

(3) 众包产品的零售价格在集中式决策模型下较高,而非众包产品零售价格在分散式决策模型下更大,即 $p_{CW}^{C*} > p_{CW}^{D*}$ 且 $p_{NON}^{C*} < p_{NON}^{D*}$,此时,定制化比率处于较低水平。

命题 5.4 表明制造商和零售商的联合决策可以有效提高制造商的评论水平和消费者的评论水平。结果显示,选择集中式供应链模式将扩大众包产品和非众包产品的市场总需求。另外,当定制化比率处于相对较低水平时,众包产品和非众包产品之间的零售价格差距使更多的消费者被吸引购买众包产品。

命题 5.5 在这两种供应链决策方式下,最佳的消费者和制造商的评论水平具有以下关系:$\theta = m\mu x^\alpha / n$

命题 5.5 表明,最佳消费者的评价水平与制造商的评价水平之间存在线性关系。最佳消费者的评价水平随制造商的评价水平而增加。这意味着制造商和零售商可以互相鼓励对方做出评论努力来促进在线评论带来的正面效应,以最大化供应链整体的利益。

五、模型拓展及比较分析

前面讨论了两种不同的供应链决策方式（即集中式和分散式供应链决策），得出了制造商和零售商的最优决策。本小节中，为了研究不同供应链成员是否评论对众包产品的影响，进一步考虑了以下三种情况，即制造商和消费者均不提供评论、只有消费者评论以及制造商和消费者联合评论。接下来，将分别在分散式和集中式供应链决策模型下比较这三种情况（表5-5、表5-6）。

表5-5 分散式决策模型中三种评论情况下的最优决策

最优值		无评论	仅消费者评论	制造商和消费者联合评论
价格		$p_{CW1}^{D*} = \dfrac{3a}{4}$	$p_{CW2}^{D*} = \dfrac{6am(k-1)-2a-b}{4[2m(k-1)-1]}$	$p_{CW3}^{D*} = \dfrac{4an[3m(k-1)-1]-3bm\mu^2-2bn}{4[4mn(k-1)-m\mu^2-2n]}$
		$w_{CW1}^{D*} = \dfrac{a}{2}$	$w_{CW2}^{D*} = \dfrac{a}{2}$	$w_{CW3}^{D*} = \dfrac{4amn(k-1)-bm\mu^2-2an}{2[4mn(k-1)-m\mu^2-2n]}$
		$p_{NON1}^{D*} = \dfrac{3b}{4}$	$p_{NON2}^{D*} = \dfrac{3b}{4}$	$p_{NON3}^{D*} = \dfrac{3b}{4}$
		$w_{NON1}^{D*} = \dfrac{b}{2}$	$w_{NON2}^{D*} = \dfrac{b}{2}$	$w_{NON3}^{D*} = \dfrac{b}{2}$
需求		$q_{CW1}^{D*} = \dfrac{a-b}{4(k-1)}$	$q_{CW2}^{D*} = \dfrac{m(a-b)}{2[2m(k-1)-1]}$	$q_{CW3}^{D*} = \dfrac{mn(a-b)}{4mn(k-1)-m\mu^2-2n}$
		$q_{NON1}^{D*} = \dfrac{bk-a}{4(k-1)}$	$q_{NON2}^{D*} = \dfrac{2m(bk-a)-b}{2[2m(k-1)-1]}$	$q_{NON3}^{D*} = \dfrac{m[4n(bk-a)-b\mu^2]-2bn}{4[4mn(k-1)-m\mu^2-2n]}$
评论水平		—	$x_{r2}^{\alpha^D} = \dfrac{a-b}{2[2m(k-1)-1]}$	$\theta_3^{D*} = \dfrac{m\mu(a-b)}{4mn(k-1)-m\mu^2-2n}$
		—		$x_{r3}^{\alpha^D} = \dfrac{n(a-b)}{4mn(k-1)-m\mu^2-2n}$
利润		$\pi_{CW1}^{D*} = \dfrac{3a(a-b)}{16(k-1)}$	$\pi_{CW2}^{D*} = \dfrac{3am(a-b)}{8[2m(k-1)-1]}$	$\pi_{CW3}^{D*} = \dfrac{mn(a-b)\{m[12an(k-1)-(2a+b)\mu^2]-6an\}}{4[4mn(k-1)-m\mu^2-2n]^2}$
		$\pi_{NON1}^{D*} = \dfrac{3b(bk-a)}{16(k-1)}$	$\pi_{NON2}^{D*} = \dfrac{3b[2m(bk-a)-b]}{16[2m(k-1)-1]}$	$\pi_{NON3}^{D*} = \dfrac{bm[12n(bk-a)-3b\mu^2]-6b^2n}{16[4mn(k-1)-m\mu^2-2n]}$
		$\pi_1^{D*} = \dfrac{3kb^2-6ab+3a^2}{16(k-1)}$	$\pi_2^{D*} = \dfrac{6m[kb^2+a^2-2ab]-3b^2}{16[2m(k-1)-1]}$	$\pi_3^{D*} = \pi_{CW}^{D*} + \pi_{NON}^{D*}$

表5-6 集中式决策模型中三种评论情况下的最优决策

最优值	无评论	仅消费者评论	制造商和消费者联合评论
价格	$p_{\text{CW1}}^{C*} = \dfrac{a}{2}$	$p_{\text{CW2}}^{C*} = \dfrac{2am(k-1)-b}{2[2m(k-1)-1]}$	$p_{\text{CW3}}^{C*} = \dfrac{2amn(k-1)-bm\mu^2-bn}{2[2mn(k-1)-m\mu^2-n]}$
	$p_{\text{NON1}}^{C*} = \dfrac{b}{2}$	$p_{\text{NON2}}^{C*} = \dfrac{b}{2}$	$p_{\text{NON3}}^{C*} = \dfrac{b}{2}$
需求	$q_{\text{CW1}}^{C*} = \dfrac{a-b}{2(k-1)}$	$q_{\text{CW2}}^{C*} = \dfrac{m(a-b)}{2m(k-1)-1}$	$q_{\text{CW3}}^{C*} = \dfrac{mn(a-b)}{2mn(k-1)-m\mu^2-n}$
	$q_{\text{NON1}}^{C*} = \dfrac{bk-a}{2(k-1)}$	$q_{\text{NON2}}^{C*} = \dfrac{2m(bk-a)-b}{2[2m(k-1)-1]}$	$q_{\text{NON3}}^{C*} = \dfrac{2mn(bk-a)-bm\mu^2-bn}{2[2mn(k-1)-m\mu^2-n]}$
评论水平	—	$x_{r2}^{\alpha^{C*}} = \dfrac{a-b}{2m(k-1)-1}$	$\theta_3^{C*} = \dfrac{m\mu(a-b)}{2mn(k-1)-m\mu^2-n}$
	—		$x_{r3}^{\alpha^{C*}} = \dfrac{n(a-b)}{2mn(k-1)-m\mu^2-n}$
利润	$\pi_{\text{CW1}}^{C*} = \dfrac{a(a-b)}{4(k-1)}$	$\pi_{\text{CW2}}^{C*} = \dfrac{am(a-b)}{2[2m(k-1)-1]}$	$\pi_{\text{CW3}}^{C} = \dfrac{amn(a-b)}{2[2mn(k-1)-m\mu^2-n]}$
	$\pi_{\text{NON1}}^{C*} = \dfrac{b(bk-a)}{4(k-1)}$	$\pi_{\text{NON2}}^{C*} = \dfrac{b[2m(bk-a)-b]}{4[2m(k-1)-1]}$	$\pi_{\text{NON3}}^{C} = \dfrac{bm[2(bk-a)n-b\mu^2]-b^2n}{4[2mn(k-1)-m\mu^2-n]}$
	$\pi_1^{C*} = \dfrac{a^2-2ab+kb^2}{4(k-1)}$	$\pi_2^{C*} = \dfrac{[2a^2-4ab+2kb^2]m-b^2}{4[2m(k-1)-1]}$	$\pi_3^{C*} = \dfrac{[2n(kb^2+a^2-2ab)-b^2\mu^2]m-b^2n}{4[2mn(k-1)-m\mu^2-n]}$

注:下标1、2和3对应情况1没有评论、情况2只有消费者评论、情况3制造商和消费者联合评论。

与制造商和消费者联合评论情况类似,对于制造商和消费者均不提供评论的情况,消费者做出购买众包产品、非众包产品和不购买任何产品的效用函数分别是:$U_{\text{CW}} = a - p_{\text{CW}} - \xi$,$U_{\text{NON}} = b - p_{\text{NON}} - k\xi$,$U_0 = 0$。则相应地可以求得众包产品和非众包产品的需求函数为 $q_{\text{CW}} = \dfrac{a-b-p_{\text{CW}}+p_{\text{NON}}}{k-1}$ 和 $q_{\text{NON}} = b - p_{\text{NON}} - \dfrac{a-b-p_{\text{CW}}+p_{\text{NON}}}{k-1}$。仅消费者评论的情况下,消费者不同选择的购买效用分别为:$U_{\text{CW}} = a - p_{\text{CW}} + x^\alpha - \xi$,$U_{\text{NON}} = b - p_{\text{NON}} - k\xi$,$U_0 = 0$。相应的众包产品和非众包产品的需求为 $q_{\text{CW}} = \dfrac{a-b+x^\alpha-p_{\text{CW}}+p_{\text{NON}}}{k-1}$ 和 $q_{\text{NON}} = b - p_{\text{NON}} -$

$\frac{a - b + x^{\alpha} - p_{CW} + p_{NON}}{k - 1}$。通过最大化供应链成员利润，三种评论情况下，供应链成员的最优决策值分别展示在表 5-4 和表 5-5 中。下一命题将对这些最优决策值进行分析。

命题 5.6 比较三种评论情况下的最优值：

（1）众包产品和非众包产品最优的批发价和零售价：$p_{CW1}^{j*} < p_{CW2}^{j*} < p_{CW3}^{j*}$，$w_{CW1}^{D*} = w_{CW2}^{D*} < w_{CW3}^{D*}$，$p_{NON1}^{j*} = p_{NON2}^{j*} = p_{NON3}^{j*}$，$w_{NON1}^{D*} = w_{NON2}^{D*} = w_{NON3}^{D*}$，$j = \{C, D\}$；

（2）众包产品和非众包产品最优的市场需求和两种产品的市场总需求：$q_{CW1}^{j*} < q_{CW2}^{j*} < q_{CW3}^{j*}$，$q_{NON1}^{j*} > q_{NON2}^{j*} > q_{NON3}^{j*}$，$q_1^{j*} = q_2^{j*} = q_3^{j*}$；

（3）众包产品和非众包产品的销售利润和两种产品的总利润：$\pi_{CW1}^{j*} < \pi_{CW2}^{j*} < \pi_{CW3}^{j*}$，$\pi_1^{j*} < \pi_2^{j*} < \pi_3^{j*}$。

命题 5.6（1）说明，对于不提供评论信息和只有消费者评论的情况下，无论是分散式供应链决策模型还是集中式供应链决策模型，消费者的评论信息仅会影响众包产品最优零售价格的制定，而众包产品的批发价格、非众包产品的零售价格和批发价格仍保持不变。然而，通过将制造商的评论加入消费者评论信息中（即制造商和消费者的评论都包含在内）时，结果表明了消费者的评论对众包产品的批发价格和零售价格都有影响，但对于非众包产品的批发价格和零售价格确定没有影响。此外，还发现，除了提高非众包产品的批发价外，制造商和消费者的联合评论也使零售商能够将最优众包产品零售价提高到最高水平。

命题 5.6（2）表明，为了扩大最优众包产品需求，并同时缩小非众包产品的市场需求，采取制造商和消费者的联合评论的情况是最有效的方式，而消费者评论的情况排在其次，不提供在线评论排在末位。但值得注意的是，无论是分散式供应链决策模型还是集中式供应链决策模型，三种情况的产品总市场需求都保持稳定不变，这意味着众包产品和非众包产品在市场上相互竞争且瓜分市场，在线评论策略无法扩大潜在市场份额，但可以帮助众包产品获得相对于非众包产品的相对竞争优势。

命题 5.6（3）显示，在不提供评论信息的情况中，供应链成员营销非众包产品的利润达到最高水平，而在制造商和消费者联合评论的情况下，相对于其他情况营销众包产品获利最多。最重要的是，在制造商和消费者联合评论的情况下，供应链成员营销总利润最高，其次是只有消费者评论情况，再次是无在线评论情况。命题 5.6（1）和命题 5.6（2）也可以证实这一结果。因此，推断出在线评论尤其是制造商和消费者的联合评论策略可以大大提高供应链的盈利能力并促进众包产品方案的推广和实施。

尽管在三种不同评论情况下比较了在线评论对众包产品和非众包产品的影响，但是，在最优需求、价格、利润、定制化程度比率和单位评论影响力等外生变量因素方面，众包产品和非众包产品之间的关系并不清晰。因此，在下一小节中，以数值实验的方式探究这些关键因素。

六、数值分析

在本节中，我们研究消费者评论的影响程度 α、好评率 x 和定制化程度比率（简称定制化比率）k 对供应链绩效的影响。为了简便，本节重点讨论集中式供应链决策模型，并确保满足集中式供应链决策模型的前提条件 $k > \frac{a}{b} + \frac{m\mu^2 + n}{2mn}$ 保持不变。

（一）参数 k 对需求和利润的影响

在本小节中，将研究三种评论情况下众包产品和非众包产品的市场需求和利润如何随参数 k 的变化。采用数值实验的方式，假设 $a = 60, b = 40, n = 2, m = 4, \mu = 1, \alpha = 1.8$ 且将参数 k 的变化范围设定为 $k \in [1.8, 2.7]$。图 5-2（a）显示出了参数 k 的大小变化对众包产品和非众包产品需求之间的关系比较结果。显然，在三种不同供应链成员参与评论的情况下，随着参数 k

的增大，非众包产品的需求随之减少，而众包产品的需求随之增加，且每种评论情况下都存在一个阈值。当参数 k 小于该阈值时，大多数消费者更倾向于购买众包产品而不是非众包产品。一旦参数 k 超过该阈值，非众包产品将比众包产品占有更多的市场份额。这一数值实验结果印证了命题 5.3（2）的正确。从图 5-3（a）中，我们还发现参数 k 的阈值随供应链成员提供评论数量的增加而增加，这表明联合在线评论策略更有利于众包产品的生产选择。

图 5-3（b）和（c）分别比较了三种评论情况下参数 k 对众包产品、非众包产品的利润和两种产品总利润的影响。当参数 k 减小时，所有三种评论情况下非众包产品的利润随之减少，而众包产品的利润和供应链整体的总利润随之增加。尤其是，当参数 k 处于较低水平时，三种评论情况下，众包产品的利润都比非众包产品高。相反，当参数 k 的值处于高水平时，众包产品的利润超过非众包产品。此外，三种评论情况下的总利润进行比较时，发现表示情况三（联合评论）和情况二（仅消费者评论）的总利润曲线，显然高于情况一（无评论信息）的总利润曲线。同时，尽管情况三中的产品总利润大于情况二的总利润，但两者之间的利润差距却缩小了。数值实验结果进一步验证了在命题 5.3（b）中的发现。

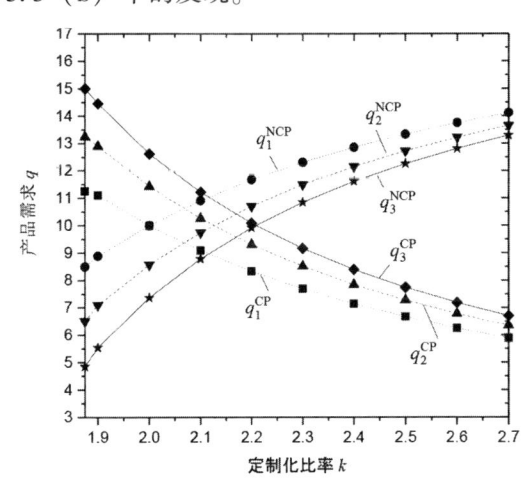

(a) 三种评论情况下参数 k 对需求的影响

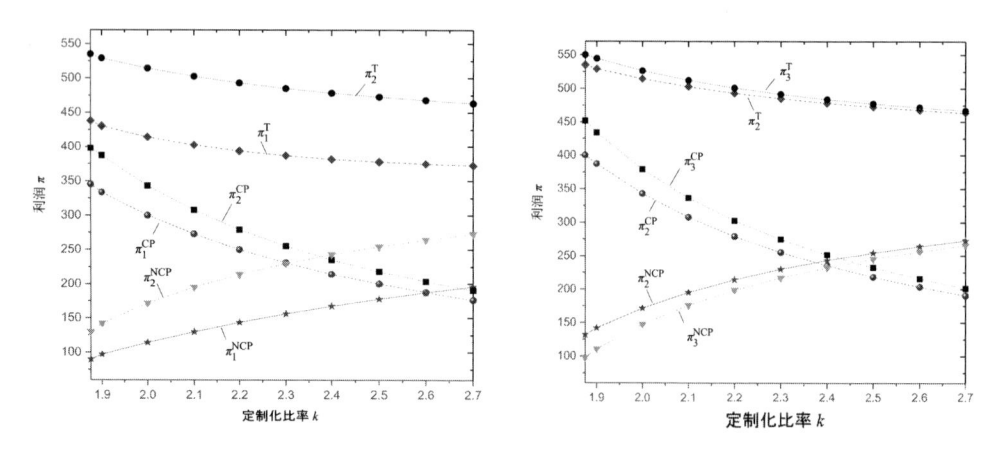

(b) 情况一、情况二下参数 k 对利润的影响   (c) 情况二、情况三下参数 k 对利润的影响

图 5-3　三种评论情况下参数 k 对需求和利润的影响

(二) 参数 α 对需求和利润的影响

考虑参数 α 的变化对供应链绩效的影响时，我们采用与前小节相同的参数设置 $a=60, b=40, n=2, x=3, \mu=1, k=2,4$ 且将参数 α 的范围设定为 $\alpha \in [0,2.2]$。图 5-4 (a) 证明了参数 α 对众包产品和非众包产品的利润及两种产品总利润的影响。由于情况一并没有消费者评论 (不包含参数 α)，所以，参数 α 的变化对众包产品、非众包产品的利润和总利润保持不变。对于情况二和情况三，非众包产品的利润随着 α 增大而减少，而众包产品的利润和两产品总利润都随之增加。值得注意的是，不论参数 α 如何变化，众包产品在情况三中的利润保持最高，且非众包产品的利润保持最低。通过比较情形二中的众包产品和非众包产品的利润，发现当参数 α 处于较低水平时，众包产品的利润大于非众包产品。反之，当参数 α 处于高水平时，营销众包产品的利润不及非众包产品的多。而联合评论的情况三中无论参数 α 的大小变化如何，众包产品创造的销售利润始终超过非众包产品。

这种现象表明，在情况二中，参数 α 是决策者在众包产品和非众包产品之间进行选择的关键因素，因为情况三中制造商总是认为选择众包产品是最佳生产产品品种。此外，情况三下供应链整体营销总利润要高于情况二中的总利润，且情况三和情况二之间的产品总利润差随参数 α 的增加而增大。

第5章 基于 Online Review 的众包产品在线设计生产决策

图 5-4（b）描述了参数 α 对产品需求的影响。结果表明，在情况二和情况三中，当参数 α 处于较低水平时，众包产品的需求低于非众包产品的市场需求。而随着参数 α 的增加，众包产品变得更受市场欢迎且销量增加，而相应地对非众包产品的需求减少。当参数 α 处于高水平时，众包产品的需求将超过非众包产品且占领主导地位。此外，在任一参数 α 的值不变的情况下，情况二中非众包产品的需求总是高于情况三。相反地，情况二的众包产品市场份额总不及情况三。图 5-4（c）说明了参数 α 对众包产品零售价格的影响。其结果表明，众包产品的零售价格总是随参数 α 的增加而升高。另外，情况三中众包产品的零售价总是比情况二中高。

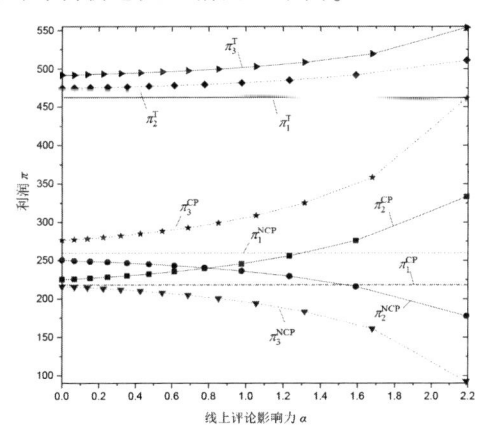

(a) 三种评论情况下参数 α 对利润的影响

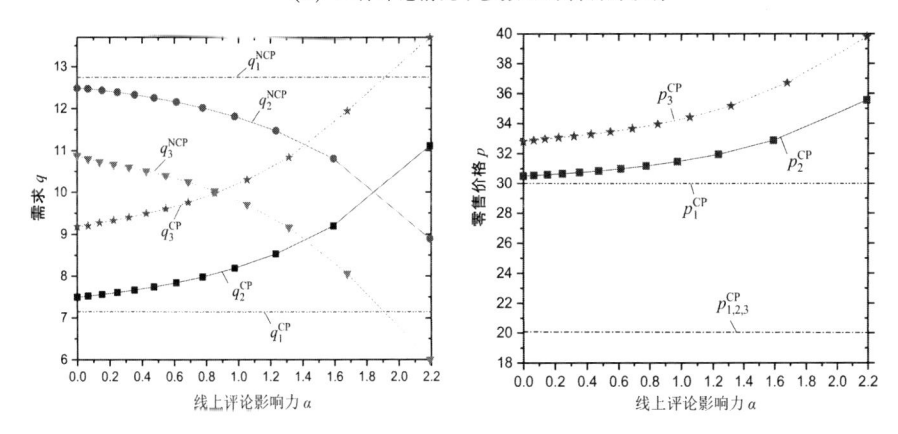

(b) 三种评论情况下参数 α 对需求的影响　　(c) 三种评论情况下参数 α 对价格的影响

图 5-4　三种评论情况下参数 k 对供应链绩效的影响

(三) 参数 μ 和 α 对供应链生产决策的联合影响

为了研究参数 μ 和 α 对供应链生产决策的联合影响,假设参数的设置与前节一致,即 $a=60, b=40, n=2, x=3$,规定参数 k 可以取以下三个值 $k=\{1.9, 2.4, 3\}$,同时,参数 μ 的变化范围为 $\mu \in [0,1]$ 且参数 α 在以下范围内变化 $\alpha \in [0,2.2]$。从图 5-5 中,可以证实当参数 k 处于一个较低水平时 ($k=1.9$),不管制造商和消费者联合评论的影响力怎么变化 (即参数 μ 和 α 的同时改变),众包产品的利润始终优于非众包产品;当参数 k 处于较高水平时 ($k=3.0$),众包产品的获利能力不及非众包产品。

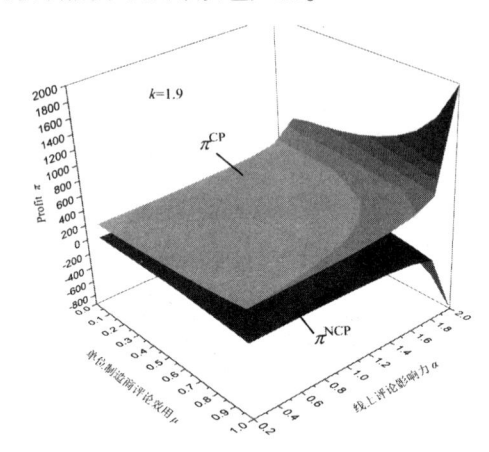

(a) 参数 μ 和 α 对决策的联合影响 ($k=1.9$)

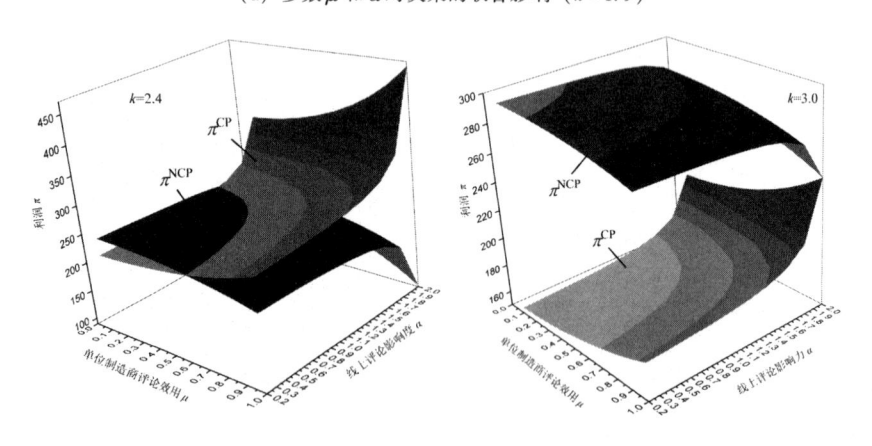

(b) 参数 μ 和 α 对决策的联合影响 ($k=2.4$)   (c) 参数 μ 和 α 对决策的联合影响 ($k=3.0$)

图 5-5 三种评论情况下参数 k 对供应链绩效的影响

第5章 基于Online Review的众包产品在线设计生产决策

该结果表明，制造商对于产生众包产品还是非众包产品与参数 μ 和 α 无关，但是与参数 k 的变化密切相关。另外，众包产品的利润随参数 μ 和 α 增加而增加，而非众包产品的利润随着参数 μ 和 α 的增加而下降。这一数字实验结果进一步验证了命题 5.3 的正确性。

有趣的是，我们进一步会发现，当参数 k 处于中等水平（$k = 2.4$）时，众包产品或非众包产品的生产选择不仅主要取决于参数 k，而且还受参数 μ 和 α 的影响。在取得一个处于中等水平的参数 k 的值时，当参数 μ 和 α 均为较小值时，生产非众包产品是决策者的最佳选择。但是，当参数 μ 为较高的值而参数 α 处于较高或较低的值时，最优产品选择是生产众包产品而不是非众包产品。从以上分析可以发现，定制化比率 k 是影响供应链决策者产品选择的最主要因素，其次是制造商的评论效用 μ，消费者的评论影响力 α 再次之。

本章研究了联合评论的情况下众包产品的生产设计策略。为了满足消费者的不同需求，由一个制造商和一个零售商组成的众包供应链提供两种不同类型的产品，即一种产品是通过众包模式设计并在线上渠道出售，另一种则是公司内部设计并在门店营销。然而，当众包产品投入生产之前处于产品设计环节时，制造商并不知道该众包设计产品是否满足可制造性、可靠性和可回收性。同时，零售商对众包设计产品是否符合消费者的真实需求仍不确定。因此，鼓励制造商和消费者都进行在线评论以评估众包产品设计方案，以有效、准确地满足消费者的定制化需求。探索并比较了分散和集中供应链决策模式下三种情况（即无评论、仅消费者评论以及联合评论）对众包产品和非众包产品之间选择的影响。

得出的主要结果如下：首先，我们发现众包设计方案只有在系统达到均衡点时才被接受，且消费者的评论影响力较大，而制造商的评论能力则保持在较低水平。同时，在给定相同参数的情况下，集中式供应链环境下达到这种平衡要比分散式系统更为有效。其次，我们发现，由于定制搜索成本的增加，众包定制程度的提高有时会不利于众包设计方案的实施，因此，需要制造商和众包设计人员在共享众包产品成本结构信息时进行紧密合作。与直觉相反的是，当众包产品定制度比率处于中等水平时，即使众包产品的需求小于非众包产品，制造商和零售商从众包产品处的总盈利更多。再次，我们还从理论上验证了供应链成员们倾向于采用联合评论策略作为最佳解决方案的原因，因为联合评论为系统带来了更多的产品需求和利润，这是由于制造商和零售商之间的评论合作以及消费者可以相互增加各自的剩余价值。

从数值实验中，我们找出了影响供应链绩效的关键参数。首先是通过比较这三种评论情况下的供应链绩效，发现定制化比率是最关键的因素，它会引导供应链成员选择生产众包产品和非众包产品。其次是制造商的评论效用和消费者的评论影响力。此外，数值实验还发现系统在联合评论和集中决策设置中，选择众包设计产品与达到最大化供应链的利润相一致。下一章将探讨在线评论影响下众包产品营销策略的选择问题。

第6章

基于Online Review的众包产品营销策略分析

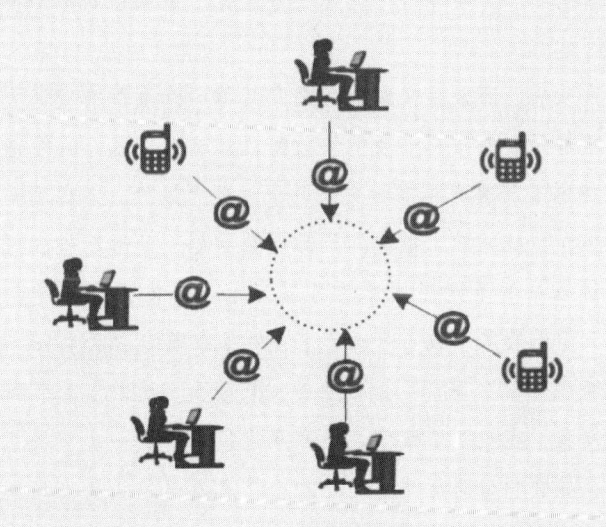

平台经济：众包供应链数字化运营

在产品营销环节中，企业如何推广线上发布的众包产品也成为关注的热点。众包产品作为一种不为广大消费者熟知的创新产品，企业为了迅速扩大其市场覆盖范围，采用了多样的营销策略来吸引潜在的消费者购买众包产品或培养品牌忠诚度。广告和好评返现策略成为其中典型的产品促销策略。广告是一种让潜在客户了解产品的手段，用于产品营销、声誉改善和市场扩展。它的特点是能广泛地覆盖受众范围，并且可以快速有效地宣传生命阶段短的众包产品。但产品广告信息仅由商家提供，消费者容易质疑其真实性与适用性。尽管广告策略在刺激消费者购买意图方面起着至关重要的作用，但显然线上消费者更依赖于通过产品的在线评论（如，购买者的评论、评分和个人推荐）来评估众包产品质量。与消费者可以在实体店体验产品的线下渠道不同，在线上渠道营销的众包产品无法使消费者提前感知其功能和质量。在线评论信息为潜在客户提供了选购众包产品的重要经验信息，也成为线上产品是否值得购买的重要评判依据。数据表明，98%的消费者认为在线评论信息对他们的购买行为有重大影响，并且89%的消费者表示评论的内容与他们的实际体验没有偏差。然而，在产品营销的初始阶段，消费者自主提供的在线评论信息量不足，许多零售商都会为消费者的好评提供返利奖励。通常以现金或优惠券的形式提供，以增强评论信息引起的"马太效应"并在心理上提升客户的支付意愿。广告和好评返现作为众包产品营销的两个关键策略可供企业选择。

从企业的角度来看，高效且快速地实施产品推广计划既有益又充满挑战。广告和好评返现策略都是刺激客户消费的有效手段。然而，单一的促销模式（广告或好评返现）将使电子零售商在市场变化时面临较大风险。考虑到企业资金资源有限，管理人员正在寻找并确定最优的产品促销计划。了解广告和好评返现策略在客户购买决策过程中的不同影响作用可以为电子零售商分配资金资源提供指导。特别是面临大型购物季节或节日的到来，例如中国的"双十一""618"购物节及美国的"黑色星期五"等。因此，企业迫切需要迅速做出促销策略决策。

由以上分析发现，在线评论策略是研究众包供应链的一个重要组成部分。产品设计环节方面，尽管制造商与消费者的评论信息越来越需要保持同步，但很少有研究探讨联合评论下众包和非众包产品的竞争对供应链各成员的影响。另一方面，产品营销环节也直接决定了供应链成员们的收益，营销策略的制定无论是对

第6章 基于 Online Review 的众包产品营销策略分析

单个企业运作还是对整个供应链,都起着至关重要的作用。可见,关于在线评论对众包产品的设计生产及营销问题有进一步深入研究分析的价值与必要。

为了解决众包产品的营销策略选择问题,首先,我们提出了一种两阶段定价博弈模型。其中,零售商将众包产品通过线上渠道营销给潜在消费者,并在两个不同的营销阶段利用广告和在线评论提高产品销售量,从而制定了两个基本模型,即模型 A-NE 和模型 NE-A。其次,通过将好评返现策略结合其他模型建立两个扩展模型(即模型 A-ER,模型 ER-A),以鼓励更多的消费者传播产品信息。公司在 A-ER 模式下,零售商在第一阶段同时进行广告宣传和向消费者提供返现。而模型 ER-A 中在第一阶段实施返现激励策略,然后在第二阶段发布广告。在上述每种模型下,提出了一种基于消费者购买行为的效用理论模型通过最大化零售商利润得出最优决策。最后,通过比较这些模型,为零售商提供实施每种模型的条件和策略。

一、问题描述

(一) 问题描述和假设

我们考虑在一个垄断众包产品市场中,一个在线零售商通过两个连续的营销阶段采用结合广告和在线评论的策略来营销一种众包产品。零售商在第一阶段采用策略 m,并定价为 p_1^m。而在第二阶段采用策略 n 并以价格 p_2^n 出售产品。假定每个时期的潜在市场规模为1,所以两个时期的市场总规模为2,且一个消费者在营销阶段内最多购买一个产品单元。为了说服消费者在网上发布其评论意见,零售商向愿意提供好评的消费者提供返现。另外,两个时期的消费者都是异质性且目光短浅的。因此,只有当期购买效用大于零时,消费者才会购买该产品。每个消费者提供评论信息都需要付出一些努力 e,假设 $r \leqslant e$;否则,所有在第一阶段购买产品的消费者都会发布在线评论。还假设,即使没有返现,有些消费者也会发布在线评论。因此,可以得到条件 $1 - p_1 - e \geqslant 0$。值得注意的是,消费者将根据他们对产品的估值来决定是否接受商家提供的返利并购买产品。如果消费者从购买产品中获得非负效用,则交易成功。消费者在第一阶段产生的在线评论的影响只会影响第二阶段消费者的购买行为。在线评论的这种影响可以表示为 wq,其中 w 表示在线评论信息的单位影响力,而 q 表示在线评论数量。同时,广告仅影响当期消费者的购买意愿,其对消费者的影响为 μa,其中 μ 代表广告的单位效用,而 a 代表零售商投入的广告水平。此外,并非所有消费者都可以观察到广告,假设观看到广告的消费者比例为 α。为了简化分析,假设产品的单位生产成本 c 可以忽略不计。

(二) 符号说明

表6-1解释了本章使用的主要变量和参数符号。

表6-1 符号说明

决策变量	定义
p_1^m	第一阶段采用策略 m 的产品价格
p_2^n	第二阶段采用策略 n 的产品价格
r	好评返现奖励值
a	零售商的广告努力水平

参数	定义
u_i	消费者在阶段 i 的产品效用，且 $i=\{1,2\}$
v	产品的单位基本价值，服从 $[0,1]$ 上的均匀分布
w	消费者单位评论效用，$w \in [0,1]$
q	在线评论数量
e	消费者的评论努力，$e \in [0,1]$
μ	单位广告效用
k	零售商单位广告努力成本
α	观察到广告的消费者比例

二、基于广告和 Online Review 策略模型建立

本节中，我们在广告和在线评论的影响下介绍了两个没有考虑返现策略加入的基本模型，即基本模型 A-EN 和基本模型 EN-A。零售商有两个促销策略选择：第一，零售商决定在第一阶段实施广告策略，则应确定促销广告的努力水平 a 并宣布产品价格 p_1^m。每个消费者在观察到零售商宣布的产品价格后决定是否购买产品及是否应该提供评论；第二，如果零售商选择在第二阶段进行广告策略，部分消费者受到广告影响并观察产品价格 p_2^n 及在线评论信息，从而做出购买决定。基于此，将两个基本模型中消费者在两个阶段购

买产品的效用值、产品需求、评论效用及评论数量表示于表6-2。

表6-2 基本模型中相应的值

		A-NE	NE-A
阶段i的购买效用	u_1	$v - p_1^{A-NE} + \mu a^{A-NE}$	$v - p_1^{NE-A}$
	u_2	$v - p_2^{A-NE} + wq^{A-NE}$	$v - p_2^{NE-A} + \mu a^{NE-A} + wq^{NE-A}$
阶段i的产品需求	D_1	$(1-\alpha)(1-p_1^{A-NE}) + \alpha(1-p_1^{A-NE}+\mu a^{A-NE})$	$1 - p_1^{NE-A}$
	D_2	$1 - p_2^{A-NE} + wq^{A-NE}$	$(1-\alpha)(1-p_2^{NE-A}+wq^{NE-A}) + \alpha(1-p_2^{NE-A}+\mu a^{NE-A}+wq^{NE-A})$
在线评论效用	u_r	$(1-\alpha)(v-p_1^{A-NE}) + \alpha(v-p_1^{A-NE}+\mu a^{A-NE}) - e$	$v - p_1^{NE-A} - e$
在线评论数量	q	$(1-\alpha)(1-p_1^{A-NE}) + \alpha(1-p_1^{A-NE}+\mu a^{A-NE}) - e$	$1 - p_1^{NE-A} - e$

(一) 基本模型 A-NE

模型 A-NE 中,零售商在第一阶段采用广告策略,消费者自发产生在线评论信息。在第一阶段开始时,零售商确定广告努力水平 a_1^{A-NE} 并宣布产品价格 p_1^{A-NE}。潜在的消费者中观察到广告的有比例 α,所有消费者先后做出购买和评论决策。第二阶段的消费者会受到第一阶段消费者留下的在线评论的影响,且根据零售商宣布的价格 p_2^{A-NE} 以决定是否购买产品。事件发生的顺序如图6-1所示。

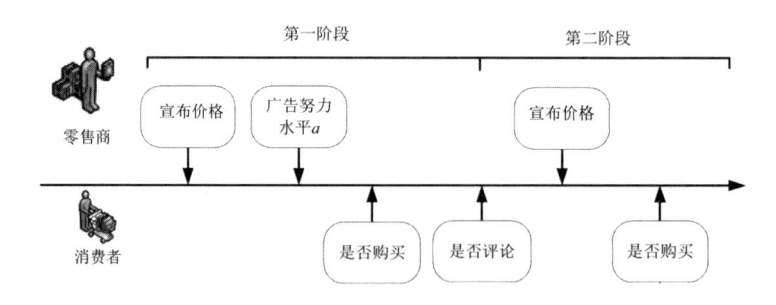

图6-1 模型 A-NE 中事件发生的顺序

零售商在第一阶段/第二阶段的利润和总利润分别为:

第6章 基于 Online Review 的众包产品营销策略分析

$$\max \pi_1^{A-NE}(p_1^{A-NE}, a^{A-NE}) = (1 - p_1^{A-NE} + \alpha\mu a^{A-NE})p_1^{A-NE} - \frac{1}{2}k(a^{A-NE})^2 \quad (6.1)$$

$$\max \pi_2^{A-NE}(p_2^{A-NE}) = [1 - p_2^{A-NE} + w(1 - p_1^{A-NE} + \alpha\mu a^{A-NE} - e)]p_2^{A-NE} \quad (6.2)$$

$$\max \pi_T^{A-NE}(p_1^{A-NE}, a^{A-NE}) = (1 - p_1^{A-NE} + \alpha\mu a^{A-NE})p_1^{A-NE} - \frac{1}{2}k(a^{A-NE})^2 + [1 - p_2^{A-NE} + w(1 - p_1^{A-NE} + \alpha\mu a^{A-NE} - e)]p_2^{A-NE} \quad (6.3)$$

公式（6.1）的第一项是零售商在第一阶段的营销收入，而第二项表明该零售商以成本 $\frac{1}{2}k(a^{A-NE})^2$ 进行广告投资，其中 k 是零售商的广告成本系数。零售商在第二阶段的利润完全取决于营销收入。在两个时期，零售商的总利润为等式（6.3）。根据纳什均衡原理，使用回溯法求解方程，最优决策结果见表6-3。

表6-3 基本模型中零售商的最优决策值

最优值	符号	A-NE	NE-A
阶段 i 的价格	p_1^j	$\dfrac{k[2-(1-e)w^2-w]+w\alpha^2\mu^2(1-ew^2)}{4k-kw^2-2\alpha^2\mu^2}$	$\dfrac{k[2-(1-e)w^2-w]-\alpha^2\mu^2}{4k-kw^2-2\alpha^2\mu^2}$
	p_2^j	$\dfrac{k[2-(2e-1)w]+\alpha^2\mu^2(ew-1)}{4k-kw^2-2\alpha^2\mu^2}$	$\dfrac{k[2-(2e-1)w]}{4k-kw^2-2\alpha^2\mu^2}$
产品需求	D^j	$\dfrac{k(2+w)(2-ew)+\alpha^2\mu^2(ew-1)}{4k-kw^2-2\alpha^2\mu^2}$	$\dfrac{k(2+w)(2-ew)-\alpha^2\mu^2}{4k-kw^2-2\alpha^2\mu^2}$
评论数量	q^j	$\dfrac{k(2+w-4e)+2e\alpha^2\mu^2}{4k-kw^2-2\alpha^2\mu^2}$	$\dfrac{(2+w-4e)+(2e-1)\alpha^2\mu^2}{4k-kw^2-2\alpha^2\mu^2}$
广告努力	a^j	$\dfrac{\alpha\mu(2-w-ew)}{4k-kw^2-2\alpha^2\mu^2}$	$\dfrac{\alpha\mu(2-w-2ew)}{4k-kw^2-2\alpha^2\mu^2}$
利润	π^j	$\dfrac{k[4+2e(e-1)w^2+2(1-2e)w]-\alpha^2\mu^2(1-ew)^2}{2(4k-kw^2-2\alpha^2\mu^2)}$	$\dfrac{k[4+2e(e-1)w^2+2(1-2e)w]-\alpha^2\mu^2}{2(4k-kw^2-2\alpha^2\mu^2)}$

（二）基本模型 NE-A

在此模型中，零售商在第二阶段做出广告努力 a^{NE-A}。与模型 A-NE 相似，第一阶段的消费者首先做出购买和评论决策。在第二阶段中，受前一阶

103

段在线评论和当期广告的影响,消费者决定是否购买产品。则零售商在第一阶段/第二阶段的利润和总利润分别表示如下:

$$\max \pi_1^{NE-A}(p_1^{NE-A}) = (1 - p_1^{NE-A})p_1^{NE-A} \tag{6.4}$$

$$\max \pi_2^{NE-A}(p_2^{NE-A}, a^{NE-A}) = [1 - p_2^{NE-A} + \alpha\mu a^{NE-A} + w(1 - p_1^{NE-A} - e)]p_2^{NE-A} - \frac{1}{2}k(a^{NE-A})^2 \tag{6.5}$$

$$\max \pi_T^{NE-A}(p_1^{A-NE}, a^{A-NE}) = (1 - p_1^{NE-A})p_1^{NE-A} + [1 - p_2^{NE-A} + \alpha\mu a^{NE-A} + w(1 - p_1^{NE-A} - e)p_2^{NE-A} - \frac{1}{2}k(a^{NE-A})^2 \tag{6.6}$$

其中,等式(6.4)和(6.5)的第一项分别是第一阶段和第二阶段的营销收入。等式(6.5)的第二项是零售商的广告投资。通过求解方程式(6.4)~式(6.6),很容易获得零售商的最佳决策值和利润,结果见表6-3。

(三)基本模型分析

在本小节中,我们将研究电子零售商在产品营销不同时期打广告的策略选择问题。由于消费者购买后不享受好评返现,在自主在线评论情况下发布广告的时期选择将如何影响零售商的获利?

引理6.1 当条件$4k - kw^2 - 2\alpha^2\mu^2 > 0$和$2k - w^2\alpha^2\mu^2 > 0$满足时,零售商选择策略A-NE能够达到最优值;而当条件$4k - kw^2 - 2\alpha^2\mu^2 > 0$和$2k - \alpha^2\mu^2 > 0$满足时,零售商选择策略NE-A能使利润最大化。

引理6.1证明了仅在两个基本模型的充分条件成立时才存在最优解决方案。通过确保等式(6.1)~等式(6.3)和等式(6.4)~等式(6.6)的海森矩阵定负以及模型各最优值大于零,得到模型成立的充分条件。从图6-2中可以看出,模型NE-A的充分条件比模型A-NE的条件更为严格,这意味着在第一阶段发布广告比在后一阶段更容易。但是,当参数α和μ的值都非常大时,模型A-NE和NE-A都没有最优均衡解。这一结果表明所有消费者因观察到广告所产生的单位效用接近100%不可能发生,这与现实相符。

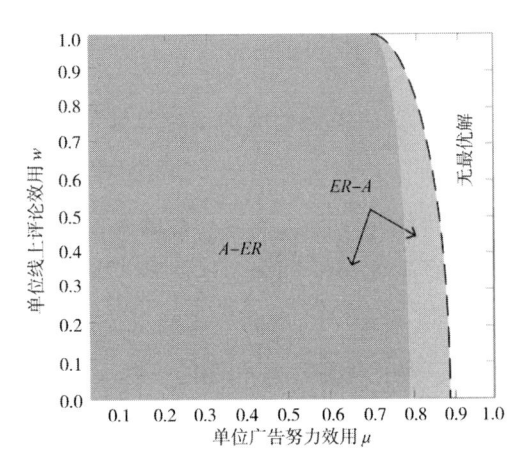

第6章 基于 Online Review 的众包产品营销策略分析

图 6-2 基本模型的最优解区域（$k = 0.4$，$w = 0.5$）

定理 6.1 当条件 $4k - kw^2 - 2\alpha^2\mu^2 > 0$ 和 $2k - w^2\alpha^2\mu^2 > 0$ 满足时，策略 A – NE 优于策略 NE – A。

定理 6.1 描述了当条件 $4k - kw^2 - 2\alpha^2\mu^2 > 0$ 和 $2k - w^2\alpha^2\mu^2 > 0$ 满足时，零售商在第一阶段发布广告更好。尽管采用策略 A – EN 的广告费用比策略 EN – A 的大，但零售商在第一阶段广告产生的最佳利润和产品需求却大于在第二阶段广告。众所周知，前期广告可以增加产品的总销量。而前期销售量的增长还导致消费者对产品的在线评论数量增加，这放大了下一个阶段在线评论对消费者的影响。值得注意的是，从引理 6.1 和定理 6.1 来看，零售商尽早发布广告策略不仅有利于产品的获利和营销，而且也更加适用。

命题 6.1 零售商最佳广告水平和利润的单调性：

（a）当 $\alpha \in [0, \sqrt{\dfrac{k(4-w^2)}{2\mu^2}}]$ 时，a^{A-NE*}（a^{NE-A*}）及 π^{A-NE*}（π^{NE-A*}）随参数 α 增加而递增，随参数 k 增加而递减；

（b）a^{A-NE*}（a^{NE-A*}）及 π^{A-NE*}（π^{NE-A*}）随参数 e 增加而递减；

（c）a^{A-NE*}（a^{NE-A*}）随参数 w 增加而递减；

（d）存在阈值 w_0，当参数 $w > w_0$ 时，π^{A-NE*}（π^{NE-A*}）随参数 w 增加而递增；反之，当 $w < w_0$ 时，π^{A-NE*}（π^{NE-A*}）随参数 w 增加递减。

其中，模型 A – NE 中 $w_0^{A-NE} = \dfrac{2k - \alpha^2\mu^2}{k - e(2k - \alpha^2\mu^2)}$ 且模型 NE – A 中 $w_0^{NE-A} =$

$\frac{2}{2e-1}$。

命题6.1（a）证明了广告覆盖程度的变化对最优广告水平和零售商获利的影响，结果与现实相符。其理由总结如下：当零售商的广告投入较大，同时，将广告费用保持在较低水平时，零售商愿意推出广告来吸引更多的消费者，以增加产品需求并产生更多的利润，这弥补了因支付大量广告费用而产生的成本。命题6.1（b）得出了一个有趣的结果，即消费者评论努力成本 e 的增加会减弱广告效果，从而导致销售利润的下降。这证实了除了广告之外，消费者的在线评论信息对影响消费者在线购买行为方面也起着关键的作用。命题6.1（c）表明另一个参数，在线评论的影响力 w 的增加会导致消费者观看广告的数量下降。命题6.1（d）说明，当在线评论的影响力大于某一阈值时，零售商的利润随 w 的增加而增加；相反，当 w 小于这一阈值时，零售商的利润随 w 的增加而下降。这表明在线评论影响力相对较高时，它可以作为广告策略的补充以吸引更多的消费者购买产品，从而增加利润。相反，当参数 w 相对较小时，在线评论的效应可能抵消广告的作用，从而获得较少的利润。实际上，为了增强在线评论的影响力，零售商应该邀请或吸引互联网名人推荐产品。

命题6.2 在线评论数量的单调性：

（a）q^{A-NE*} 和 q^{NE-A*} 随参数 e 递减，而随参数 w 递增；

（b）q^{A-NE*} 和 q^{NE-A*} 随参数 α 递增，而随参数 k 递减。

命题6.2（a）表明在线评论数量随其影响力增加而递增，但随消费者评论努力成本的增加而单调递减。有趣的是，命题6.2（b）体现了广告策略对在线评论的影响。与命题6.1（a）类似，广告覆盖面 α 的增加带来了更多的在线评论数量，而单位广告投入成本系数 k 的增加阻碍了消费者的评论，从而证明了发布广告可以扩大在线评论的传播，这与现实相符。随着参数 k 的增加，在线评论数量呈下降趋势，原因是过高的单位广告投入成本抑制了广告投资，因此最终导致评论数量下降。

三、考虑返现（Rebates）的营销模型建立

在本节中，我们通过引入好评返现策略扩展了两个基本模型。为了获取更多的市场份额，零售商考虑采用好评返现策略，以吸引更多的消费者购买众包产品并鼓励其在线发布产品评论。建立了两个扩展模型，即模型 A-ER 和模型 ER-A。与基本模型一致，表 6-4 显示了消费者在两个营销期间购买产品的效用、提供评论的效用、产品需求和在线评论数量。

表 6-4 拓展模型中的相应值

		A-ER	ER-A
阶段 i 的购买效用	u_1	$v - p_1^{A-ER} + \mu a^{A-ER}$	$v - p_1^{ER-A}$
	u_2	$v - p_2^{A-ER} + wq^{A-ER}$	$v - p_2^{ER-A} + \mu a^{ER-A} + wq^{ER-A}$
阶段 i 的产品需求	D_1	$(1-\alpha)(1-p_1^{A-ER}) + \alpha(1-p_1^{A-ER} + \mu a^{A-ER})$	$1 - p_1^{ER-A}$
	D_2	$1 - p_2^{A-ER} + wq^{A-ER}$	$(1-\alpha)(1-p_2^{ER-A} + wq^{ER-A}) + \alpha(1-p_2^{ER-A} + \mu a^{ER-A} + wq^{ER-A})$
在线评论效用	u_r	$(1-\alpha)(v - p_1^{A-ER}) + \alpha(v - p_1^{A-ER} + \mu a^{A-ER}) + r^{A-ER} - e$	$v - p_1^{ER-A} + r^{ER-A} - e$
在线评论数量	q	$(1-\alpha)(1-p_1^{A-ER}) + \alpha(1-p_1^{A-ER} + \mu a^{A-ER}) + r^{A-ER} - e$	$1 - p_1^{ER-A} + r^{ER-A} - e$

（一）拓展模型 A-ER

在本小节中，我们通过在基本 A-NE 模型引入好评返现策略，建立拓展模型 A-ER。与基本模型不同，广告和好评返现策略均在第一阶段提供，增强了第二阶段在线评论影响效果。因此，零售商在第一阶段、第二阶段和整

个期间中的利润表示为：

$$\max \pi_1^{A-ER}(p_1^{A-ER}, a^{A-ER}, r^{A-ER}) = (1 - p_1^{A-ER} + \alpha\mu a^{A-ER}) p_1^{A-ER} - \frac{1}{2}k(a^{A-ER})^2 -$$
$$(1 - p_1^{A-ER} - e + r^{A-ER}) r^{A-ER} \tag{6.7}$$

$$\max \pi_2^{A-ER}(p_2^{A-ER}) = [1 - p_2^{A-ER} + w(1 - p_1^{A-ER} - e + r^{A-ER})] p_2^{A-ER} \tag{6.8}$$

$$\max \pi_T^{A-NE}(p_1^{A-ER}, a^{A-ER}, r^{A-ER}) = (1 - p_1^{A-ER} + \alpha\mu a^{A-ER}) p_1^{A-ER} - \frac{1}{2}k(a^{A-ER})^2 -$$
$$(1 - p_1^{A-ER} - e + r^{A-ER}) r^{A-ER} + p_2^{A-ER}[1 - p_2^{A-ER} + w(1 - p_1^{A-ER} - e + r^{A-ER})] \tag{6.9}$$

其中，等式（6.7）的第三项是零售商对好评返现的投入，以鼓励在线消费者参与评论。在这种情况下，通过求解等式（6.7）~等式（6.9）获得零售商最优决策值见表6-5。

表6-5 拓展模型中零售商的最优决策值

		A-ER	ER-A
阶段 i 的产品价格	p_1^j	$\dfrac{k[2(1+e) - w(1+w)] + \alpha^2\mu^2(w-2e)}{2k(3-w^2) - \alpha^2\mu^2(4-w^2)}$	$\dfrac{k[2(1+e) - w(1+w)] - \alpha^2\mu^2(e+1)}{2k(3-w^2) - 3\alpha^2\mu^2}$
	p_2^j	$\dfrac{k[3 - (2e-1)w] + \alpha^2\mu^2(ew-2)}{2k(3-w^2) - \alpha^2\mu^2(4-w^2)}$	$\dfrac{k[3 - (2e-1)w]}{2k(3-w^2) - 3\alpha^2\mu^2}$
产品需求	D^j	$\dfrac{k[7 - 2e + 2(1-e)w - w^2] - \alpha^2\mu^2(2-ew)}{2k(3-w^2) - \alpha^2\mu^2(4-w^2)}$	$\dfrac{k[7 - 2e + 2(1-e)w - w^2] - \alpha^2\mu^2(2-e)}{2k(3-w^2) - 3\alpha^2\mu^2}$
返现值	r^j	$\dfrac{k[(1-2e)w^2 + 2(2e-1) + w] + \alpha^2\mu^2(ew^2 - 2e - w)}{2k(3-w^2) - \alpha^2\mu^2(4-w^2)}$	$\dfrac{k[(1-2e)w^2 + 2(2e-1) + w] + \alpha^2\mu^2(1-2e)}{2k(3-w^2) - 3\alpha^2\mu^2}$
广告水平	a^j	$\dfrac{\alpha\mu(4 - 2e + w - w^2)}{2k(3-w^2) - \alpha^2\mu^2(4-w^2)}$	$\dfrac{\alpha\mu(3 + w - 2ew)}{2k(3-w^2) - 3\alpha^2\mu^2}$
利润	π^j	$\dfrac{k[7 - 2(2e-1)w + 4e(e-1) - w^2] + 2\alpha^2\mu^2(ew - e^2 - 1)}{4k(3-w^2) - 2\alpha^2\mu^2(4-w^2)}$	$\dfrac{k[7 - 2(2e-1)w + 4e(e-1) - w^2] + 2\alpha^2\mu^2(e - e^2 - 1)}{2k(3-w^2) - 3\alpha^2\mu^2}$

(二) 拓展模型 ER – A

在拓展模型 ER – A 中，好评返现和广告分别在第一阶段和第二阶段提供，这就意味着消费者将在第二阶段同时受到广告和加强后的在线评论的影响。零售商在第一阶段的利润、第二阶段的利润和总利润由以下三个方程式表示：

$$\max \pi_1^{ER-A}(p_1^{ER-A}, r^{ER-A}) = (1 - p_1^{ER-A})p_1^{ER-A} - (1 - p_1^{ER-A} - e + r^{ER-A})r^{ER-A} \tag{6.10}$$

$$\max \pi_2^{ER-A}(p_2^{ER-A}, a^{ER-A}) = [1 - p_2^{ER-A} + \alpha\mu a^{ER-A} + w(1 - p_1^{ER-A} - e + r^{ER-A})]p_2^{ER-A} - \frac{1}{2}k(a^{ER-A})^2 \tag{6.11}$$

$$\max \pi_T^{ER-A}(p_1^{ER-A}, r^{ER-A}) = (1 - p_1^{ER-A})p_1^{ER-A} - (1 - p_1^{ER-A} + r^{ER-A} - e)r^{ER-A} + [1 - p_2^{ER-A} + \alpha\mu a^{ER-A} + w(1 - p_1^{ER-A} - e + r^{ER-A})]p_2^{ER-A} - \frac{1}{2}k(a^{ER-A})^2 \tag{6.12}$$

通过最大化零售商利润，求解等式 (6.10) ~ 等式 (6.12)，很容易获得零售商的最优决策值，结果也列在表 6 – 5 中。

(三) 拓展模型分析

在拓展模型中，电子零售商提供好评返现以鼓励更多的消费者购买并评论产品。与引理 6.1 相似，我们有以下发现：

引理 6.2 当条件 $4k - kw^2 - 2\alpha^2\mu^2 > 0$，$2k - w^2\alpha^2\mu^2 > 0$ 及 $6k - 2kw^2 - 4\alpha^2\mu^2 + w^2\alpha^2\mu^2 > 0$ 满足时，策略 A – ER 存在均衡最优解；而当条件 $4k - kw^2 - 2\alpha^2\mu^2 > 0$ 及 $6k - 2kw^2 - 3\alpha^2\mu^2 > 0$ 满足时，策略 ER – A 能达到均衡最优点。

引理 6.2 与 6.1 类似，为了更加直观地解释这一引理，将条件表示于图 6 – 3 并发现：不论单位在线评论效用 w 如何变化，当单位广告努力效用 μ 的值较小时，拓展模型 A – NE 和 NE – A 均能达到均衡最优值。但模型 A – ER 的条件要比模型 ER – A 下更加严格，这就意味着策略 ER – A 比策略 A – ER 适用范围更广。因此，与引理 6.1 的结果相反，这表明采用好评返现策略时，在第二阶段发布广告更容易被零售商接受。此外，当 μ 的值较高时，策略 A – ER 和 ER – A 均不存在最优均衡解，且扩展模型的不可行区域比基础模型更大。接下来的命题中，将分析零售商对于拓展策略 A – ER 和 ER – A 的选择。

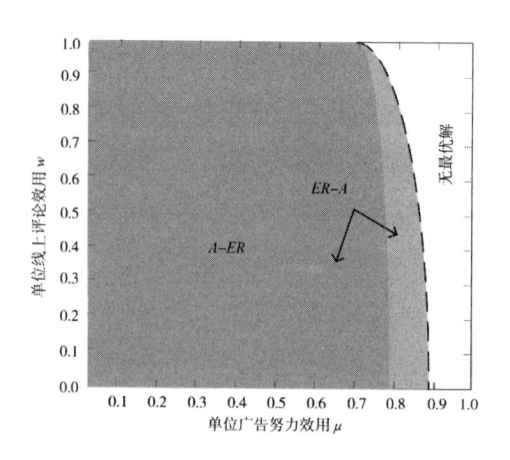

图 6-3 拓展模型的最优解区域（$k = 0.4$, $\alpha = 0.5$）

命题 6.3 当前提条件 $4k - kw^2 - 2\alpha^2\mu^2 > 0$ 和 $6k - 2kw^2 - 3\alpha^2\mu^2 > 0$ 满足时，比较策略 A-ER 和策略 ER-A：

（a）当 $w > w_0$ 时，如（i）$e \in \{e \mid (0, e_1) \cup (e_2, +\infty)\}$ 且 $\alpha_0 > \alpha > \bar{\alpha}$，或者（ii）$e \in \{e \mid (e_1, e_2)\}$ 且 $\alpha_0 > \alpha > 0$ 时，策略 ER-A 优于策略 A-ER；如 $e \in \{e \mid (0, e_1) \cup (e_2, +\infty)\}$ 且 $\bar{\alpha} > \alpha > 0$ 时，策略 A-ER 优于策略 ER-A。

（b）当 $w < w_0$ 时，如（i）$e \in \{e \mid (0, e_1) \cup (e_2, +\infty)\}$ 且 $\alpha_0 > \alpha > 0$，或者（ii）$\{e \mid (e_1, e_2)\}$ 且 $\alpha_0 > \alpha > \bar{\alpha}$，策略 A-ER 优于策略 ER-A；如 $e \in \{e \mid (e_1, e_2)\}$ 且 $\bar{\alpha} > \alpha > 0$，时，策略 ER-A 优于策略 A-ER。

其中，$w_0 = \dfrac{4e - e^2 - 1}{e^2 - e - 1}$，$e_1 = \dfrac{1+w}{2}$，$e_2 = \dfrac{2w - w^2 + 7}{2(1+w)}$，$\alpha_0 = \sqrt{\dfrac{6k - 2kw^2}{4\mu^2 - \mu^2 w^2}}$

且 $\bar{\alpha} = \sqrt{\dfrac{k(4we^2 - w^3 + 4e^2 - 8ew + w^2 - 16e + 9w + 7)}{2\mu^2(we^2 + e^2 - ew - 4e + w + 1)}}$。

命题 6.3（a）解释了对于零售商而言，当在线评论影响力 w 大于某一阈值 w_0 时，消费者做出评论努力 e 处于低/高水平，且有较大比例的消费者 α 观察到广告，或评论努力处于中等水平且小部分消费者观察到广告时，策略 ER-A 相对于策略 A-ER 是更好的选择。反之，选择策略 A-ER 比策略 ER-A 更为明智。命题 6.3（a）揭示了当在线评论影响力和有足够消费者观看广告时，即使消费者在网上推荐产品的力度不足，也会由返现所提供的正效用所弥补，因此，

第 6 章 基于 Online Review 的众包产品营销策略分析

零售商更喜欢在第一阶段提供返现策略并在第二阶段发布广告。相比之下,当在线评论影响力很大,而消费者观看广告的比例却只占所有消费者的一小部分时,消费者的评论努力处于较低/较高的水平,零售商倾向于在第一阶段同时提供返现并发布广告。研究结果进一步验证了两点:(i)消费者的评论努力较低或较高时,并不会始终使零售商受益。相反,对于零售商来说,评论努力中等时最佳。(ii)当零售商向消费者提供返现时,广告可以在在线评论效应较低的情况下作为一种补充。

命题 6.3(b)是另一部分情况的补充,当在线评论影响力 w 小于特定阈值 w_0 时,消费者的评论努力 e 处于较低/较高的水平,或者评论努力处于中等水平且消费者观看广告的比例较小的情况下,对于零售商而言,A – ER 比 ER – A 更好的策略;反之,策略 ER – A 相对于策略 A – ER 更加占优。

命题 6.4 当条件 $4k - kw^2 - 2\alpha^2\mu^2 > 0$ 和 $2k - w^2\alpha^2\mu^2 > 0$ 满足时,策略 A – ER 优于策略 A – NE,且策略 ER – A 优于策略 NE – A。

命题 6.4 说明了零售商提供返现策略要比不提供更好。尽管广告费用较大,但零售商采用策略 A – ER(策略 ER – A)所获得的最佳利润,产品需求和广告水平均大于策略 A – NE(策略 NE – A)。向消费者提供好评返现有助于零售商扩大市场需求,同时,在第一阶段鼓励更多的消费者在线上分享产品的信息。消费者将更加确定产品质量水平,并全面了解产品功能。从消费者的角度来看,他们购买产品的效用将得到增加,这使得他们更愿意购买该产品;从零售商的角度来看,提供返现策略在增加众包产品信息量的同时,也提升了众包产品的边际利润。

命题 6.5 观察到的广告比例 α 对零售商的最佳决策和利润的影响:

(a)在策略 A – ER 下,a^{A-ER*} 和 r^{A-ER*} 随 α 的增加递减,而在策略 ER – A 下,a^{ER-A*} 和 r^{ER-A*} 随 α 的增加递增;

(b)在策略 A – ER 下,p_1^{A-ER*} 和 p_2^{A-ER*} 均随 α 的增加递增,而在策略 ER – A 下,p_1^{ER-A*} 随 α 的增加递减,而 p_2^{ER-A*} 随 α 的增加递增;

(c)在策略 A – ER 和策略 ER – A 下,π^* 和 D^* 均随 α 的增加递增。

命题 6.5(a)描述了零售商选择策略 A – ER 时,包括广告费用和返利支付投入，随观察广告的消费者比例的增加而减少；但是，在策略 ER‑A 下，零售商的投入也随之增加。这意味着在产品营销的前期观察广告的人越多，广告的投资水平就越低，所需的返利也就越少。但是，如果在较晚的时期发布广告，则会有更多的人观看广告，零售商可能会投入更多的广告。命题 6.5（b）表明，在策略 A‑ER 下，两个时期的价格都随着观看广告的消费者比例的增加而上升；而在策略 ER‑A 的情况下，第一阶段的产品价格随 α 增加而降低，而第二阶段的价格随 α 增加而升高。这意味着，当零售商选择在第一阶段进行广告宣传时，较大比例的消费者观察广告将使零售商在两个阶段内以较高的价格出售产品。当零售商在第二阶段做广告时，零售商将更改其定价政策，其中较大比例的消费者观察广告使零售商可以在前期设置较高的价格，而在后期设置较低的价格。命题 6.5（c）指出，无论是策略 A‑ER 还是策略 ER‑A，提升广告覆盖面积使零售商在获利更多的同时增加产品需求。该发现非常直观且与实践一致，也为零售商找到了吸引人们关注广告的策略，从而提高自身盈利能力。

命题 6.6 消费者的评论努力 e 对零售商的最优决策的影响：

（a）在策略 A‑ER 和策略 ER‑A 下，r^* 和 p_1^* 随参数 e 的增加递增，而 a^*，p_2^* 和 D^* 随参数 e 的增加递减；

（b）存在一个阈值 $\bar{e}$，当 $e > \bar{e}$ 时，π^* 随着参数 e 的增加递增；而当 $\bar{e} > e > 0$ 时，π^* 随参数 e 的增加递减。

其中，在策略 A‑ER 中，$\bar{e} = \dfrac{2k + 2kw - w\alpha^2\mu^2}{4k - 2\alpha^2\mu^2}$，策略 ER‑A 中，$\bar{e} = \dfrac{2k + 2kw - \alpha^2\mu^2}{4k - 2\alpha^2\mu^2}$。

命题 6.6（a）指出，无论是策略 A‑ER 还是策略 ER‑A，第一阶段的产品价格和返现值都会随消费者的评论努力增加而增加；而第二阶段的产品价格、广告投入水平和总产品需求则随着消费者的评论努力增加而降低了。较高的消费者评论努力使得零售商需要为消费者设置更高的返现值。同时，由于零售商将更多的资金分配给返现策略，最佳广告投入水平降低了。这意味着零售商将广告投资转移到返现策略上。此外,结果表明评论努力的变化会在不同时期波动,甚至努力的增加也会导致产品市场需求萎缩,从而表明消费者的评论努力不符合"越多越好"的理念。命题6.6(b)表明,评论努力对扩展模型中零售商最佳利润的影响不是单调的。当评论努力大于特定阈值时,零售商的最佳利润将随着消费者的评论努力增加而增加。否则,零售商的最佳利润会随之而下降。从零售商的角度来看,消费者评论努力的增加会产生两个影响:返现值增加的影响和广告投入减少的影响。最重要的是,零售商提供返现以刺激消费者提供在线评论时,只有消费者的努力超过阈值,零售商才值得提供返现。如果通过返现无法将消费者的评论努力提高到阈值,更多提供返现将对零售商的获利产生反作用。

四、数值分析

我们利用数值实验以分析一些重要参数对供应链成员绩效的影响,并画出参数变化时的不同策略占优区域 (w, α),(w, e) 和 (k, μ)。此外,我们还将根据基本模型和扩展模型进一步研究一些关键参数在不同营销阶段对零售商最佳决策的影响。使用以下参数取值来提供足够大的可行域:$e = 0.5$,$\mu = 0.8$,$k = 0.4$,$\alpha = 0.8$ 和 $w = 0.5$。

(一)参数 w 和 α 对零售商利润的影响

在图6-4(a)中,比较不同策略下零售商的最大利润,不同颜色区域表示基本模型和扩展模型的占优区域。结果表明,当广告覆盖率 α 处于低水平(小于某个值)时,无论在线评论影响力 w 如何变化,策略 ER-A 始终优于其他三个策略。而当广告覆盖率达到中等水平时,无论评论影响力如何,策略 A-ER 是零售商的更好选择。随着广告覆盖率的增加,策略 A-NE 代替策略 A-ER 成为最佳策略。但是,当在线评论影响力和广告覆盖率处于较高水平时，没有策略适用。总而言之，当广告覆盖率很高时，零售商应该选择第一阶段发布广告；广告覆盖率中等时，零售商应在早期进行广告宣传并提供好评返现折扣，以吸引更多的消费者参与。相反，当在线评论影响力或广告覆盖率不高时，在第一阶段采用返现策略后，推迟到第二阶段再实施产品广告宣传。此外，我们发现策略 ER – A 占优的区域明显大于策略 A – ER 的区域，揭示了策略 ER – A 比 A – ER 更具鲁棒性。

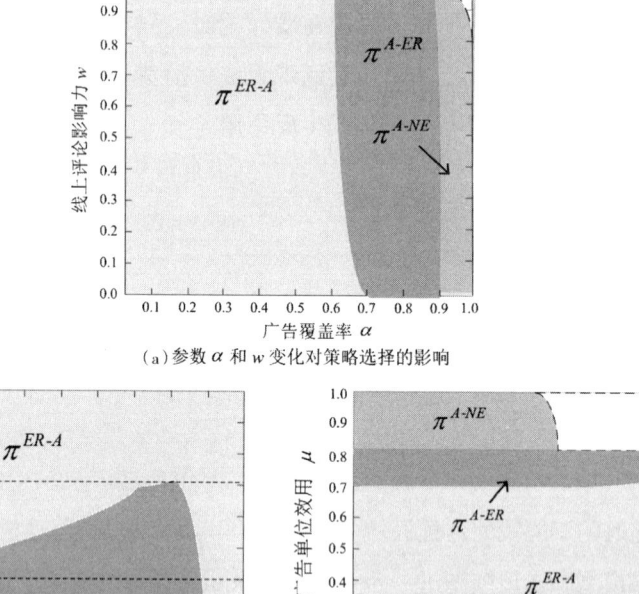

(a) 参数 α 和 w 变化对策略选择的影响

(b) 参数 e 和 w 对策略选择的影响

(c) 参数 μ 和 k 对策略选择的影响

图 6 – 4 比较基本模型和拓展模型下的占优区域

（二）参数 w 和 e 对零售商利润的影响

在图 6 – 4（b）中，采用两个基本模型获得的最优利润始终小于两个扩展模型的最优利润。首先，当消费者的评论努力 e 处于较高水平时，无论在线评论影响力 w 变化如何，选择策略 ER – A 都比策略 A – ER 更好。其次，当评论努力为中等水平时，如果在线评论影响力为较低或较高水平，则策略 ER – A 占优。另外，如果在线评论影响力在中等水平，则策略 A – ER 是最佳选择。最后，当评论努力相对较低时，我们发现除在线评论影响力处于非常高的水平外，零售商将采用策略 A – ER。

参数 w 表示在线评论的单位影响效果，而参数 e 则代表消费者为之所付出的努力。因此，图 6 – 4 （b） 也阐释了对在线评论投入产出的变化对零售商策略选择的影响。结果显示，当获得在线评论效应对零售商而言成本并不昂贵时，零售商更愿意选择先提供返现的策略 ER – A 来吸引更多的消费者。反之，策略 A – ER 对零售商更好，因为零售商仅需提供较低的返现值，因此，可以投入更多资金来提高广告水平。但当消费者对在线评论特别敏感时，策略 ER – A 相对于策略 A – ER 更优。

（三）参数 μ 和 k 对零售商利润的影响

图 6 – 4 （c） 揭示了当单位广告的效用 μ 小于阈值时，无论单位广告成本 k 变化如何，策略 ER – A 都比其他策略更优。当单位广告的效用处于中等水平时，则采用策略 A – ER 获利更多。然而，当单位广告的效用和广告成本均处于较高水平时，则无法获得两个扩展模型的最优解。

与前一小节类似，本节研究了零售商广告投入产出的变化对策略选择的影响。值得注意的是，(i) 当单位广告效用较小时，策略 ER – A 始终是最佳选择。这意味着，在这种情况下，产品广告宣传应在后期而不是前期发布。(ii) 相反，当单位广告效用较大时，零售商可以在第一阶段同时提供返现和广告努力。(iii) 在单位广告效用很大的情况下，策略选择也与单位广告成本有关。即，如果单位广告费用处于较低水平，则零售商应仅考虑在第一阶段进行广告宣传，并且不提供返现；否则，当单位广告费用处于较高水平时，零售商将放弃采用广告策略，此时其边际利润为负。

结合先前的发现，总结得出：当单位广告效用较弱且在线评论效用较强时，选择策略 ER – A。否则，零售商应倾向于选择策略 A – ER。另外，在第一阶段设置较高的返现值可以极大增强第二阶段的广告效果，第一阶段的广告宣传也可以增强后期的评论效果。这表明广告和在线评论之间存在相互溢出效应。最后,还发现参数 α 和 e 是决策者在基本模型和扩展模型之间进行选择的关键因素,零售商的利润随 α 和 e 的微小变化而变化很大。

总之,随着消费者越来越多地在网上购买,在线评论信息在协助消费者做出购买决定方面起到关键的作用。为了扩大市场份额,电子零售商经常开展不同的促销活动,例如,广告、好评返现等策略,以鼓励消费者为口碑效应扩散做出贡献。对于电子零售商而言,考虑在线评论的情况下,确定产品在不同营销阶段的营销价格和发布广告的时间至关重要。为了吸引更多的消费者通过线上渠道购物,电子零售商可以提供一定经济激励,以鼓励消费者在购买后发表他们的评论意见。在零售商财务预算约束的情况下,我们提出了一种两阶段产品定价模型。在第一阶段中,零售商需要决策是否发布广告,以及是否向消费者提供返现并宣布相应的产品价格。在第一阶段不购买产品的消费者可以浏览在线评论并在第二阶段做出购买决定。通过采用广告和好评返现策略,电子零售商可以增强消费者剩余以刺激产品营销。

本章主要研究了广告和好评返现策略对零售商营销策略选择决策和消费者的购买行为的影响。从研究结果中得出的重要发现和管理启示如下:①在不提供返现的策略下,在产品营销的第一阶段发布广告更有利于电子零售商的获利。此外,当在线评论的影响力处于较高水平时,它可以补充广告效果以吸引更多的消费者购买,从而增加利润。反之,在线评论效应可能抵消广告的作用。这就意味着,为了增强在线评论的影响力,零售商应该邀请或吸引互联网名人推荐产品。②在不提供返现策略的情况下,消费者由于没有任何激励,努力推荐产品的人数较少。但当在线评论影响力较大时,由于表达自我的内在需求,人们倾向于分享他们的购物体验。另外,广告投入的增加也引起了更多的消费者评论,而单位广告成本的增加则减少了评论量,暗示了广告可以促进在线评论的传播。③在商家提供好评返现的背景下,消费者评论努力处于中等水平对零售商而言获利最大。同时,在较低或较高的评论努力情况下,广告可以作为在线评论效应的补充。此外,与不提供返现相同,在第一阶段投放广告比在第二阶段更适合。④在提供返现策略的背景下，仅当消费者评论努力超过某一阈值时，返现值被相应提高，提供更多的返现将对零售商的盈利产生负面影响。提供更多返现也挤压了广告资金投入，进一步恶化了零售商的盈利空间。⑤提供返现策略的情况下，不论在第一或第二阶段发布广告都要比没有提供返现策略的情况的供应链绩效更佳。

第7章
众包Online设计平台下企业信息完全披露及双边匹配决策分析

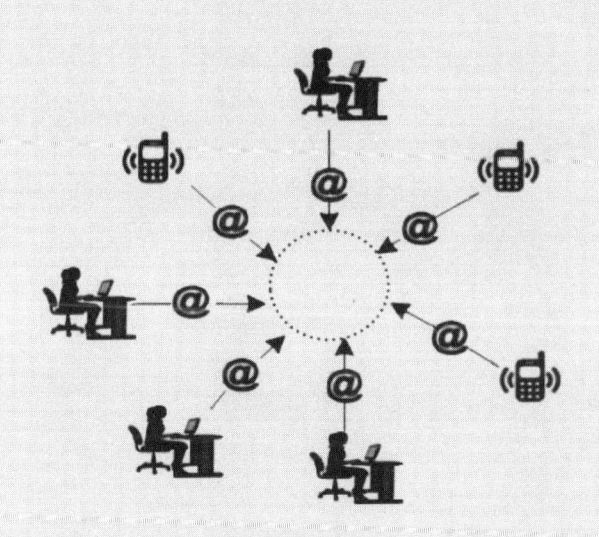

由于行业设计师的匮乏和互联网的普及，中小型制造企业逐渐转向外部设计师，通过众包的方式来提高他们的创新效率。本章考虑企业和设计师在众包设计平台上完全公开披露各自的信息，继而研究其信息双边匹配策略。我们将众包匹配决策过程分为三个层次模型，即盈余、截止日期和商誉。从动态的角度出发，本章首先建立了一个信息双边匹配模型，其中众包企业和在线设计师通过在线提供的双方信息，最大化他们的总盈余来进行选择，目的是获得具有鲁棒性的最终配对，并推导出获得最优配对相应的条件。在此基础上，结合企业商誉和设计提交截止日期这两个关键因素，对匹配模型进行了扩展。进而设计了一种改进的 Gale–Shapley 算法来解决众包匹配问题。最后，用灵敏度分析进一步验证了模型的稳定性和鲁棒性。

第7章 众包 Online 设计平台下企业信息完全披露及双边匹配决策分析

一、问题描述及符号说明

(一) 问题描述

本章考虑一个在线众包平台，分别由具有不同要求和能力的众包企业和设计师组成。假设设计师和众包企业都是理性的，一个设计师只选择和承担一个设计任务，而一个任务只能由一个设计师完成。另外，无论是否选中提交的解决方案，都不允许再次重复提交。在众包平台上，众包企业分配他们的众包任务，并在平台上宣布相应的经济奖励。现任或新加入的设计师会根据他们的能力和设计风格选择众包任务，然后提交他们的设计方案。双方通过在线获取的信息进行相互之间的匹配与选择。

一般来说，设计师和企业选择他们的匹配者/合作伙伴要考虑两个部分，即当前的效用和未来的预期收益。前者只关注现有效用的匹配问题，通常有以下两种情况，即考虑或不考虑截止日期因素的众包。在没有截止日期因素的情况下，设计师和企业只关注成本、报酬和设计风格，并认为时间不是问题，因为他们有信心按时完成众包任务。相比之下，在存在截止日期约束的情况下，双方不仅关注了上述因素，同时也考虑了截止日期对双方效用的影响。而未来预期收益，是指战略型设计师关心下一周期收益的行为，这与企业目前的商誉和声誉密切相关；例如，给定两个不同的企业，企业的商誉越高，设计师在下一周期中获得的预期收益就越高。基于此，我们将在线信息匹配决策过程分解为三个层次，即无截止日期约束的基本双边匹配、有截止日期约束的双边匹配和同时考虑到截止日期和商誉的双边匹配。动态层次匹配决策过程如图 7-1 所示。

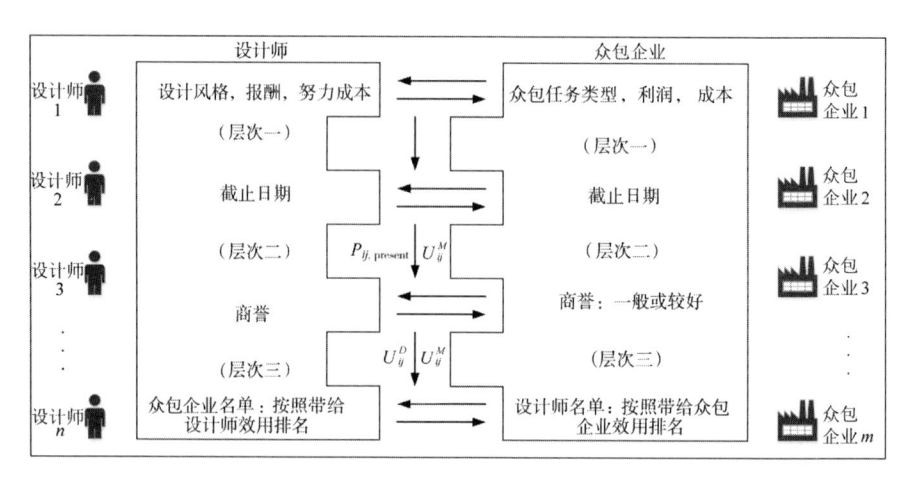

```
┌─────────────────────────────────────────────────────────────────┐
│                设计师                    众包企业                │
│ 设计师  ┌─────────────────────┐    ┌─────────────────────┐ 众包 │
│  1     │ 设计风格，报酬，努力成本 │◄──►│ 众包任务类型，利润，成本 │ 企业1│
│        │    （层次一）        │    │    （层次一）        │      │
│ 设计师  │        ▼            │    │        ▼            │ 众包 │
│  2     │    截止日期          │◄──►│    截止日期          │ 企业2│
│        │    （层次二）        │P_{ij,present}│U_{ij}^M│（层次二）│      │
│ 设计师  │        ▼            │    │        ▼            │ 众包 │
│  3     │    商誉             │◄──►│ 商誉：一般或较好      │ 企业3│
│  ⋮     │   （层次三）         │U_{ij}^D│U_{ij}^M│（层次三）│  ⋮   │
│ 设计师  │ 众包企业名单：按照带给 │◄──►│ 设计师名单：按照带给众包│ 众包 │
│  n     │   设计师效用排名      │    │   企业效用排名       │ 企业m│
│        └─────────────────────┘    └─────────────────────┘      │
└─────────────────────────────────────────────────────────────────┘
```

图 7-1 设计师和众包企业基于完全披露在线信息的匹配准则

如图 7-1 所示，设计师首先过滤掉他们无法按时完成或超出他们能力范围的设计任务。最重要的是，企业预先宣布的奖励是设计师决定选择与众包任务匹配的关键驱动力，如果设计师认为任务奖励的数量低于他们的预期，他们往往会选择其他报酬更高的替代众包设计任务，这迫使企业提高他们相应的奖励以吸引更多更优秀的参与者，这可以作为定价机制的指标。此外，当在线设计师着眼于未来收益时，尤其是战略型设计师会考虑企业的商誉，因为企业的声誉和商誉对设计师在未来的众包设计任务中成功入选的可能性有重大影响。为此，预期收益将转化为设计师效用的一部分。由于设计人员倾向于选择具有更高效用的任务，因此，每个设计人员都有自己关于一系列设计任务的排序。企业也遵循与设计师相同的逻辑，首先将专业能力不能很好满足其需求的设计师排除在外。一般来说，企业的效用取决于设计师提供的方案的质量和边际成本。同样，通过观察当前的众包参与者，企业将通过交易成本和回报之间的权衡来确定当前的众包奖励金额。换言之，任务越简单或众包竞争越激烈，企业提供的奖励就越少。因此，每个企业都有自己对设计师的序列列表。基于此，设计师和企业进行动态决策，最终确定两者之间的最佳匹配，直至获得双方的满意。

（二）符号说明

与本章相关的变量及符号说明见表 7-1。

第7章 众包 Online 设计平台下企业信息完全披露及双边匹配决策分析

表 7-1 符号说明

类型	符号	定义
集合	I	众包企业或众包设计任务集合,$i \in I$
	J	设计师或设计方案集合,$j \in J$
	Θ_j	设计师 j 完成的任务集合
	μ	稳定的配对集合,$\mu = \{(i,j) \mid Z_{ij} = 1, \forall i \in I, \forall j \in J\}$
参数	C_{ij}	设计师 j 完成任务 i 的努力成本
	$P_{ij,\text{next}}$	当设计师 j 完成当前任务 i 后在下个任务中获得的期望报酬
	T_{ij}	设计师 j 完成任务 i 的时间限制
	c_{ij}	设计师 j 完成任务 i 的单位时间成本
	$C(T_{ij})$	设计师 j 在截止时间内完成任务 i 的努力成本
	P_{N-L}	完成一般商誉的众包企业任务的设计师在未来期望获得的低报酬
	P_{N-H}	完成一般商誉的众包企业任务的设计师在未来期望获得的高报酬
	P_{B-L}	完成较好商誉的众包企业任务的设计师在未来期望获得的低报酬
	P_{B-H}	完成较好商誉的众包企业任务的设计师在未来期望获得的高报酬
	B_{ij}	企业 i 从设计师 j 提供的方案中预期获得的收益
	S_{ij}	企业 i 支付给平台的费用
	α, β	估计参数
	t_j^E	设计师 j 开始任务的最早时间
	t_i^L	企业 i 要求的最晚截止日期
	U_{-ij}^F	企业 i 选择设计师 j 的内心预期最低效用
	U_{-ij}^D	设计师 j 完成任务 i 的内心预期最低效用
决策变量	Z_{ij}	如果任务 i 和设计师 j 匹配成功则 $Z_{ij} = 1$,否则 $Z_{ij} = 0$
	$R_{ij,\text{present}}$	企业 i 给完成设计任务的设计师 j 的奖励报酬
辅助变量	U_{ij}^D	设计师 j 完成设计任务 i 得到的总效用
	U_{ij}^F	企业 i 选择设计师 j 设计方案得到的总效用
	$V_{CD}(i,j)$	当企业 i 与设计师 j 匹配时设计师 j 的总盈余
	$V_{CF}(i,j)$	当企业 i 与设计师 j 匹配时企业 i 的总盈余

二、信息双边匹配模型

在本节中,将考虑这样一种情况:假设设计师目光短浅,只关注完成众包任务的当前效用,而不关注长期收益。设计师和众包企业的在线信息匹配决策如下。

(一)设计师对众包企业信息排名效用

当设计师属于目光短浅类型的,假设每个设计师 j,$j \in J$(J 是设计师或设计方案集)在众包平台上只提交一个设计方案,并通过效用最大化独立决定选择任务 i,$i \in I$(I 是企业或众包任务集)。同时,众包平台不会向设计师收取任何费用,以鼓励他们参与。考虑到设计人员 j 是目光短浅的,假设每个设计人员根据本轮任务 i 和相应的成本来评估自己的收益是合理的。给定一个众包任务 i,设计师的效用由收益 $R_{ij,\text{present}}$ 和努力成本 C_{ij} 之间的差值决定。$R_{ij,\text{present}}$ 是企业 i 给设计师 j 完成任务后的报酬,而相应的成本 C_{ij} 包括时间成本或投资成本。因此,设计师的 j 效用表示为:

$$U_{ij}^{D} = R_{ij,\text{present}} - C_{ij} \tag{7.1}$$

(二)众包企业对设计师信息排名效用

与设计师一样,企业 i,$i \in I$ 也是理性的,通过效用最大化方法,将它们的众包任务分配给理想的设计师 j,$j \in J$。另外,假设每个任务只匹配一个解决方案。给定一个众包解决方案 j,使用众包解决方案 j 的效益 B_{ij} 和相应的成本之间的差距来评估企业的效用。

此外,考虑到在线众包平台作为设计师和企业之间的连接,如果企业 i 和设计师 j 匹配成功,平台会向企业收取服务费 S_{ij},意味着企业 i 的成本包括 $R_{ij,\text{present}}$ 和 S_{ij} 两部分。因此,企业的效用函数为:

$$U_{ij}^{F} = B_{ij} - R_{ij,\text{present}} - S_{ij} \tag{7.2}$$

(三) 匹配模型的建立

为了获得一个具有鲁棒性的企业—设计师匹配均衡,考虑了一个如何决策的问题,在这个问题中,企业和设计师作为一个单独的实体进行决策,目标是总盈余最大化。反之,如果设计师和企业各自根据自己的利益而不是作为一个整体共同做出决定。那么,众包定制化设计是不可持续的,甚至以平台的运营效率低下而告终。同时,从众包平台系统的角度来看,从整体出发来实现双方的最佳匹配符合平台的目的。因此,通过最大化企业和设计师的总盈余来制定模型,如下所示:

$$\max_{\text{pair}(i,j)} \sum_i \sum_j [V_{\text{CD}}(i,j) + V_{\text{CF}}(i,j)] \times Z_{ij} \qquad (7.3)$$

$$\text{s.t.} \quad V_{\text{CF}}(i,j) = U_{ij}^F - U_{-ij}^F \geqslant 0, \forall i \in I, \forall j \in J \qquad (7.4)$$

$$V_{\text{CD}}(i,j) = U_{ij}^D - U_{-ij}^D \geqslant 0, \forall i \in I, \forall j \in J \qquad (7.5)$$

$$\sum_{i \in \{j\} \cup I} Z_{ij} = 1, \forall j \in J \qquad (7.6)$$

$$\sum_{j \in \{i\} \cup J} Z_{ij} = 1, \forall i \in I \qquad (7.7)$$

$$\text{如果 } m < n, 0 \leqslant \sum_i \sum_j Z_{ij} \leqslant m \qquad (7.8)$$

$$\text{如果 } m > n, 0 \leqslant \sum_i \sum_j Z_{ij} \leqslant n \qquad (7.9)$$

$$Z_{ij} \in \{0,1\}, \forall i \in I, \forall j \in J \qquad (7.10)$$

公式 (7.3) 的目的是使所有企业 i 和所有设计师 j 的总盈余最大化。约束 (7.4) 和 (7.5) 分别表示企业 i 和设计师 j 的盈余,并保证双方的盈余均为非负。约束 (7.6) 保证一个设计师 j 承担的任务不超过一项。约束 (7.7) 保证一个任务最终只能由一个设计师 j 完成。约束 (7.8) 表示当设计者的人数大于任务数时的匹配对数限制。约束 (7.9) 显示了当任务的数量大于设计师人数时匹配对数限制。公式 (7.10) 表示 Z_{ij} 是一个 0–1 变量,如果企业 i 和设计师 j 成功配对,则 $Z_{ij} = 1$;否则,$Z_{ij} = 0$。

虽然上述分析模型可以求出总盈余,但由于某些匹配 (i,j) 存在双重边缘化效应,相应的匹配可能不稳定。因此,我们给出了对 $\forall (i,j), (i^*, j^*) \in \mu$,$\mu = \{(i,j) \mid Z_{ij} = 1, \forall i \in I, \forall j \in J\}$,企业和设计师能够稳定最终配对的以下均衡条件：

$$V_{CD}(i^*,j^*) \geqslant V_{CD}(i,j^*) + [V_{CF}(i,j^*) - V_{CF}(i,j)] \quad (7.11)$$

$$V_{CD}(i,j) \geqslant V_{CD}(i^*,j^*) + [V_{CF}(i^*,j) - V_{CF}(i^*,j^*)] \quad (7.12)$$

条件（7.11）和（7.12）确保最终配对是稳定的。具体而言，当企业 i 与设计师 j^* 匹配时，相较于与设计师 j 匹配，企业 i 可以多获得 $V_{CF}(i,j^*) - V_{CF}(i,j)$ 的盈余。假设企业 i 希望更改当前匹配，企业 i 最多愿意将 $V_{CF}(i,j^*) - V_{CF}(i,j)$ 转移到众包设计师 j^* 以更改其排名。但现在，设计师 j^* 被分配给服装制造商 i^*，而 $V_{CD}(i^*,j^*) \geqslant V_{CD}(i,j^*) + [V_{CF}(i,j^*) - V_{CF}(i,j)]$ 意味着设计师 j^* 没有改变当前匹配的动机。按照同样的逻辑，服装制造商 i^* 没有动机改变目前的匹配状态。

三、信息双边匹配模型的拓展

（一）考虑截止日期的信息双边匹配模型

众所周知，对于快速消费行业，产品设计更新、迅速。例如，HM 和 Zara 这两家著名的跨国时装公司都要求其每家连锁店每周推出两次新的产品款式，所有在售商品必须下架，一个月后全部换新。因此，在众包环境下，众包任务通常具有提交解决方案的截止日期要求或限制；这里的截止日期由 T_{ij} 表示，从而保证企业能够快速响应消费者的不同需求。此外，设计师的努力成本与他们花费的时间长短直接相关，因此，假设设计师的努力成本是通过任务的到期日 T_{ij} 和单位时间成本 c_{ij} 来衡量。综上，具有截止日期约束的设计师的效用表示为：

$$U_{ij}^{D-II} = R_{ij,\text{present}} - C(T_{ij}) \quad (7.13)$$

其中 $C(T_{ij}) = c_{ij} \times T_{ij}$。企业的效用函数与 7.2 小节一样。

基于上述分析，将截止日期这一因素加入基础匹配模型，得到：

第7章 众包 Online 设计平台下企业信息完全披露及双边匹配决策分析

$$\max_{\text{pair}(i,j)} \sum_i \sum_j \left[V_{\text{CD}}^{II}(i,j) + V_{\text{CF}}^{II}(i,j) \right] \times Z_{ij} \tag{7.14}$$

$$\text{s. t. } (3.6) \sim (3.10)$$

$$V_{\text{CF}}^{II}(i,j) = U_{ij}^{F-II} - U_{ij}^{F} \geq 0, \ \forall i \in I, \forall j \in J \tag{7.15}$$

$$V_{\text{CD}}^{II}(i,j) = U_{ij}^{D-II} - U_{ij}^{D} \geq 0, \ \forall i \in I, \forall j \in J \tag{7.16}$$

$$C(T_{ij}) = c_{ij} \times T_{ij} \geq 0, T_{ij} \geq 0 \tag{7.17}$$

$$(t_j^E + T_{ij}) \times Z_{ij} \leq t_i^L, \ \forall i \in I, \forall j \in J \tag{7.18}$$

$$V_{\text{CD}}^{II}(i^*,j^*) \geq V_{\text{CD}}^{II}(i,j^*) + [V_{\text{CF}}^{II}(i,j^*) - V_{\text{CF}}^{II}(i,j)] \tag{7.19}$$

$$V_{\text{CD}}^{II}(i,j) \geq V_{\text{CD}}^{II}(i^*,j^*) + [V_{\text{CF}}^{II}(i^*,j) - V_{\text{CF}}^{II}(i^*,j^*)] \tag{7.20}$$

$$\forall (i,j), (i^*,j^*) \in \mu, \mu = \{(i,j) \mid Z_{ij} = 1, \forall i \in I, \forall j \in J\}$$

公式（7.14）的目的是在截止日期约束下，使企业和设计师之间的整个匹配系统的总盈余最大化。约束（7.15）和（7.16）分别表示企业和设计师的盈余为非负。约束（7.17）描述了设计师支出的努力成本。约束（7.18）保证设计者准时提交他们的设计方案。公式（7.19）和公式（7.20）是使得最终匹配结果稳健的条件。

（二）考虑商誉的信息双边匹配模型

不同于前面的两个匹配模型，在本小节中，假设设计师是战略性的而不是目光短浅的，这意味着战略性设计师既强调当前的效用和，也重视下一阶段预期的收益。考虑市场随着时间和需求的变化而波动，企业期望有更好、更合格的设计师参与，其中，评估合格设计师的实际方法之一是观察设计师曾经在哪些其他的企业工作过。商誉作为一种无形资产，反映企业的社会认可度、客户关系等。因此，被良好商誉企业聘用过的设计师往往被视为更具能力的候选人，这使得设计师不仅要关注现有的效用，还要关注当前选定的企业的商誉，从而帮助其赢得下一阶段的任务。因此，战略设计师更喜欢来自商誉较高的制造商的任务。

针对共同考虑截止日期和商誉的模型，战略设计师的效用是当前任务效用 $R_{ij,\text{present}} - C(T_{ij})$ 和预期下一阶段任务收益 $P_{ij,\text{next}}$ 的总和：

$$U_{ij}^{D-III} = R_{ij,\text{present}} - C(T_{ij}) + P_{ij,\text{next}} \tag{7.21}$$

企业的效用函数仍然与7.2小节的一样。对于下一阶段预期的任务收益

$P_{ij,\text{next}}$，假设当前企业的商誉可分为一般和较好两种类型，面临下一阶段任务的战略设计师存在两种可能的收益：低或高。分别用 P_{N-H}，P_{N-L}，P_{B-H} 和 P_{B-L} 来表示设计师在下一阶段的收益情况。此外，用参数 α 和 β 表示战略设计师承担商誉正常和较好企业任务在未来获得不同程度收益的概率。因此，在附加考虑企业商誉的情况下，拓展匹配模型如下：

$$\max_{\text{pair}(i,j)} \sum_i \sum_j [V_{\text{CD}}^{III}(i,j) + V_{\text{CF}}^{III}(i,j)] \times Z_{ij} \tag{7.22}$$

$$\text{s.t.} \quad (3.6) \sim (3.10), (3.17) \sim (3.18)$$

$$V_{\text{CF}}^{III}(i,j) = U_{ij}^{F-III} - U_{ij}^{F} \geq 0, \forall i \in I, \forall j \in J \tag{7.23}$$

$$V_{\text{CD}}^{III}(i,j) = U_{ij}^{D-III} - U_{ij}^{D} \geq 0, \forall i \in I, \forall j \in J \tag{7.24}$$

$$P_{ij,\text{next}} = \begin{cases} P_{N-H} \times \alpha + P_{N-L} \times (1-\alpha), \text{当前企业 } i \text{ 具有一般商誉} \\ P_{B-H} \times \beta + P_{B-L} \times (1-\beta), \text{当前企业 } i \text{ 具有较好商誉} \end{cases} \tag{7.25}$$

$$V_{\text{CD}}^{II}(i^*,j^*) \geq V_{\text{CD}}^{II}(i,j^*) + [V_{\text{CF}}^{II}(i,j^*) - V_{\text{CF}}^{II}(i,j)] \tag{7.26}$$

$$V_{\text{CD}}^{II}(i,j) \geq V_{\text{CD}}^{II}(i^*,j^*) + [V_{\text{CF}}^{II}(i^*,j) - V_{\text{CF}}^{II}(i^*,j^*)] \tag{7.27}$$

$$\forall (i,j), (i^*,j^*) \in \mu, \mu = \{(i,j) | Z_{ij} = 1, \forall i \in I, \forall j \in J\}$$

目标函数（7.22）旨在最大限度地增加设计师和企业的总盈余。约束条件（7.22）和（7.23）分别确保企业和设计师的盈余为非负。公式（7.25）是战略设计师关于下一阶段任务的预期收益情况。同样地，约束（7.26）和（7.27）是可获得稳健匹配的条件。

四、算法求解及敏感性分析

（一）算法设计和求解模型

经典的匹配问题可用 Gale – Shapley 算法求解。然而，本章提出的匹配模型同时具有众包性质和动态层次属性，因此，我们设计了一种改进的 Gale –

Shapley 算法来调整众包环境下的企业—设计师匹配问题。本模型的算法过程描述如表 7-2 所示。

表 7-2 Gale-Shapley 算法过程

层次匹配模型的算法求解步骤：	
1：	$\mu^0 \leftarrow \varphi$；$U_{ij}^{F<0>} \leftarrow E(U_{-ij}^D, U_{ij}^F)$；$n \leftarrow 0$
2：	do
3：	$n \leftarrow n + 1$
4：	$U_{ij}^{F<n>} \leftarrow E(U_{-ij}^D, U_{ij}^F)$；$x_j \leftarrow$ rank $V_{CD}(k,j)$ in descending order;
5：	$a \leftarrow 0$；$b \leftarrow 0$;
6：	while $(a < n)$ do
7：	$a \leftarrow a + 1$；$b \leftarrow 0$;
8：	while $(b < H_j)$ do
9：	$b \leftarrow b + 1$；$j \leftarrow a$；$y \leftarrow b$；$i^* \leftarrow x_j^y$
10：	if [not $\{V_{CD}(i^*,j^*) \geq V_{CD}(i,j) + [V_{CF}(i,j^*) - V_{CF}(i,j)]\}$] then
11：	if [$V_{CF}(i,j^*) - V_{CF}(i,j) > V_{CD}(i^*,j^*) - V_{CD}(i,j^*)$] then
12：	$U_{i'j'}^{F(n+1)} = U_{i'j'}^{F(n)} - [V_{CF}(i,j^*) - V_{CF}(i,j)] + [V_{CD}(i^*,j^*) - V_{CD}(i,j^*)]$;
13：	else
14：	$U_{ij}^{F(n+1)} = U_{ij}^{F(n)} - [V_{CD}(i^*,j^*) - V_{CD}(i,j^*)] - [V_{CF}(i^*,j^*) - V_{CF}(i^*,j)]$;
15：	end if
16：	end if
17：	end while
18：	end while
19：	$\mu^{(n+1)} \leftarrow$ GS algorithm;
20：	while [not ($\mu^{(n-1)} == \mu^{(n)}$ and $U_{ij}^{F(n-1)} == U_{ij}^{F(n)}$)]
21：	Output result

本小节将介绍动态层次匹配方法在众包服装制造企业—设计师匹配模型中的应用。相关数据来自 zbj.com 网站——中国最著名的在线众包平台之一，致力于为快时尚企业提供包括定制设计在内的多种众包服务。我们假设 $\alpha = 0.3$，$\beta = 0.7$，$P_{N-L} = P_{B-L} = 8000$，$P_{N-H} = P_{B-H} = 10000$。此外，根据设计师和服装

制造企业的数量,考虑了两种情况。①常规众包案例:设计师在数量上超过服装制造企业(即 $n>m$),这意味着服装制造企业在众包社区中占主导地位;②非常规众包案例:服装制造企业在数量上超过设计师(即 $n<m$),说明设计师对服装制造企业有讨价还价的能力。表7-3~表7-6列出了服装制造企业和设计师在两种不同情况下的具体参数和属性。

表7-3 常规众包案例下服装制造企业的参数和属性

企业	任务类型	T_{ij}(天)	S_{ij}(CNY)	商誉	报酬(CNY)	U_{ij}^F(CNY)
1	休闲	9	1200	一般	8000	45000
2	休闲	10	1200	较好	9600	50000
3	休闲	12	1200	较好	10000	48000
4	运动	10	1200	较好	12000	60000
5	运动	14	1200	一般	13000	58000
6	复古	18	1200	较好	12000	70000

表7-4 常规众包案例下设计师相关参数和属性

设计师	设计风格	C_{ij}	c_{ij}(CNY/天)
1	休闲	3600	300
2	休闲	3100	250
3	休闲	3300	260
4	休闲	3250	320
5	休闲	3350	280
6	休闲	3500	300
7	休闲	3200	310
8	运动	3700	380
9	运动	3800	400
10	运动	3650	390
11	运动	3850	370
12	运动	3760	380
13	复古	4000	350
14	复古	4200	330
15	复古	4100	360

第7章 众包 Online 设计平台下企业信息完全披露及双边匹配决策分析

表7-5 非常规众包案例下服装制造企业的参数和属性

企业	任务类型	T_{ij}（天）	S_{ij}（CNY）	商誉	报酬（CNY）	U_{ij}^F（CNY）
1	休闲	9	1200	一般	8000	45000
2	休闲	10	1200	较好	9600	50000
3	休闲	12	1200	较好	10000	48000
4	休闲	13	1200	一般	10500	53000
5	休闲	11	1200	一般	8500	52000
6	休闲	15	1200	较好	11000	53000
7	运动	10	1200	较好	12000	60000
8	运动	14	1200	一般	13000	58000
9	运动	12	1200	一般	15000	52000
10	运动	13	1200	较好	14500	50000
11	复古	18	1200	较好	12000	62000
12	复古	16	1200	一般	15000	60000

表7-6 非常规众包案例下设计师相关参数和属性

设计师	设计风格	C_{ij}	c_{ij}（CNY/天）	B_{ij}（CNY）
1	休闲	3600	300	62000
2	休闲	3100	250	65000
3	休闲	3300	260	64500
4	休闲	3250	320	60000
5	休闲	3350	280	61500
6	运动	3700	380	73000
7	运动	3800	400	69000
8	运动	3650	390	74500
9	复古	4000	350	83000
10	复古	4200	330	79000

首先，考虑设计师人数超过服装制造企业数量的常规情况，分析和比较三种不同层次匹配子模型［即双边匹配模型（第一级匹配）和有截止日期约束的匹配模型（第二级匹配），考虑服装制造企业商誉的匹配模型（第三级匹

配)]。

服装制造企业和设计师的效用分别根据公式（7.1）和公式（7.2）计算，然后根据效用值对候选人进行排序。最后，服装制造企业和设计师之间的匹配通过最大化总盈余来进行。通过改进的 GS 算法可以得到服装制造企业和设计师的第一次匹配结果，见表 7-7，任务 1 分配给设计师 1，任务 2 分配给设计师 3，任务 3 分配给设计师 2；服装制造企业 5 选择设计师 11，服装制造企业 4 选择设计师 10。有趣的发现是服装制造企业 6 没有选择任何人，尽管有三位设计师强烈希望与服装制造企业 6 匹配，但设计师创造的盈余低于服装制造企业 6 的最低预期。

表 7-7 常规众包案例下信息双边匹配模型首次匹配结果

设计师＼企业	1	2	3	4	5	6
1	(4400, 7800)*	(6000, 1200)	(6400, 2800)	—	—	—
2	(4900, 10800)	(6500, 4200)	(6900, 5800)*	—	—	—
3	(4700, 10300)	(6300, 3700)*	(6700, 5300)	—	—	—
4	(4750, 5800)	(6350, -800)	(6750, 800)	—	—	—
5	(4650, 7300)	(6250, 700)	(6650, 2300)	—	—	—
6	(4500, 6300)	(6100, -300)	(6500, 1300)	—	—	—
7	(4800, 6800)	(6400, 200)	(6800, 1800)	—	—	—
8	—	—	—	(8300, -200)	(9300, 800)	—
9	—	—	—	(8200, -4200)	(9200, -3200)	—
10	—	—	—	(8350, 1300)*	(9350, 2300)	—
11	—	—	—	(8150, 1800)	(9150, 2800)*	—
12	—	—	—	(8240, -2200)	(9240, 1200)	—
13	—	—	—	—	—	(8000, -200)
14	—	—	—	—	—	(7800, -4200)
15	—	—	—	—	—	(7900, -3200)

注 带有 * 上标表示实现的配对。

然而，企业 2 发现与设计师 2 匹配可以帮助它获得更多的盈余，即多获得 $V_{CF}(2,2) - V_{CF}(2,3) = 500$ 盈余。因此，为了改变它的排名，企业 2 将转移不超过

第7章 众包 Online 设计平台下企业信息完全披露及双边匹配决策分析

500 的盈余给设计师 2。但是，设计师 2 更喜欢企业 3，因此，如果设计师 2 与设计师 2 匹配，那么，设计师 2 会损失 $V_{CD}(3,2) - V_{CD}(2,2) = 400$ 盈余。因此，只有企业 2 补偿设计师 2 至少 400 的盈余，它才能改变排名。同时，现在分配给设计师 2 的企业 3 最多会放弃 $V_{CF}(3,2) - V_{CF}(3,3) = 500$ 盈余以抵制企业 2 的匹配行为，避免使自己分配给设计师 3 而损失 500 盈余。因为 $V_{CD}(3,2) - V_{CD}(2,2) < V_{CF}(2,2) - V_{CF}(2,3) < [V_{CD}(3,2) - V_{CD}(2,2)] + [V_{CF}(3,2) - V_{CF}(3,3)]$，表明企业 3 可以通过将 $[V_{CF}(2,2) - V_{CF}(2,3)] - [V_{CD}(3,2) - V_{CD}(2,2)]$ 的盈余转移给设计师 2 来保持其状态。因此，可以得到以下观察结果。

观察 7.1（众包参与的必要条件） 如果对任意 $(i,j), (i^*,j^*) \in \mu$，满足 $V_{CD}(i^*,j^*) - V_{CD}(i,j^*) < V_{CF}(i,j^*) - V_{CF}(i,j) < [V_{CD}(i^*,j^*) - V_{CD}(i,j^*)] + [V_{CF}(i^*,j^*) - V_{CF}(i^*,j)]$，那么企业 i^* 必须增加对设计师 j^* 的奖励，以消除设计师 j^* 被分配给服装制造商 i 的可能性。

观察 7.1 表明，如果企业宣布的报酬奖励低于某个阈值，会导致众包匹配失败。更糟糕的是，由于无法吸引足够的设计师参与，众包平台将无法持续运作。

同时，与设计师 1 匹配的企业 1 也更喜欢设计师 2，$V_{CF}(1,2) - V_{CF}(1,1) = 3000$，而设计师 2 的最佳选择是企业 3，如果和企业 1 匹配，其盈余将减少 $V_{CD}(3,2) - V_{CD}(1,2) = 2100$。为了保持它的盈余，企业 3 愿意转让不超过 $V_{CF}(3,2) - V_{CF}(3,3) = 400$ 给设计师 2，从而消除了被分配给设计师 3 的可能性。但是，由于 $V_{CF}(1,2) - V_{CF}(1,1) > [V_{CD}(3,2) - V_{CD}(2,2)] + [V_{CF}(3,2) - V_{CF}(3,3)]$（即企业 1 有更多盈余来补偿设计师 2），因此，企业 1 可以通过转移 $[V_{CD}(3,2) - V_{CD}(2,2)] + [V_{CF}(3,2) - V_{CF}(3,3)]$ 给设计师 2 来改变自己的排名。

此外，企业 4 期望与设计师 11 匹配，而不是与设计师 10 匹配，但是 $V_{CD}(5,11) \geq V_{CD}(4,11) + [V_{CF}(4,11) - V_{CF}(4,10)]$ 满足稳定约束，因此企业 4 无法更改当前匹配。因此，有如下观察结果。

观察 7.2（众包参与的充分条件） 如果对任意 $(i,j), (i^*,j^*) \in \mu$，满足 $V_{CF}(i,j^*) - V_{CF}(i,j) > [V_{CD}(i^*,j^*) - V_{CD}(i,j^*)] + [V_{CF}(i^*,j^*) - V_{CF}(i^*,j)]$，那么企业 i 就有足够的盈余来战胜企业 i^*，并与设计师 j^* 匹配。

观察结果 7.2 表明，尽管众包平台吸引了大量设计师的参与，但企业与其他企业竞争以赢得定制设计解决方案时，既依赖预期的效用，也依赖他们的商誉。

根据稳定匹配的规则，表 7-8 和表 7-9 总结了所有的匹配过程和结果。表 7-7 和表 7-8 说明三个层次子模型的最终稳定匹配分别在第 3、第 5 和第 5 次匹配之前获得。表 7-7 和表 7-8 显示，在常规众包案例情形下，三个子模型下企业和设计师的总体盈余略有上升。然而，从每个模型方面来看，设计师的盈余呈上升趋势，而在前两个子模型下，企业的盈余呈下降趋势。令人惊讶的是，对于最后一个子模型，设计师的盈余与企业的盈余在匹配过程中几乎保持不变，这意味着最后一个子模型的最终匹配结果比前两个子模型的最终匹配结果更加稳健。此外，设计师在匹配过程中盈余的增加也进一步验证了设计师在竞争激烈的市场中的主导地位。

表 7-8 常规众包案例在基本匹配模型下的多轮匹配结果

匹配过程		企业						设计师的盈余	企业的盈余	总盈余
		1	2	3	4	5	6			
设计师	第一轮	1	3	2	10	11	—	35100	21400	56500
	第二轮	2	1	3	10	11	—	37600	18900	56500
	第三轮	1	2	3	10	11	—	37000	19500	56500

表 7-9 常规众包案例在拓展模型下的多轮匹配结果

匹配过程			企业						设计师的盈余	企业的盈余	总盈余
			1	2	3	4	5	6			
设计者	考虑截止日期的拓展模型	第一轮	1	2	3	11	10	—	35120	21400	56520
		第二轮	2	3	1	11	10	—	36860	19530	56390
		第三轮	1	3	2	11	10	—	36910	19600	56510
		第四轮	1	2	3	11	10	—	36790	19730	56520
		第五轮	1	3	2	11	10	—	38080	18460	56540
	考虑商誉的拓展模型	第一轮	1	2	3	11	10	—	80520	21400	101920
		第二轮	3	1	2	11	10	—	83040	18750	101790
		第三轮	1	3	2	11	10	—	81490	20450	101940
		第四轮	1	2	3	11	10	—	81370	20550	101920
		第五轮	1	3	2	11	10	—	81860	20080	101940

第7章 众包Online设计平台下企业信息完全披露及双边匹配决策分析

接下来，研究一个不常见的情况，即设计师的数量比众包任务量更少。按照与前面相同的逻辑，表7-10显示了所有的匹配结果。在第一轮的配对中，企业4、企业5和企业6落空。而企业7和企业8由于没有足够的盈余来调整奖励以吸引设计师，因此，未能在即将到来的竞争中胜出。有趣的是，在这种情况下，无论是企业还是设计师都存在着无法实现匹配的现象，这在一定限度上反映了设计师规模较小时众包市场的真实状况。表7-9还显示，即使在非常规情况下，企业和设计师的总体盈余也呈现出与常规情形下相同的趋势。具体地，前两个子模型下设计师的盈余在匹配过程中增加，而企业的盈余则下降。而最后一个子模型下设计师的盈余下降，而企业的盈余上升，这意味着最后一个子模型对比另外两个子模型更敏感，这进一步证实了最后一个子模型的鲁棒性。

表7-10 非常规众包案例在所有匹配模型下的多轮匹配结果

匹配过程		企业												设计师的盈余	企业的盈余	总盈余
		1	2	3	4	5	6	7	8	9	10	11	12			
设计师	基本双边匹配模型															
	第一轮	5	1	3	2	—	—	—	—	8	6	10	9	65700	37200	102900
	第二轮	5	2	3	—	1	—	—	—	8	6	10	9	67600	36300	103900
	第三轮	5	2	3	—	1	—	—	—	8	6	10	9	68600	35300	103900
	考虑截止日期的拓展模型															
	第一轮	5	3	1	2	—	—	—	—	8	6	10	9	61470	37200	98670
	第二轮	2	3	1	—	—	—	—	—	8	6	10	9	57250	37640	94890
	第三轮	1	2	3	—	—	—	—	—	8	6	10	9	58460	36560	95020
	第三轮	1	2	3	—	—	—	—	—	8	6	10	9	58490	36530	95020
	考虑商誉的拓展模型															
	第一轮	1	2	3	—	—	—	—	—	8	6	10	9	118020	41500	159520
	第二轮	2	3	1	—	—	—	—	—	8	6	10	9	123050	36340	159390
	第三轮	1	3	2	—	—	—	—	—	8	6	10	9	121500	38040	159540
	第四轮	1	2	3	—	—	—	—	—	8	6	10	9	121380	38140	159520
	第五轮	1	3	2	—	—	—	—	—	8	6	10	9	121870	37670	159540

上述分析侧重于单一模型下的情况，下面的讨论将重点比较模型之间和案例情形之间。比较第一个子模型（基本双边匹配模型）和第二个子模型（考虑截止日期的扩展模型），可以很容易地看出，在常规案例中，后一个模型的设计师盈余高于前者，而在非常规案例中，结果相反（图7-2、图7-3）。同时，第三个子模型（考虑商誉的扩展模型）企业和设计师的盈余优于其他两个子模

型。在非常规案例情况下，没有截止日期约束的众包设计任务比有截止日期约束的众包设计任务更吸引设计师的参与。尤其是在匹配过程中，企业有意与设计师分享增量盈余，以使双方的总盈余最大化。相比之下，在常规情况下，设计师更倾向于选择有截止日期约束的众包设计任务。

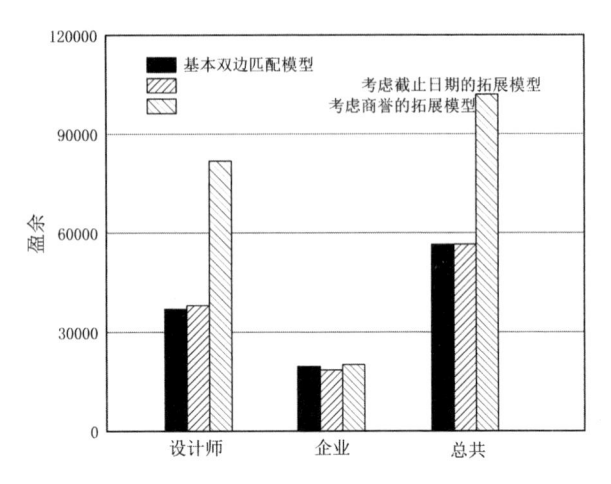

图 7-2 常规众包案例下三个层次匹配模型的盈余比较

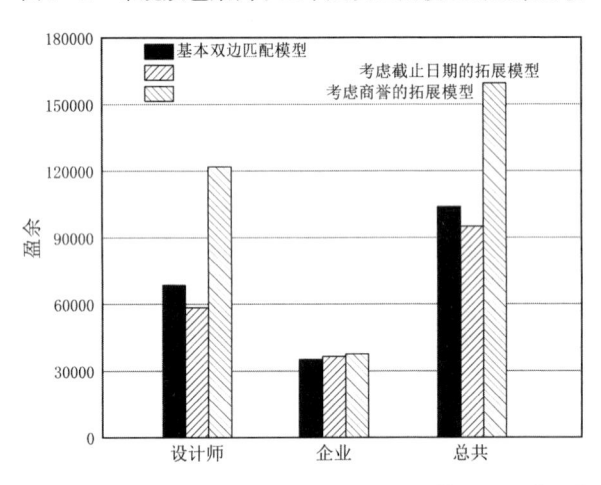

图 7-3 非常规众包案例下三个层次匹配模型的盈余比较

此外，研究发现，无论是在何种案例情况下，战略型设计师的盈余都明显高于目光短浅的设计师。它提醒众包平台和企业都应该强调商誉问题，如果众包平台吸引更多知名企业在网上发布他们的名牌任务，从而使目光短浅的设计师转变为战略型设计师，这有助于吸引更多设计师参与众包活动。

（二）敏感性分析

在本小节中，将检查当前所提出匹配方法的稳健性。表 7-11 和表 7-12 分别显示了常规案例和非常规案例匹配结果随 α 和 β 变化的方差。当 α 值在 0.3~0.9，β 值在 0.1~0.7 时，匹配相对保持稳定，说明本章提出的方法在众包设计领域的层次匹配决策过程中具有较强的鲁棒性。

表 7-11　常规众包案例中不同 α 和 β 下的匹配结果和盈余

匹配过程			企业						设计师的盈余	企业的盈余	总盈余
			1	2	3	4	5	6			
设计师	α	0.1	1	2	3	11	10	—	80280	20840	101120
		0.3	1	3	2	11	10	—	81860	20080	101940
		0.5	1	3	2	11	10	—	83460	19280	102740
		0.7	1	3	2	11	10	—	85080	18460	103540
		0.9	1	3	2	11	10	—	87080	17260	104340
	β	0.1	1	3	2	11	10	—	81080	17260	98340
		0.3	1	3	2	11	10	—	81080	18460	99540
		0.5	1	3	2	11	10	—	81460	19280	100740
		0.7	1	3	2	11	10	—	81860	20080	101940
		0.9	1	2	3	11	10	—	82170	20950	103120

表 7-12　非常规众包案例中不同 α 和 β 下的匹配结果和盈余

匹配过程			企业												设计师的盈余	企业的盈余	总盈余
			1	2	3	4	5	6	7	8	9	10	11	12			
设计师	α	0.1	1	2	3	—	—	—	—	—	6	8	10	9	120060	38250	158310
		0.3	1	3	2	—	—	—	—	—	8	6	10	9	121870	37670	159540
		0.5	1	3	2	—	—	—	—	—	8	6	10	9	123070	37670	160740
		0.7	1	3	2	—	—	—	—	—	8	6	10	9	124770	37670	161940
		0.9	1	3	2	—	—	—	—	—	8	6	10	9	125570	37570	163140
	β	0.1	1	3	2	—	—	—	—	—	8	6	10	9	117170	37570	154740
		0.3	1	3	2	—	—	—	—	—	8	6	10	9	118670	37670	156340
		0.5	1	3	2	—	—	—	—	—	8	6	10	9	120270	37620	157940
		0.7	1	3	2	—	—	—	—	—	8	6	10	9	121870	37670	159540
		0.9	1	2	3	—	—	—	—	—	6	8	10	9	122750	38360	161110

综上，本章主要研究众包环境下双方公开完全披露信息选择下，企业与设计师的在线信息双边匹配问题。为了解决这一问题，本章采用动态分层的方法提出了信息匹配模型，并分析了三种不同的匹配子模型对众包绩效的影

响，包括基本信息双边匹配模型和考虑截止日期的扩展模型，以及同时关注截止日期和企业商誉的匹配子模型。然后，比较了最优结果，并检验了企业和设计师能够达到稳定平衡的条件。研究结果表明，文中提出的改进的在线信息双边匹配方法为众包企业的决策提供了参考依据。

第8章
众包Online设计平台下企业信息披露行为与策略分析

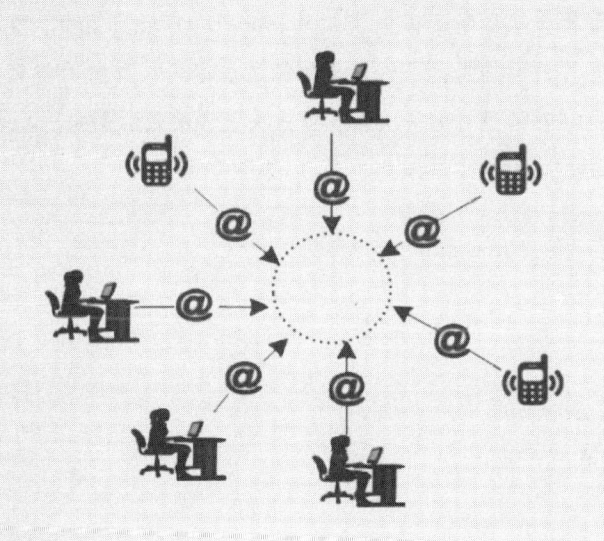

在越来越多的定制化需求背景下，企业经常利用在线众包渠道来寻求产品设计方案，以增强其设计灵活性。但是，因为众包产品是在线上定制设计的，消费者在接触实体产品之前，无法感知最终产品与预期的匹配程度，这种不匹配的差距可能会导致客户在后期购买众包产品时犹豫不决从而导致无效和徒劳的众包创新。鉴于披露在线信息产生的巨大影响，企业考虑利用各种不同的信息披露行为为自己增加利润。因此，一些企业提供平台供粉丝来评估众包产品设计，同时发布自己关于众包产品设计的评估信息。该做法一方面可以帮助企业不断修改众包设计方案以迎合顾客需要，另一方面可以为销售阶段做购买决策的消费者提供产品信息。我们将粉丝的评价定义为 FGRs，众包企业的评价定义为 MGRs。通过这种做法，小米的智能手机近年来在全球占据了较高的市场覆盖率。鉴于此，本章重点考虑了在信息不对称的情况下，企业如何通过信息披露行为与策略来促进联合在线评论，以及其对消费者购买决策、企业决策和绩效的影响。

第8章 众包Online设计平台下企业信息披露行为与策略分析

一、问题描述及符号说明

(一) 问题描述

本章考虑一个风险中性的企业,它采用众包模式进行产品设计,然后在自己的平台进行生产和销售。众包产品设计的真实质量 q 是一个随机变量,假设它为高质量 q_h 的概率为 μ,为低质量的概率为 $1-\mu$。因此,期望众包产品设计的质量为 $E(q) = \mu q_h + (1-\mu)q_l$。企业拥有关于众包产品设计质量的私人信息。众包产品在批量生产之前,企业一般会邀请其粉丝对众包产品设计进行评价,在此过程中,企业会选择披露全部或者部分质量信息,从而影响粉丝评论,最终影响后期消费者的购买意愿。本章假设消费者具有不同的质量偏好,一个后期购买质量为 q 的众包产品的消费者的净效用为 $U = \theta q - p$,其中,p 定义为产品价格,θ 定义为消费者的质量偏好,服从 $[0,1]$ 的均匀分布。但是,消费者在做线上购买决定时并不知道众包产品的真正质量,而是根据能够掌握的信息来做决策。消费者有两个有关众包产品的信息源,即粉丝作出的评论 FGRs 和企业作出的评论 MGRs。用 r_m 和 r_f 分别表示为从 MGRs 和 FGRs 中揭示的众包产品质量。

对于给定的 r_m,企业会产生一定努力成本 $C(r_m) = k r_m^2/2$。参照 Wang et al. 研究,得到 $r_f = q + \beta(q - q_m) = (1+\beta)q - \beta q_m$,其中 $\beta(q - q_m)$ 表示粉丝的感知设计质量水平和参考设计质量之间的差异(心理落差)。因此,粉丝最终作出的线上评论 FGRs 包括两个部分,即感知的设计质量和心理落差。值得注意的是,q_m 依赖于企业评论 MGRs 披露的质量信号 r_m。消费者利用 FGRs 和 MGRs 来推断众包产品质量。根据标准理论,消费者感知的众包产品为:

$$E(q) = \lambda r_m + (1-\lambda) r_f \tag{8.1}$$

其中，$\lambda \in (0,1)$，将公式（4.1）代入 $U = \theta q - p$，可以得到期望净效用为：

$$U = \theta[\lambda r_m + (1-\lambda)r_f] - p = \theta[\lambda r_m + (1-\lambda)(1+\beta)q - \beta q_m)] - p \tag{8.2}$$

只有期望净效用大于零的消费者才会购买众包产品。因此，众包产品的需求公式如下：

$$D = 1 - \frac{p}{\lambda r_m + (1-\lambda)[(1+\beta)q - \beta q_m]} \tag{8.3}$$

如图 8-1 所示，事件的时间线是：①企业作出对众包设计的评价 MGRs，披露 q_m 给粉丝，同时，也披露 r_m 给后期消费者。②粉丝根据感知发布他们对众包设计的评论 FGRs。③制造商企业确定价格。④消费者根据联合在线评论（FGRs 和 MGRs）下订单。⑤一旦众包产品的需求和利润超过阈值，企业将把众包产品设计投入生产，满足消费者的需求。

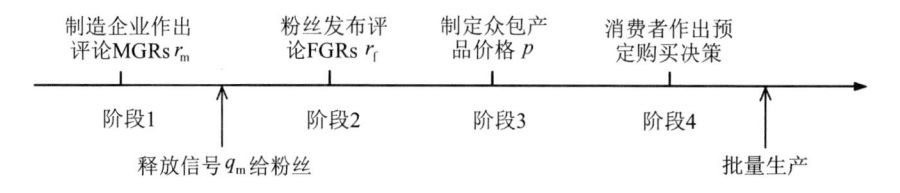

图 8-1 事件的时间线

为了考察联合在线评论影响下企业如何利用信息披露这一间接操纵手段进行决策，本章首先分析一个没有完全披露众包产品设计质量信息（不对称信息）的情形，然后分析了对称信息情形。

（二）符号说明

与本章内容相关的主要变量、参数符号说明见表 8-1。

表 8-1 符号说明

符号	定义
q_i	众包产品 i 的质量，$i \in \{h, l\}$
μ	众包产品 i 为高质量（$q_i = q_h$）的概率，$\mu \sim U[0,1]$
$E(q)$	期望众包产品质量
U	消费者购买众包产品的净效用

续表

符号	定义
θ	消费者对众包产品质量的敏感度
$r_m(r_f)$	MGR（FGRs）揭示的众包产品质量认知
$C(r_m)$	一定 MGRs 水平 r_m 的努力成本
p	众包产品价格
q_m	MGRs 披露给粉丝的参考质量
β	粉丝对感知质量偏差的敏感系数
k	企业成本系数
λ	消费者对 MGRs 信息的参考权重
D	众包产品的消费者需求
π	企业的利润
$\bar{r}_m$	MGRs 水平的阈值，$\bar{r}_m \in U[0, \bar{R}_m]$

二、基于信号博弈下的企业信息披露行为分析

在现实中，由于众包设计评论可能会对众包产品销售产生负面影响，企业可能不会真实地发出众包设计质量的信号，从而操纵粉丝对众包设计的评价，本节将重点放在信息不对称的情况下，该模型可以表述为一个典型的信号博弈。

在信息不对称情况下，粉丝们并不知道众包产品设计的实际质量，他们只是事先知道众包产品设计为高质量 q_h 的概率为 μ，为低质量 q_l 的概率为 $1-\mu$。然而，粉丝们在观察到企业通过 MGRs 发出的质量信号 r_m 后，可以做

出理性的参考，从而更新他们对众包设计质量的信念 q_m。对于一个拥有两种不同质量众包产品设计，即 q_h 和 q_l 的企业来说，它有两种披露信息的策略：一是不同的众包设计释放不同的信号，即作出不同的 r_m（分离均衡）；二是不同的众包设计释放相同的信号，即作出相同的 r_m（混同均衡）。

为了得到企业的最佳策略（即完美贝叶斯均衡），首先假设存在混同均衡和分离均衡，然后验证均衡策略是否是完美贝叶斯均衡。事实上，可能有许多完美的贝叶斯均衡结果，我们应用直觉准则来选择它们。满足直觉准则的均衡结果称为稳定均衡。如果存在多个稳定均衡，采用帕累托占优规则，排除企业的收益低于其他均衡的所有均衡。符合帕累托占优规则的稳定均衡称为帕累托占优稳定均衡。

（一）基于分离均衡的企业信息披露行为模型

用上标 "s" 表示分离均衡的情形，在该情形下，企业作出不同众包设计质量下的 MGRs 水平决策 r_m，粉丝接收信号后形成相应的 q_m，继而通过评估作出 FGRs 决策 r_f。因此，企业的利润函数为：

$$\pi^s = p \cdot D - \frac{1}{2} k r_m^2 \tag{8.4}$$

将公式（8.3）代入公式（8.4），可以得到：

$$\pi^s = p \cdot \left[1 - p / \left\{ \underbrace{\lambda r_m}_{MGRs} + \underbrace{(1-\lambda)\big((1+\beta)q_i - \beta q_m\big)}_{FGRs} \right\} \right] - \frac{1}{2} k r_m^2 \tag{8.5}$$

通过求解公式（8.5）的一阶导数，得到最优众包产品价格：

$$p^s = \frac{\lambda r_m + (1-\lambda)[(1+\beta)q_i - \beta q_m]}{2}, i \in \{h, l\} \tag{8.6}$$

根据 Stackelberg 博弈逆推法，将公式（8.6）代入公式（8.5），企业会作出最佳 MGRs 水平 r_m 以最大化下面的利润函数：

$$\pi^s = -\frac{k}{2} r_m^2 + \frac{\lambda r_m + (1-\lambda)[(1+\beta)q_i - \beta q_m]}{4}, i \in \{h, l\} \tag{8.7}$$

假设存在一个分离均衡，企业在该均衡策略中披露其真实的评估信息，

第 8 章 众包 Online 设计平台下企业信息披露行为与策略分析

而非隐藏。因此,粉丝在该均衡策略中认为,如果 $r_\mathrm{m} > \bar{r}_\mathrm{m}$,则 $q_\mathrm{m} = q_\mathrm{h}$;否则,如果 $r_\mathrm{m} \leqslant \bar{r}_\mathrm{m}$,则 $q_\mathrm{m} = q_\mathrm{l}$。接下来继续证明这种分离均衡的存在性。当且仅当满足下列激励相容约束时,存在一个完美贝叶斯均衡(PBE):

$$\max \pi^s(r_\mathrm{m} > \bar{r}_\mathrm{m} \mid q_\mathrm{h}) \geqslant \max \pi^s(r_\mathrm{m} \leqslant \bar{r}_\mathrm{m} \mid q_\mathrm{h}) \tag{8.8}$$

$$\max \pi^s(r_\mathrm{m} \leqslant \bar{r}_\mathrm{m} \mid q_\mathrm{l}) \geqslant \max \pi^s(r_\mathrm{m} > \bar{r}_\mathrm{m} \mid q_\mathrm{l}) \tag{8.9}$$

$$\bar{r}_\mathrm{m} \geqslant 0 \tag{8.10}$$

其中,约束(8.8)保证在该分离均衡中拥有高质量众包设计的企业不会模仿成为拥有低质量众包设计的企业,约束(8.9)保证拥有低质量众包设计的企业将表明其质量,而不是模仿高质量众包设计。总的来说,无论是哪种质量类型的众包设计,企业都可以通过展示其实际产品设计质量来获得更好的收益。约束(8.10)确保了非负的 MGRs 水平。通过求解约束条件(8.8)~(8.10),同时利用直觉准则,得到如下命题。

命题 8.1 当 MGRs 水平的阈值 $\bar{r}_\mathrm{m} = [\lambda - 2\sqrt{2}\sqrt{\beta k(1-\lambda)(q_\mathrm{h} - q_\mathrm{l})}]/4k$ 时,存在一个分离均衡,均衡结果为:

(1) 当 $q = q_\mathrm{h}$ 时,$r_\mathrm{m}^{s*} = \dfrac{\lambda}{4k}$,$r_\mathrm{f}^{s*} = q_\mathrm{h}$。

(2) 当 $q = q_\mathrm{l}$ 时,$r_\mathrm{m}^{s*} = [\lambda - 2\sqrt{2}\sqrt{\beta k(1-\lambda)(q_\mathrm{h} - q_\mathrm{l})}]/4k$,$r_\mathrm{f}^{s*} = q_\mathrm{l}$。

命题 8.1 表明,在分离均衡中,企业设置高质量的众包设计的 MGRs 水平高于低质量的众包设计,这两种类型的众包设计的 MGRs 水平各自揭示了其众包设计质量的真实信息。因此,MGRs 水平是可信的信号。粉丝可以从企业那里了解到真正的质量情况,并作出相应的 FGRs,形成一个透明的竞争市场,MGRs 和 FGRs 继而共同影响后期消费者的购买决定。同时,命题 8.1 也表明,高质量众包设计的 MGRs 和 FGRs 值均大于低质量众包设计的 MGRs 和 FGRs 值,这与实际情况相符。

接着,进一步研究是否存在这样一个分离均衡,在这个均衡中,企业有动机隐藏众包设计的质量信息。因此,在这样的分离平衡中,粉丝们相信当 $r_\mathrm{m} \leqslant \bar{r}_\mathrm{m}$ 时,$q_\mathrm{m} = q_\mathrm{h}$;当 $r_\mathrm{m} > \bar{r}_\mathrm{m}$ 时,$q_\mathrm{m} = q_\mathrm{l}$。同样地,当且仅当满足下列激

励相容约束时，存在一个完美贝叶斯均衡（PBE）：

$$\max \pi^s(r_m \leq \bar{r}_m \mid q_h) \geq \max \pi^s(r_m > \bar{r}_m \mid q_h) \tag{8.11}$$

$$\max \pi^s(r_m > \bar{r}_m \mid q_l) \geq \max \pi^s(r_m \leq \bar{r}_m \mid q_l) \tag{8.12}$$

$$\bar{r}_m \geq 0 \tag{8.13}$$

其中，约束条件（8.11）和（8.12）保证，给定高质量（或低质量）的众包设计，企业有动机模仿其他类型的质量，向粉丝发送误导信号。通过求解约束条件（8.11）~（8.13），利用直觉准则对多重均衡进行精炼，得到命题 8.2。

命题 8.2 不存在分离均衡使得企业将高质量众包设计伪装成低质量众包设计，同时低质量众包设计被企业扭曲到高质量水平。

正如命题 8.2 所表明的，企业没有动机模仿与现实相反的其他类型的众包设计质量。直观地说，对于高质量的众包设计，企业无法从模仿低质量设计中获益。同时，对于低质量的众包设计，企业掩饰它也是不明智的，因为 FGRs 可能会在一定限度上揭露企业的欺诈行为，进而破坏高质量的众包产品销售。

推论 8.1 在众包产品设计的背景下，受到 MGRs 和 FGRs 的共同作用，存在一个唯一的稳定分离均衡。

企业发出的质量信号是帮助粉丝评估众包设计的一个有效工具，同时能够增强消费者的购买意愿，提高企业的利润。如果企业选择分离均衡策略，那么消费者利用 MGRs 和 FGRs 做出购买决策是有说服力的。在这种情况下，无论它的众包设计质量是什么类型，企业都会选择真实披露自己的设计质量类型。可以认为 FGRs 的存在可以确保众包设计信息更加精确和透明。

（二）基于混同均衡的企业信息披露行为模型

与分离均衡不同的是，企业一旦选择混同均衡策略，对于不同质量类型的众包设计，它会作出相同水平的 MGRs，因此，粉丝无法正确推断众包设计的质量。粉丝们对众包设计质量 q 的信念遵循一个基本的概率分布，即 $q = q_h$ 的概率为 μ，$q = q_l$ 的概率为 $1 - \mu$。因此，众包产品设计的期望质量为

$E(q) = \mu q_h + (1-\mu)q_l$。用上标"o"来表示混同均衡的情形。在混同均衡中，粉丝无法从企业的 MGRs 中获取信息，因此，在评估之前会认为 $q_m = E(q) = \mu q_h + (1-\mu)q_l$，然后创建对众包设计质量的评论 $r_f = (1+\beta)q_i - \beta(\mu q_h + (1-\mu)q_l)$。后期的消费者利用 MGRs-$r_m$ 和 FGRs-r_f 做出购买决策。根据上述分析，企业的利润函数表示为：

$$\pi^o = p \cdot \left[1 - \frac{p}{\lambda r_m + (1-\lambda)\{(1+\beta)q_i - \beta[\mu q_h + (1-\mu)q_l]\}}\right] - \frac{1}{2}kr_m^2, i \in \{h,l\} \tag{8.14}$$

对公式（8.14）求解对于价格的一阶导数，得到最优众包产品价格：

$$p^o = \frac{\lambda r_m + (1-\lambda)[(1+\beta)q_i - \beta(\mu q_h + (1-\mu)q_l)]}{2}, i \in \{h,l\} \tag{8.15}$$

将公式（8.15）代入公式（8.14），企业在第一阶段做出最优 MGRs 决策 r_m 以实现下面利润函数最大化：

$$\pi^o = -\frac{k}{2}r_m^2 + \frac{\lambda r_m + (1-\lambda)[(1+\beta)q_i - \beta(\mu q_h + (1-\mu)q_l)]}{4}, i \in \{h,l\} \tag{8.16}$$

接下来，验证是否存在这样的混同均衡，使得无论其众包设计类型如何，企业都试图通过 MGRs 将自己表现成高质量类型。在这种均衡策略下，粉丝们对于众包设计质量类型的信念为：如果 $r_m > \bar{r}_m$，则 $q_m = E(q) = \mu q_h + (1-\mu)q_l$；如果 $r_m \leq \bar{r}_m$，则 $q_m = q_l$。假设企业在最优混同均衡策略下对不同的众包设计质量均将 MGRs 水平设置为 r_m^{o*}，那么，对于所有的 $r_m \neq r_m^{o*}$，下面的激励相容约束必须满足：

$$\pi^o(r_m^{o*} \mid q_h) \geq \pi^o(r_m \mid q_h) \tag{8.17}$$

$$\pi^o(r_m^{o*} \mid q_l) \geq \pi^o(r_m \mid q_l) \tag{8.18}$$

$$r_m > \bar{r}_m \tag{8.19}$$

其中，约束（8.17）和（8.18）确保在混同均衡情况下，无论哪种类型的众包设计质量，企业总是发出高质量的信号，如果他不偏离 r_m^{o*}，就会获得最优利润。求解约束（8.17）~（8.19），得到以下命题。

命题8.3 当满足条件 $\bar{r}_m \leq [\lambda - 2\sqrt{2}\sqrt{\mu\beta k(1-\lambda)(q_h - q_l)}]/4k$，存在混同均衡，使得拥有不同众包设计质量类型的企业选择相同的高 MGR 水平，均衡结果如下：

(1) 当 $q = q_h$ 时，$r_m^{o*} = \dfrac{\lambda}{4k}$，$r_f^{o*} = q_h + \beta(1-\mu)(q_h - q_l)$。

(2) 当 $q = q_l$ 时，$r_m^{o*} = \dfrac{\lambda}{4k}$，$r_f^{o*} = q_l - \beta\mu(q_h - q_l)$。

命题8.3表明，当 MGRs 的阈值相对较小时，无论众包设计的质量类型是什么，企业都会将 MGRs 水平设置为相同的值。此外，命题8.3还揭示高质量众包设计的 FGR 值大于低质量设计的 FGRs 值，而企业发布了相同的 MGRs 水平。

同样地，我们进一步探讨了另一个混同均衡的存在性，在这个均衡中，无论其众包设计类型如何，企业都试图通过 MGRs 将自己表现成低质量类型。粉丝们对于众包设计质量类型的信念为：如果 $r_m \leq \bar{r}_m$，则 $q_m = E(q) = \mu q_h + (1-\mu)q_l$；如果 $r_m > \bar{r}_m$，则 $q_m = q_h$。最终我们得到以下命题。

命题8.4 (1) 满足条件 $[\lambda - 2\sqrt{2}\sqrt{\beta k(1-\lambda)(1-\mu)(q_h - q_l)}]/4k \leq \bar{r}_m < \lambda/4k$ 时，存在一个混同均衡，均衡结果为：当 $q = q_h$，有 $r_m^{o*} = \bar{r}_m$，$r_f^{o*} = q_h + \beta(1-\mu)(q_h - q_l)$；当 $q = q_l$，有 $r_m^{o*} = \bar{r}_m$，$r_f^{o*} = q_l - \beta\mu(q_h - q_l)$。

(2) 满足条件 $\lambda/4k \leq \bar{r}_m < [\lambda - 2\sqrt{2}\sqrt{\beta k(1-\lambda)(1-\mu)(q_h - q_l)}]/4k$ 时，存在一个混同均衡，均衡结果为：当 $q = q_h$，有 $r_m^{o*} = \dfrac{\lambda}{4k}$，$r_f^{o*} = q_h + \beta(1-\mu)(q_h - q_l)$；当 $q = q_l$，有 $r_m^{o*} = \dfrac{\lambda}{4k}$，$r_f^{o*} = q_l - \beta\mu(q_h - q_l)$。

命题8.4表明，存在混同均衡策略使得企业对于不同质量类型的众包设计都发布相同的低水平 MGRs，并且 MGRs 的值依赖于 $\bar{r}_m$，MGRs 的值随着 $\bar{r}_m$

的增加而增大。

由于存在帕累托占优稳定均衡，表 8-2 给出了分离均衡策略和混同均衡策略下的均衡销售价格和利润。

表 8-2 考虑企业在线信息操纵策略的均衡结果

均衡策略		销售价格	利润
分离均衡		$p^{**}\|_{i=h} = [4k(1-\lambda)q_h + \lambda^2]/8k$	$\pi^{**}\|_{i=h} = [8k(1-\lambda)q_h + \lambda^2]/32k$
		$p^{**}\|_{i=l} = [-2\sqrt{2}\sqrt{\beta k(1-\lambda)(q_h - q_l)} + \lambda^2 + 4k(1-\lambda)q_l]/8k$	$\pi^{**}\|_{i=l} = [8k(1-\lambda)(q_l - \beta(q_h - q_l)) + \lambda^2]/32k$
混同均衡	混同均衡 1 $r_m^{o*} = \lambda/4k$	$p^{o*}\|_{i=h} = [4k(1-\lambda)(q_h + \beta(1-\mu)(q_h - q_l)) + \lambda^2]/8k$	$\pi^{o*}\|_{i=h} = [8k(1-\lambda)(q_h + \beta(1-\mu)(q_h - q_l)) + \lambda^2]/32k$
		$p^{o*}\|_{i=l} = [4k(1-\lambda)(q_l - \beta\mu(q_h - q_l)) + \lambda^2]/8k$	$\pi^{o*}\|_{i=l} = [8k(1-\lambda)(q_l - \beta\mu(q_h - q_l)) + \lambda^2]/32k$
	混同均衡 2 $r_m^{o*} = \bar{r}_m$	$p^{o*}\|_{i=h} = [\beta(1-\mu)(1-\lambda)(q_h - q_l) + \lambda(\bar{r}_m - q_h) + q_h]/2$	$\pi^{o*}\|_{i=h} = [\beta(1-\lambda)(1-\mu)(q_h - q_l) + \lambda(\bar{r}_m - q_h) + q_h]/4 - \frac{k}{2}\bar{r}_m^2$
		$p^{o*}\|_{i=l} = [\lambda(\bar{r}_m - q_l) - \beta\mu(1-\lambda)(q_h - q_l) + q_l]/2$	$\pi^{o*}\|_{i=l} = [\lambda(\bar{r}_m - q_l) - \beta\mu(1-\lambda)(q_h - q_l) + q_l]/4 - \frac{k}{2}\bar{r}_m^2$

根据以上分析，我们发现阈值 $\bar{r}_m$ 在企业均衡策略的存在以及选择中起着至关重要的作用。通过比较企业在分离均衡和混同均衡中的利润，运用帕累托占优规则，得出推论 8.2 和 8.3。

推论 8.2 当满足条件 $\bar{r}_m = \dfrac{\lambda - 2\sqrt{2}\sqrt{\beta k(1-\lambda)(q_h - q_l)}}{4k}$ 时，分离均衡和混同均衡同时存在，且混同均衡优于分离均衡。

正如推论 8.2 所指出的，对于企业来说，它在混同均衡中比在分离均衡中更好。作为一个策略型的企业，它总是采用混同策略而非分离策略。

推论 8.3 (a) 当 $\mu > 0.5$，(i) 满足条件 $\bar{r}_{m2} \leq \bar{r}_m < \lambda/4k$ 时，存在唯

一的稳定混同均衡 $r_m^{o*} = \bar{r}_m$；(ii) 满足条件 $\bar{r}_{m1} < \bar{r}_m < \bar{r}_{m2}$ 或者 $\bar{r}_m > \bar{r}_{m3}$ 时，无任何均衡存在；(iii) 否则，存在唯一的稳定混同均衡 $r_m^{o*} = \dfrac{\lambda}{4k}$。

其中，$\bar{r}_{m1} = [\lambda - 2\sqrt{2}\sqrt{\mu\beta k(1-\lambda)(q_h - q_l)}]/4k$，$\bar{r}_{m2} = [\lambda - 2\sqrt{2}\sqrt{\beta k(1-\lambda)(1-\mu)(q_h - q_l)}]/4k$，

$\bar{r}_{m3} = [\lambda + 2\sqrt{2}\sqrt{\beta k(1-\lambda)(1-\mu)(q_h - q_l)}]/4k$。

(b) 当 $\mu \leq 0.5$，(i) 满足条件 $\bar{r}_{m1} < \bar{r}_m < \lambda/4k$ 时，有且仅有一个稳定混同均衡 $r_m^{o*} = \bar{r}_m$ 存在；(ii) 满足条件 $\bar{r}_m > \bar{r}_{m3}$ 时，不存在任何均衡；(iii) 否则，只存在混同均衡 $r_m^{o*} = \lambda/4k$。

图 8-2 直观展示了推论 8.3 的结论。如图 8-2 所示，$\mu > 0.5$ 情形下的无可行解范围大于 $\mu \leq 0.5$ 情形下的范围，即 $(\bar{r}_{m1}, \bar{r}_{m2}) \cup (\bar{r}_{m3}, R_m) > (\bar{r}_{m3}, R_m)$。说明当粉丝们认为众包设计为高质量的可能性较大时，企业采取混同均衡的可能性较小。

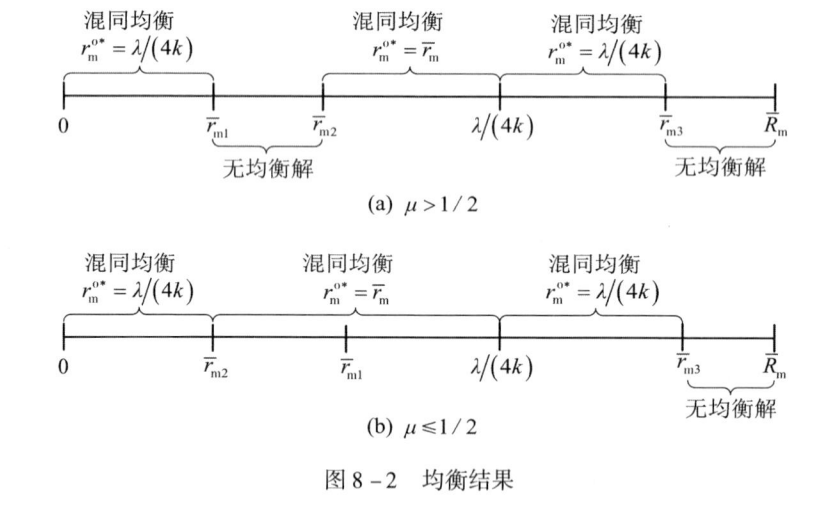

图 8-2 均衡结果

三、基于完全信息下的企业信息披露行为分析

在完全信息情形下,企业不再进行在线信息操纵,而是将众包设计的质量信息完全披露给粉丝们,使之完全了解众包设计的质量信息,即 $q_m = q$。因此,粉丝的感知偏差为零,FGRs 的值 $r_f = q$。消费者综合参照联合在线评论 FGRs 和 MGRs 来做出购买决策,期望众包产品质量为 $\lambda r_m + (1-\lambda)q$。用上标"F"来表示完全信息的情形。与前面小节的逻辑相同,企业的利润函数为:

$$\pi^F = p \cdot D - \frac{1}{2}kr_m^2 = p\left[1 - \frac{p}{\lambda r_m + (1-\lambda)q_i}\right] - \frac{1}{2}kr_m^2, \ i \in \{h,l\} \quad (8.20)$$

很容易得到最优价格为:

$$p^F = \frac{1}{2}[\lambda r_m + (1-\lambda)q_i] \quad (8.21)$$

在第一阶段,已知自身产品价格的反应函数,企业设置其 MGRs 水平 r_m 而使得利润最大化,将公式(8.21)代入公式(8.20),得到:

$$\pi^F = -\frac{k}{2}r_m^2 + \frac{\lambda}{4}r_m + \frac{(1-\lambda)q_i}{4}, \ i \in \{h,l\} \quad (8.22)$$

由此得到最优的 MGRs 水平和 FGRs 水平:

$$r_m^{F*} = \frac{\lambda}{4k}, \ r_f^{F*} = q_i, \ i \in \{h,l\} \quad (8.23)$$

将公式(8.23)分别代入公式(8.21)和公式(8.22),得到最优价格和利润:

$$p^{F*} = \frac{\lambda^2 + 4(1-\lambda)kq_i}{8k}, \ \pi^{F*} = \frac{\lambda^2 + 8(1-\lambda)kq_i}{32k}, \ i \in \{h,l\} \quad (8.24)$$

命题 8.5 在没有在线信息操纵的情形下,

(1) λ 的增大会导致 r_m 增大,而对 r_f 无任何影响。

(2) 众包产品价格随着 λ 先单调递减后单调递增,拐点为 $\lambda = 2kq_i$ 时。

(3) 企业利润随着 λ 先单调递减后单调递增,拐点为 $\lambda < 4kq_i$。

命题8.5研究了消费者参考MGRs的权重如何影响完全信息情形中的均衡结果。表明,消费者对MGRs的重视程度越高,企业会设置更高的MGRs水平,FGRs保持不变,因为真实的质量信息是公开的,通过FGRs完全披露。而价格和利润都与消费者对MGRs的重视程度呈U形变化。当消费者对MGRs的重视程度超过阈值时,随着其提高,销售价格或利润增加,反之则下降。这意味着消费者对企业的MGRs的信任程度更高会带来更多的回报,相反,如果消费者更信任FGRs,这可能对企业不利。

进一步通过比较完全信息和非对称信息下的制造商利润来探究何种信息结构是企业的最佳策略。由此得出了命题8.6。

命题8.6 (1) 当众包设计为高质量类型时,只要存在混同均衡,企业倾向选择非对称信息结构策略中的混同均衡策略而非完全信息结构策略。

(2) 低质量众包设计的企业总是倾向于完全信息结构策略而不是非对称信息结构策略。

该结果有趣且有悖常理,即当众包设计质量高时,企业倾向于选择非对称信息策略发布MGR,而当众包设计质量低时,企业倾向于选择完全信息策略。原因在于,对于高质量的众包设计,企业总是从混同均衡中获得更多的利润,因为在混同均衡中,粉丝从MGRs中感知的信号为 $q_m = \mu q_h + (1-\mu)q_l$,小于 q_h,使得粉丝评论中的感知差距 $\beta(q_h - q_m)$ 为正,从而导致FGRs所披露的质量高于真实质量。在这种情况下,混同均衡中的FGRs在完全信息结构中更大,从而增加了消费者的购买意愿。因此,快速增长的需求有助于利润的增加。相反,对于低质量的众包设计,企业更愿意披露自己的真实类型,完全披露行为可以避免受到FGRs的负面影响。

第8章 众包 Online 设计平台下企业信息披露行为与策略分析

四、不同信息披露策略下的企业决策分析

(一) 众包设计选择

基于前面的分析,已知企业在不同的信息披露策略下,通过联合在线评论获得众包设计的事前可能性利润。本节将进一步确定选择众包设计投入生产的条件。在现实中,包括小米、海尔在内的一些众包相关企业一般都会以"单位产品利润"作为选择最佳众包设计方案的关键评价指标,当单位新产品利润被评估为高于特定值时,新设计产品才被允许生产。我们假设具体值为 ξ_0,从而得到如下命题。

命题8.7 当前仅当以下条件成立时,众包设计方案才会被接受:

(1) 对于高质量类型的众包设计而言:

如果选择混同均衡 $r_m^{o*} = \dfrac{\lambda}{4k}$,则需满足 $\beta > \dfrac{[16\xi_0 - 8(1-\lambda)q_h]k - \lambda^2}{8k(1-\lambda)(1-\mu)(q_h - q_l)}$

或者 $k < \dfrac{\lambda^2}{8\beta(1-\lambda)(1-\mu)(q_h - q_l) + 16\xi_0 - 8(1-\lambda)q_h}$;

如果选择混同均衡 $r_m^{o*} = \bar{r}_m$,则需满足 $\beta > \dfrac{2k\bar{r}_m^2 - \lambda\bar{r}_m + 2\xi_0 - (1-\lambda)q_h}{(1-\lambda)(1-\mu)(q_h - q_l)}$

或者 $k < \beta(1-\lambda)(1-\mu)(q_h - q_l) + \lambda\bar{r}_m - 2\xi_0 + (1-\lambda)q_h/(2\bar{r}_m^2)$;

如果选择完全信息结构策略,则需满足 $k < \dfrac{\lambda^2}{8[2\xi_0 - (1-\lambda)q_h]}$。

(2) 对于低质量类型的众包设计而言,需要满足 $k < \dfrac{\lambda^2}{8[2\xi - (1-\lambda)q_l]}$。

在 FGRs 和 MGRs 的共同影响下,无论企业获得的众包设计是低质量还是高质量,企业的 MGRs 成本系数都应该保持在一个较低的水平,这样众包设计才最有可能被采用。具体来说,如果制造商的最佳信息结构策略是信息不

对称,只有当粉丝对感知偏差的敏感系数较大或者企业的成本系数较低时,才能保证众包产品的单位产品利润大于阈值;同样地,如果完全信息是最优策略,只有当企业的成本系数相对较低时,众包设计才被接受并转化为大规模生产。否则,众包设计方案就被放弃。

一旦众包设计方案被选中并投入生产,这些众包产品就在网上销售给消费者。为此,接下来研究企业的信息披露策略及其联合在线评论对消费者剩余的影响,然后在算例分析中考察了一些关键参数对企业销售价格和利润的影响。

(二) 企业信息披露策略对消费者剩余的影响

在本小节中,研究企业不同信息结构下的消费者剩余。通过公式(8.2)中消费者的效用函数。如命题8.6所示,对于高质量的众包设计,企业倾向于采取不对称的信息结构,根据r_m和μ的价值选择不同的混同均衡策略。一般来说,企业要么选择混同均衡,如果均衡不存在,则选择完全信息结构。对于低质量的众包设计,企业总是倾向于采取完全信息结构。

命题8.8 (1) 当企业获得高质量的众包设计,对于不同的混同均衡,消费者剩余为:

$$CS^A\left(q = q_h, r_m^{o*} = \frac{\lambda}{4k}\right) = \frac{4k(1-\lambda)[q_h + \beta(1-\mu)(q_h - q_1)] + \lambda^2}{32k}$$

$$CS^A(q = q_h, r_m^{o*} = \bar{r}_m) = \frac{[k(1-\lambda)(q_h - q_1)(1-\mu)\beta - \lambda^2/4 + k\lambda(2\bar{r}_m - q_h) + kq_h]^2}{8k^2[(1-\lambda)(q_h - q_1)(1-\mu)\beta + \lambda(\bar{r}_m - q_h) + q_h]}$$

对于完全信息策略,消费者剩余为$CS^F\left(q = q_h, r_m^{F*} = \frac{\lambda}{4k}\right) = \frac{4kq_h(1-\lambda) + \lambda^2}{32k}$。

(2) 当企业获得低质量的众包设计,消费者剩余为:

$$CS^F\left(q = q_1, r_m^{F*} = \frac{\lambda}{4k}\right) = \frac{4kq_1(1-\lambda) + \lambda^2}{32k}$$

为了更好地说明命题8.8,设置$\lambda = 0.7$,$\beta = 0.8$,$q_h = 0.9$,$q_1 = 0.1$,$k = 0.2$,$\bar{r}_m = 1.5$。如图8-3所示,高质量众包设计的消费者剩余在$\mu < 1/2$且$\bar{r}_m \in (0, \bar{r}_{m2}) \cup (\lambda/4k, \bar{r}_{m3})$或者$\mu > 1/2$且$\bar{r}_m \in (0, \bar{r}_{m1}) \cup (\lambda/4k, \bar{r}_{m3})$

时最高。有趣的是,尽管低质量众包设计的消费者剩余通常低于高质量众包设计的消费者剩余,但在某些情况下(见阴影区域),结果却相反,即低质量众包设计的消费者剩余高于高质量众包设计的消费者剩余。同时,当高质量众包设计的概率较高,即 $\mu > 1/2$ 时,这样的异常现象会有所缓解。

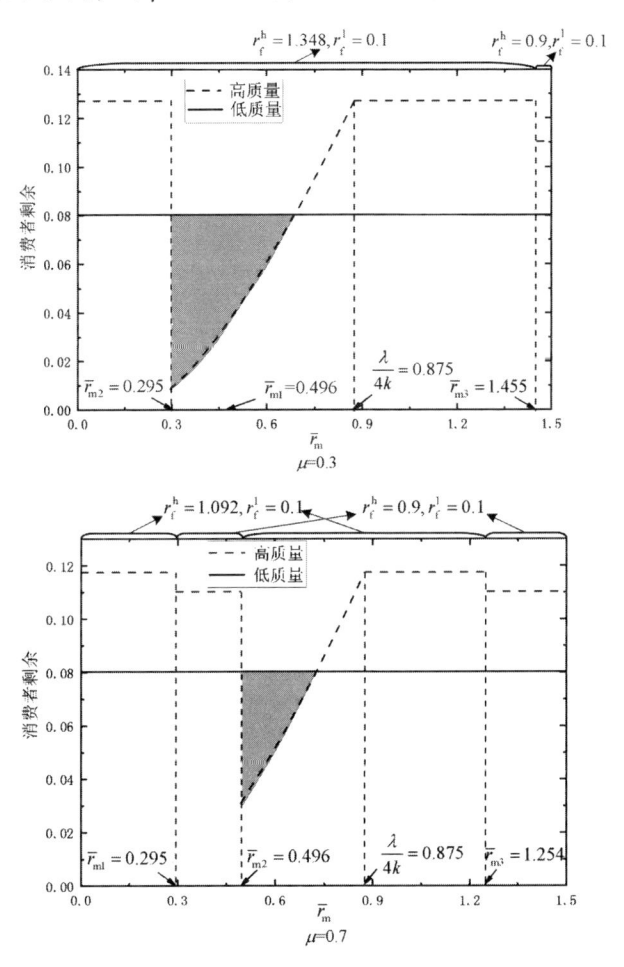

图 8-3 企业信息披露策略对消费者剩余的影响

五、数值分析

这一节主要考察企业在 MGRs 和 FGRs 交互作用下的绩效和信息策略决策,以及一些关键参数对企业事前利润的影响。

(一) MGRs 和 FGRs 的值对企业信息披露策略选择的影响

无论 MGRs 和 FGRs 如何交互,低质量众包设计的企业总是选择不操纵在线信息。如图 8-4 所示,在高质量众包设计的情形中,企业的信息披露策略依赖三个主要参数,即 MGRs 的阈值 $\bar{r}_m$、FGRs 的变化范围 $q_h - q_l$ 以及众包设计为高质量的概率 μ。

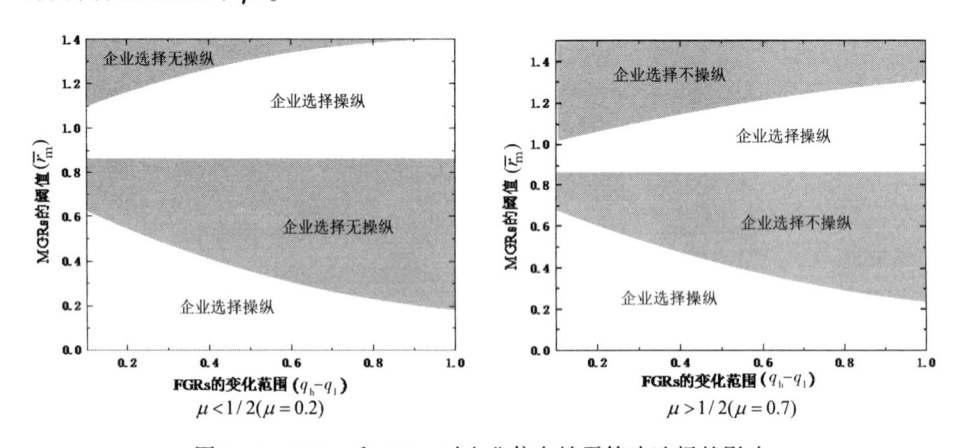

图 8-4 MGRs 和 FGRs 对企业信息披露策略选择的影响

(二) MGRs 和 FGRs 的值对企业利润的影响

图 8-5 显示,企业的利润随着 MGRs 水平的增加先增加后减少,随着 FGRs 的增加而增加。只有当 MGRs 处于中等水平时,企业才能获得最优利润。这表明消费者会认为 FGRs 比 MGRs 更可信和客观,如果 MGRs 水平超过了特定消费者的心理价值,那么,消费者就会对 MGRs 的膨胀产生犹豫,进而导致企业利润的下降。这种来自中立粉丝的在线评论极大地帮助了消费者

对交易的判断。

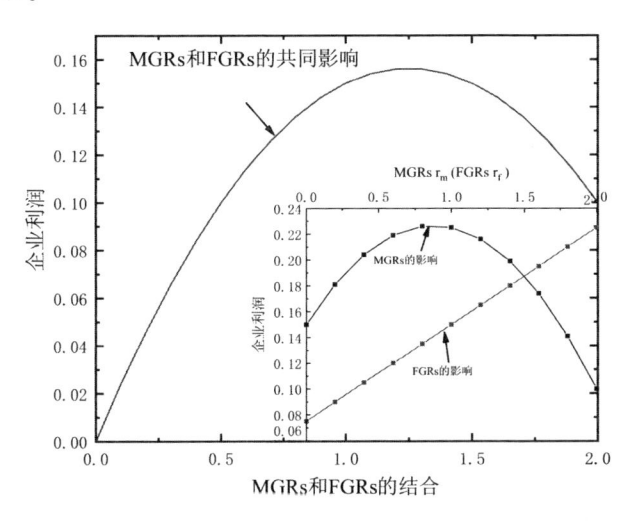

图 8-5 MGRs 和 FGRs 对企业利润的影响（$k = 0.2, \lambda = 0.7$）

(三) 不同参数对企业事前绩效的影响

给定命题 8.6 所表明的均衡策略，可以求得企业的事前均衡结果如下：

$$r_m^* = \int_0^1 [\mu \cdot r_m^* (q=q_h) + (1-\mu) \cdot r_m^* (q=q_l)] d\mu = \frac{4\lambda \bar{R}_m - \beta(1-\lambda)(q_h-q_l)}{16 k \bar{R}_m}$$

$$p^* = \frac{16\beta(1-\lambda)(\sqrt{2}+5/2)(q_h-q_l)\sqrt{\beta k(1-\lambda)(q_h-q_l)} + \bar{R}_m(75\lambda^2 + }{120k\bar{R}_m}$$

$$\frac{60k(1-\lambda)(4q_h+q_l))}{120k\bar{R}_m}$$

$$\pi^* = \frac{4\beta(1-\lambda)(q_h-q_l)\sqrt{\beta k(1-\lambda)(q_h-q_l)} + 6\lambda^2 \bar{R}_m + 3\beta\lambda(1-\lambda)}{192k\bar{R}_m}$$

$$\frac{(q_h-q_l) + 24k\bar{R}_m(1-\lambda)(q_h+q_l)}{192k\bar{R}_m} \tag{8.25}$$

(1) λ 的影响：如图 8-5 所示，企业的价格和利润都表现出与 λ 呈现 U 形关系，而 MGRs 水平随着 λ 的增加而单调递增。当 λ 处于中等水平（$\tilde{\lambda} < \lambda$

$<\hat{\lambda}$）时，企业提高价格，从而降低需求和利润。当 λ 处于较高水平，意味着消费者对 MGRs 的重视程度更高，随着价格的上涨，企业的盈利能力得到提高。

（2）β 和 k 的影响：不管粉丝对感知偏差的敏感系数 β 如何变化，企业的价格、利润和市场占有率几乎保持稳定，这表明 β 对企业决策是一个不敏感的因素。然而，企业的价格、利润和 MGRs 水平随着成本系数 k 的增加而急剧下降，因此，认为 k 是个敏感因素，这与前一节的分析结果是一致的。

综上，本章考虑联合在线评论的共同影响，研究企业基于众包设计平台下信息披露行为与策略。理论分析的结果表明，众包产品质量对企业的信息披露策略有很大的影响。高质量众包设计的企业倾向于选择不对称信息结构，利用信号传递博弈，它会选择混同均衡策略进行不完全信息披露。而低质量众包设计的企业倾向于选择完全信息披露策略。

第9章
众包Online设计平台下企业操纵信息披露行为与策略分析

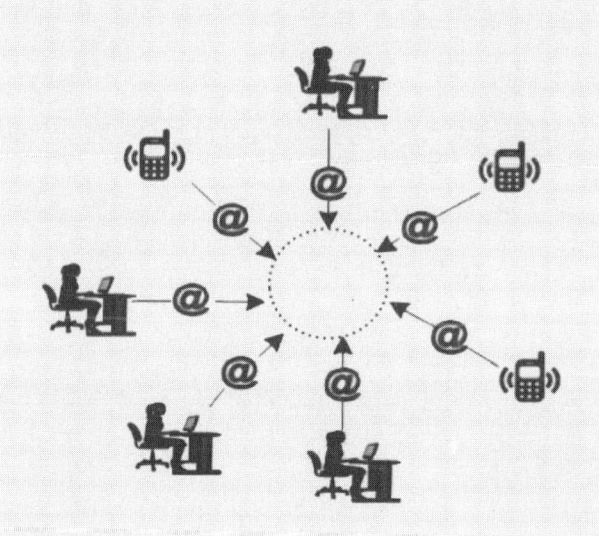

在线产品相关信息已成为消费者进行购买决策时评价产品的重要依据。仅仅依靠信息披露手段效果不是十分显著,因此,许多众包企业开始对在线信息的披露进行操纵,期望增加其收益,从而导致了一个不公平的市场。虽然许多研究者已经证明了企业的信息操纵会对其销售产生很大的影响,但是关于众包企业何时可以采取操纵策略以及这种行为如何影响竞争对手决策的研究却非常有限。因此,本章的第一部分研究众包企业在什么条件下可以采取操纵策略,以及操纵行为是如何影响一个众包企业和它的竞争对手的决策的。一般而言,为了维护自身的利益,市场竞争对手会通过采取各种手段来抵制这种欺诈行为。《中国电子商务研究2019》的一项调查显示,99.8%的受访者不容忍网络销售信息操纵行为,其中36.8%的受访者会选择反击来应对此类不当行为。虽然反击策略在现实生活中很常见,但是很少有学者研究这些策略的效果以及它们是否会阻碍信息操纵。基于此,本章的第二部分探讨了市场竞争对手是否一定会对线上评论信息操纵者的欺诈行为进行反击以及它的反击策略的有效性。

第 9 章　众包 Online 设计平台下企业操纵信息披露行为与策略分析

一、问题描述及符号说明

（一）问题描述

本章考虑一个由两个企业组成的双寡头市场，即 A 和 B。企业 A 和企业 B 生产不同质量水平的不完全替代众包产品，并在其网络销售平台上以价格 p_i，$i \in \{A,B\}$ 出售给终端消费者。消费者的购物偏好具有异质性。我们从两个维度对它们进行建模，即质量偏好和匹配偏好。

首先，我们通过企业 A 和企业 B 销售的产品的感知质量差异 $\theta = V_A - V_B$ 来表示消费者的质量偏好。参考典型的横向产品差异化模型，本章假设 V_i，$i \in \{A,B\}$ 足够大，即市场上所有的消费者要么购买产品 A，要么购买产品 B，即市场是完全覆盖的。值得注意的是，θ 受到两种质量信息来源——线上评论和销量信息的影响，用 q_r 和 q_s 分别表示线上评论和销量信息透露给消费者的产品质量。消费者将两者结合起来判断两种产品的质量差异。使用标准理论，消费者的感知质量差异可以改写为 $\theta = xq_r + (1-x)q_s$，$x \in (0,1)$。

其次，消费者对匹配的偏好是不同的。产品可能无法与消费者完美匹配，从而导致不匹配成本。我们假设这种偏好服从 [0,1] 的均匀分布，其中产品 A 位于 0，产品 B 位于 1，不匹配程度 z 由消费者和产品之间的距离来衡量（Hotelling），单位度不匹配成本为 t。因此，一个位于 y 点处的消费者如果购买产品 A，则会产生 yt 的不匹配成本；如果购买产品 B，则会产生不匹配成本 $(1-y)t$。由于消费者对自己在市场中的位置不明确，他们在购买前不确定产品在多大程度上和他们的需要相匹配。根据 Kwark et al. 研究，我们假设当外部信号 $s = y$ 时，消费者相信他的位置是 y 的概率为 β，$\beta \in [0,1]$，y 在区间 [0,1] 内均匀分布。信号精确度越高，β 越大。在观察了线上评论和销量信息这些信号后，消费者的期望不匹配程度为 $E(z \mid s = y) = \beta y + (1-\beta)/2$。

因此,消费者对产品 A 和产品 B 的期望效用为:

$$E(U_A \mid y) = V_A - (\beta y + (1 - \beta)/2)t - p_A \tag{9.1}$$

$$E(U_B \mid y) = V_B - [1 - (\beta y + (1 - \beta)/2)]t - p_B \tag{9.2}$$

根据公式(9.1)和公式(9.2),产品 A 和产品 B 之间的期望净效用之差如下:

$$E(U_A - U_B \mid y) = \theta - (2y - 1)\beta t - (p_A - p_B) \tag{9.3}$$

为了获得更多的回报,假设企业 A 打算实施操纵策略来改变线上信息(即增加正面的线上评论和显示的销量),一旦企业 B 发现企业 A 的这种不道德行为,企业 B 将决定是否对其竞争对手的不当行为进行反击,以防止自己的利益损失。因此,本章建立了三个博弈模型:模型一(基本模型):企业 A 未采取操纵策略;模型二:企业 A 实施操纵策略,企业 B 不采取行动进行反击;模型三:企业 A 实施操纵策略,同时,企业 B 则通过在第三方审查平台上披露竞争对手的线上信息欺诈行为进行反击。如图 9-1 所示,决策过程分为三个阶段:

(i)企业 A 决定是否执行操纵策略,如果企业 A 不选择操纵策略,则两个公司将在模型一的情形中进行竞争。

(ii)如果企业 A 采取操纵策略,企业 B 将在不作为和反击之间做出选择。当企业 B 认为企业 A 的操纵行为对它没有明显的影响时,它就不会进行反击,这意味着两个企业都在模型二中的情形下经营自己的业务。

(iii)一旦企业 B 意识到企业 A 夸大的线上信息威胁到其存在或导致其严重的利润损失,则会发生反击行动,此时两个公司在模型三的情况下竞争。

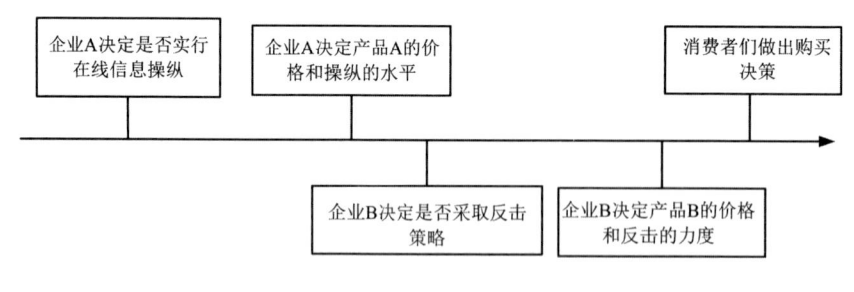

图 9-1 决策顺序图

第9章　众包 Online 设计平台下企业操纵信息披露行为与策略分析

(二) 符号说明

与本章研究内容相关的符号说明见表 9-1。

表 9-1　符号说明

符号	定义
V_i	消费者对产品 i 的感知质量，$i \in \{A, B\}$
θ	消费者感知的产品质量差
q_r	消费者从线上评论信息中感知的产品质量差
q_s	消费者从销量信息中感知的产品质量差
x	消费者赋予线上评论信息的权重
t	单位不匹配成本
β	在线信息的信息量，$\beta \in (0, 1)$
p_i	产品 i 的价格，$i \in \{A, B\}$
η	企业 A 的操纵水平
k	企业 A 的单位操纵成本
λ_1	线上评论的操纵对消费者感知产品质量差的影响系数
λ_2	销量信息的操纵对消费者感知质量差的影响系数
φ	企业 B 反击水平的影响系数
β_m	企业 A 操纵导致的信息量的降低值
ω	企业 B 的反击水平
ρ	企业 B 的反击的单位风险成本
U_i	消费者从产品 i 中获得的净效用，$i \in \{A, B\}$
D_i	产品 i 的需求量，$i \in \{A, B\}$
π_i	产品 i 的利润，$i \in \{A, B\}$

二、企业操纵信息披露与反击行为模型的建立

(一) 没有操纵信息披露行为的模型

我们首先分析了一个基础情形,其中企业 A 不采取操纵策略。在这种情况下,消费者会根据线上评论和销量信息做出决策。消费者评估两种产品的期望净效用差值并做出购买决定。消费者的产品偏好是私人信息,企业只知道他们的分布,其他参数都是完全信息。

根据公式 (9.3),我们可以得出两种产品的需求:

$$D_A = \frac{1}{2} + \frac{\theta - p_A + p_B}{2\beta t}, D_B = \frac{1}{2} - \frac{\theta - p_A + p_B}{2\beta t} \tag{9.4}$$

因此,企业 A 和企业 B 的利润函数公式如下:

$$\max_{p_A} \pi_A = p_A D_A = p_A \left(\frac{1}{2} + \frac{\theta - p_A + p_B}{2\beta t} \right),$$

$$\max_{p_B} \pi_B = p_B D_B = p_B \left(\frac{1}{2} - \frac{\theta - p_A + p_B}{2\beta t} \right) \tag{9.5}$$

很容易证明,企业利润是关于其产品价格的凹函数,通过联立公式 (9.5) 中两个利润函数关于其价格的一阶导数,得到产品 A 和 B 的价格分别为:

$$p_A^* = \beta t + \theta/3, p_B^* = \beta t - \theta/3 \tag{9.6}$$

将公式 (9.6) 代入公式 (9.4) 和公式 (9.5),得到两种产品的均衡需求量和利润如下:

$$D_A^* = \frac{1}{2} + \frac{\theta}{6\beta t}, D_B^* = \frac{1}{2} - \frac{\theta}{6\beta t}; \tag{9.7}$$

$$\pi_A^* = \frac{(3\beta t + \theta)^2}{18\beta t}, \pi_B^* = \frac{(3\beta t - \theta)^2}{18\beta t} \tag{9.8}$$

为了保证 $p_A^* > 0$ 和 $p_B^* > 0$，即符合现实意义，命题9.1探讨了消费者感知的质量差异必须满足的条件。

命题9.1 在企业A不进行线上评论信息操纵的情况下，均衡结果只有在不等式 $|\theta| < 3\beta t$ 成立的情况下才存在。

命题9.1说明，如果消费者对产品A和产品B的感知质量差异不大于 $3\beta t$，企业A和企业B完全覆盖了市场，这意味着一旦消费者的感知质量差异超过阈值，市场就会变成垄断市场。这也揭示了消费者感知质量差异的关键作用。

（二）考虑操纵信息披露行为的模型

在本小节中，考虑企业A实行操纵策略的情形，在这种情况下，企业A产生一些不真实的在线评论和欺诈性的销售额，以影响消费者。假设企业B对企业A的不当行为不予回应，企业A决定它的操纵水平 η。这种操纵行为会导致消费者对产品A和产品B的感知质量差异发生变化，因此，在这种情况下，感知质量差异表示如下：

$$\theta = x(q_r + \lambda_1 \eta) + (1-x)(q_s + \lambda_2^2 \eta) \tag{9.9}$$

其中，λ_1、λ_2 分别是指被操纵的在线评论和销售量对消费者的感知质量差的影响程度。与线上评论相比，销量信息在购买决策中更能吸引消费者，因此我们使用二次项 λ_2^2 来刻画消费者受销量信息操纵的影响（Chen&Xie,2008；Kukar Kinney&Xia,2017）。另外，信息的操纵会降低消费者所获得信息的真实准确性，体现为 β 降低了 β_m。

基于上述分析，我们得出企业A操纵情况下，产品A、B的期望净效用差异：

$$E(U_A - U_B | y) = x(q_r + \lambda_1 \eta) + (1-x)(q_s + \lambda_2^2 \eta) - (2y-1)(\beta - \beta_m)t - (p_A - p_B) \tag{9.10}$$

为了简便运算，令 $\lambda = x\lambda_1 + (1-x)\lambda_2^2$，因此，我们可以将公式（9.10）改写为：

$$E(U_A - U_B | y) = \theta + \lambda \eta - (2y-1)(\beta - \beta_m)t - (p_A - p_B) \tag{9.11}$$

其中，$\theta = xq_r + (1-x)q_s$，$x \in (0,1)$。消费者通过观察操纵后的在线信

息，推导出两种产品相应的期望效用差异，并通过效用最大化来选择产品。由式（9.11）可得各产品的需求量：

$$D_A = \frac{1}{2} + \frac{\theta + \lambda\eta - p_A + p_B}{2(\beta - \beta_m)t}, \quad D_B = \frac{1}{2} - \frac{\theta + \lambda\eta - p_A + p_B}{2(\beta - \beta_m)t} \quad (9.12)$$

为了优化利润，企业 A 决定自己的产品价格和操纵水平，而同时企业 B 只决定其产品价格。假设操纵产生了相关成本 $c(\eta) = \frac{1}{2}k\eta^2$，其中 k 是操纵的单位成本。因此，考虑企业 A 操纵策略情形下企业 A 和企业 B 的利润函数公式如下：

$$\max_{p_A,\eta} \pi_A = p_A D_A - \frac{1}{2}k\eta^2 = p_A\left(\frac{1}{2} + \frac{\theta + \lambda\eta - p_A + p_B}{2(\beta - \beta_m)t}\right) - \frac{1}{2}k\eta^2,$$

$$\max_{p_B} \pi_B = p_B D_B = p_B\left(\frac{1}{2} - \frac{\theta + \lambda\eta - p_A + p_B}{2(\beta - \beta_m)t}\right) \quad (9.13)$$

很容易证明公式（9.13）是关于 p_B 的凹函数。为了保证企业 A 的利润函数关于决策变量 p_A 和 η 是凹函数，下面的 Hessian 矩阵必须是负定的：

$$H[\pi_A(p_A,\eta)] = \begin{pmatrix} \frac{\partial^2 \pi_A}{\partial p_A^2} & \frac{\partial^2 \pi_A}{\partial p_A \partial \eta} \\ \frac{\partial^2 \pi_A}{\partial \eta \partial p_A} & \frac{\partial^2 \pi_A}{\partial \eta^2} \end{pmatrix} = \begin{pmatrix} -\frac{1}{(\beta - \beta_m)t} & \frac{\lambda}{2(\beta - \beta_m)t} \\ \frac{\lambda}{2(\beta - \beta_m)t} & -k \end{pmatrix},$$

即必须满足 $4k(\beta - \beta_m)t > \lambda^2$ 的条件。

继而求解公式（9.13）一阶导数等于 0 的方程组，得到最优的产品价格和操纵水平，结果归纳在表 9-2 中。命题 9.2 给出了均衡结果存在且有现实意义的前提条件。

表 9-2　三种模型下的均衡结果

	基础模型	操纵策略模型	反击策略模型
p_A	$\beta t + \dfrac{\theta}{3}$	$\dfrac{2k(\beta - \beta_m)t[3t(\beta - \beta_m) + \theta]}{6k(\beta - \beta_m)t - \lambda^2}$	$\dfrac{(\mu\varphi^2 - 2\rho\mu\theta - 3\rho)k}{\mu(k\mu\varphi^2 + 2\rho\mu\lambda^2 - 6\rho k)}$
η	—	$\dfrac{[3(\beta - \beta_m)t + \theta]\lambda}{6k(\beta - \beta_m)t - \lambda^2}$	$\dfrac{(\mu\varphi^2 - 2\rho\mu\theta - 3\rho)\lambda}{k\mu\varphi^2 + 2\rho\mu\lambda^2 - 6\rho k}$

第9章　众包 Online 设计平台下企业操纵信息披露行为与策略分析

续表

	基础模型	操纵策略模型	反击策略模型
p_B	$\beta t - \dfrac{\theta}{3}$	$\dfrac{2(\beta-\beta_m)t[(3(\beta-\beta_m)t-\theta)k-\lambda^2]}{6k(\beta-\beta_m)t-\lambda^2}$	$\dfrac{(2k\mu\theta+2\mu\lambda^2-3k)\rho}{\mu(k\mu\varphi^2+2\rho\mu\lambda^2-6\rho k)}$
ω	—	—	$\dfrac{(2k\mu\theta+2\mu\lambda^2-3k)\varphi}{2(k\mu\varphi^2+2\rho\mu\lambda^2-6\rho k)}$
D_A	$\dfrac{1}{2}+\dfrac{\theta}{6\beta t}$	$\dfrac{[3(\beta-\beta_m)t+\theta]k}{6k(\beta-\beta_m)t-\lambda^2}$	$\dfrac{(\mu\varphi^2-2\rho\mu\theta-3\rho)k}{k\mu\varphi^2+2\rho\mu\lambda^2-6\rho k}$
D_B	$\dfrac{1}{2}-\dfrac{\theta}{6\beta t}$	$\dfrac{[3(\beta-\beta_m)t-\theta]k-\lambda^2}{6k(\beta-\beta_m)t-\lambda^2}$	$\dfrac{(2k\mu\theta+2\mu\lambda^2-3k)\rho}{k\mu\varphi^2+2\rho\mu\lambda^2-6\rho k}$
π_A	$\dfrac{(3\beta t+\theta)^2}{18\beta t}$	$\dfrac{\left[(\beta-\beta_m)t+\dfrac{\theta}{3}\right]^2\left[k(\beta-\beta_m)t-\dfrac{\lambda^2}{4}\right]k}{2\left[k(\beta-\beta_m)t-\dfrac{\lambda^2}{6}\right]^2}$	$\dfrac{(\mu\varphi^2-2\rho\mu\theta-3\rho)^2(2k-\mu\lambda^2)k}{2\mu(k\mu\varphi^2+2\rho\mu\lambda^2-6\rho k)^2}$
π_B	$\dfrac{(3\beta t-\theta)^2}{18\beta t}$	$\dfrac{(\beta-\beta_m)t\left[\left((\beta-\beta_m)t-\dfrac{\theta}{3}\right)k-\dfrac{\lambda^2}{3}\right]^2}{2\left[k(\beta-\beta_m)t-\dfrac{\lambda^2}{6}\right]^2}$	$\dfrac{(2k\mu\theta+2\mu\lambda^2-3k)^2(4\rho-\mu\varphi^2)\rho}{4\mu(k\mu\varphi^2+2\rho\mu\lambda^2-6\rho k)^2}$

命题 9.2　在考虑企业 A 进行信息操纵的情形下，只有满足前提条件 $\underline{\theta}<\theta<\overline{\theta}$ 和 $4k(\beta-\beta_m)t>\lambda^2$ 均衡结果才存在。其中 $\underline{\theta}=-3(\beta-\beta_m)t$，$\overline{\theta}=3(\beta-\beta_m)t-\lambda^2/k$。

与命题 9.1 类似，命题 9.2 表明消费者的感知质量差异 θ 不能超过某一阈值，否则，市场将变成垄断。此外，受操纵的线上评论和销量信息对消费者的总影响程度 λ 必须保持在一个较低的水平，从而确保企业 B 可能不会采取反击措施来应对企业 A 的举动，这与现实情况是一致的。

(三) 显性操纵与隐性操纵

在这一节，通过比较企业 A 采取和不采取操纵策略的均衡结果，分析了企业 A 采取操纵策略对企业 B 的影响。有趣的是，结果表明操纵存在两种类型，即显性操纵和隐性操纵，它们以不同的方式影响企业 B 的后续行动。需要注意的是,所有的分析都是在均衡结果存在的条件下进行的(即 $\underline{\theta}<\theta<\bar{\theta}$ 始终成立)。研究发现操纵并不一定总是最优策略,命题 9.3 给出了企业 A 选择操纵策略的条件。

命题 9.3 只有当消费者对两种产品的感知质量差异超过一个阈 $\theta_2<\theta<\bar{\theta}$,且在线信息的信息量高于一定值时 $\beta>\beta_2$,A 企业才会采取操纵策略。其中,

$$\beta_2 = (9k^2t^2\beta_m^2 + 6kt\beta_m\lambda^2 + \lambda^4)/(3kt\lambda^2), \theta_2 = \frac{108t\beta_m(k(\beta-\beta_m)t-\lambda^2/6)}{a(\beta)}$$

$$\frac{\sqrt{k\beta t(k(\beta-\beta_m)t-\lambda^2/4)} - 9t\beta\lambda^2(k(\beta-\beta_m)t-\lambda^2/3)}{a(\beta)}。$$

命题 9.3 描述了企业实施操纵策略的条件。为了更好地说明命题 9.3,我们运用一个数值例子,设置 $k=0.8$,$\lambda=0.8$,$\beta_m=0.1$,可得到 $\beta_2=0.5$。此外,我们选择 $\beta=0.4$ 和 0.8 分别代表低信息水平和高信息水平。如图 9-2 所示,当信息更具信息量(即 $\beta=0.8$),且消费者对产品 A 和 B 的感知质量差异超过阈值 $\theta_2=0.48$ 时,企业 A 采取操纵策略的利润大于没有操纵策略的利润。然而,当信息量较小时(即 $\beta=0.4$),无论感知到的质量差异是多少,企业 A 都不会采取操纵策略,因为操纵的利润比没有操纵的利润少。

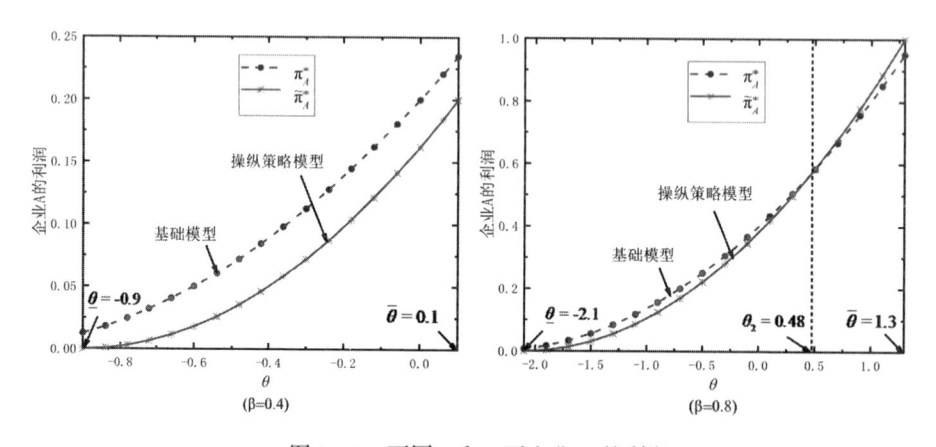

图 9-2 不同 β 和 θ 下企业 A 的利润

这一条件的基本原理总结如下。第一,在线信息的信息量高于一定值,这意味着线上评论和销量信息都是说服消费者购买的有效驱动力,否则,企

业 A 不具有操纵在线信息的主动动机。第二，消费者对产品 A 和 B 的感知质量差异超过了一个正阈值 θ_2（图 9-2），这意味着虽然企业 A 的产品在市场上比企业 B 更具吸引力，但企业 A 认为并不安全，由于竞争对手的产品质量接近企业 A，这样的差距诱使企业 A 产生更大的压力。因此，企业 A 的操纵意图被激活。这一发现与事实相一致，即在激烈的竞争下，企业通常在自己的平台上操纵在线信息。接下来，命题 9.4 讨论了企业 A 的操纵行为对其竞争对手——企业 B 的影响。

命题 9.4 相较于没有操纵的情形，在企业 A 实施操纵的情况下，如果企业 B 选择不反击，那么：

（1）企业 B 的产品价格会降低，即 $\tilde{p}_B^* < p_B^*$；

（2）企业 B 的利润减少，即 $\tilde{\pi}_B^* < \pi_B^*$；

（3）当且仅当 $\theta > \theta_0$ 时，企业 B 的产品需求量减少 $\tilde{D}_B^* < D_B^*$，否则，需求量增加 [$\theta_0 = 3\beta t \lambda^2 / (6kt\beta_m + \lambda^2)$ 且满足 $\underline{\theta} < \theta_2 < \theta_0 < \overline{\theta_0}$]。

命题 9.4（1）表明企业 A 采取操纵会导致企业 B 产品价格下降，因为企业 A 的操纵行为增加了其市场份额，因此，企业 B 需要通过降低价格来提高产品的吸引力；命题 9.4（2）说明企业 A 的操纵策略必然会对企业 B 的绩效产生不利影响，即使企业 B 通过降价也无法抵挡企业 A 操纵带来的冲击；命题 9.4（3）表明企业 B 的产品需求是扩张还是萎缩，它依赖于消费者感知到的质量差异。具体而言，当两种产品的感知质量差异相对较大时，面对企业 A 的操纵，企业 B 的产品需求低于没有操纵的情形；相反，企业 B 的产品需求得到了扩大。

如果企业 A 采取操纵，企业 B 的价格、需求和利润都突然比以前低，这必然引起企业 B 对其竞争对手可能的行为的注意；反之，如果企业 B 的需求增加，而其价格和利润下降，则最有可能帮助企业 A 掩盖其不当行为。为此，将企业 A 的操纵分为两类，即隐性操纵（$\theta < \theta_0$）和显性操纵（$\theta > \theta_0$）。直觉上，当两个产品的感知质量差异相对较小时，企业 A 的操纵影响并不明显。当两个产品的感知质量差异较大时，其操纵行为更容易被发现。

为了更好地说明命题 9.4（3），应用一个数值分析的例子，设置 $k =$

0.8，$\lambda = 0.8$，$\beta_m = 0.1$，$t = 1$，$\beta = 0.8$。图 9-3 说明当消费者感知到质量差异的价值发生变化时，操纵和不操纵情形下，企业 B 的产品需求也会发生变化。具体而言，当 $\theta < -1.4$，企业 A 的操纵行为属于隐性操纵；当 $\theta > -1.4$，企业 A 的操纵行为属于显性操纵。此外，从图 9-3 中还发现显性操纵下的价格和利润差距比隐性操纵下更大。

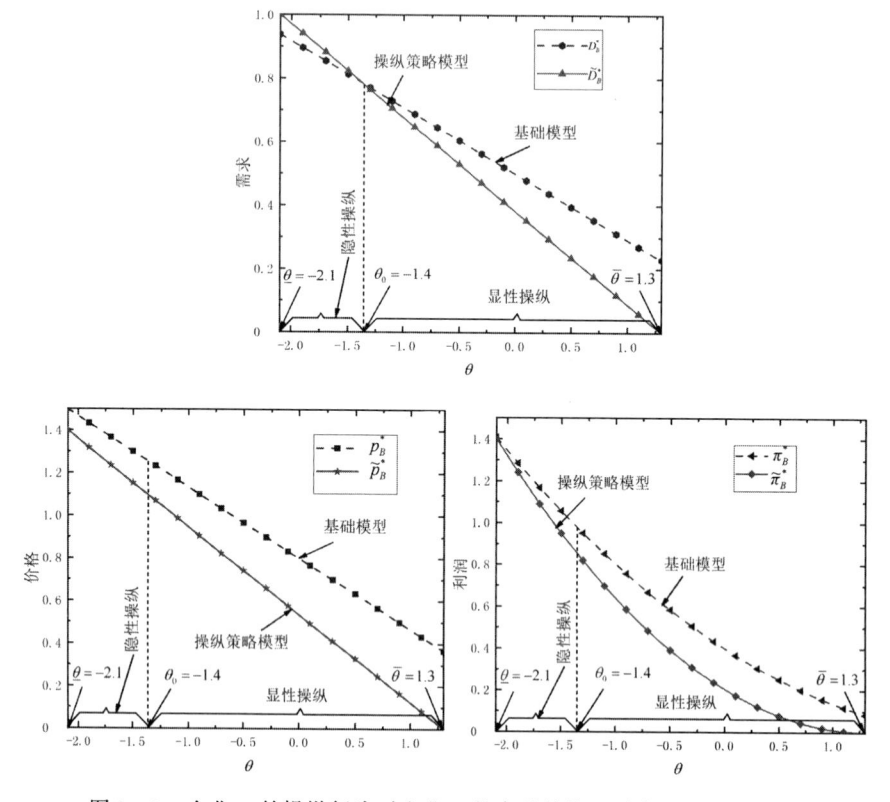

图 9-3 企业 A 的操纵行为对企业 B 的产品价格、需求、利润的影响

命题 9.5 在企业 A 进行在线信息操纵的条件下（$\beta > \beta_2$ 且 $\theta_2 < \theta < \bar{\theta}$），随着操纵水平的增加，在线信息精确度的降低值呈现如下变化：

(1) 当 $\theta < \dot{\theta}$，其中 $\dot{\theta} = -\lambda^2/2k$，企业 A 的操纵行为表现为隐性，操纵水平对信息精确度的影响微乎其微，即 $\partial \beta_m / \partial \eta < 0$；

(2) 当 $\theta_0 > \theta > \dot{\theta}$，虽然企业 A 的操纵行为表现为隐性，但明显降低了在线信息的精确度，即 $\partial \beta_m / \partial \eta > 0$；

(3) 当 $\theta > \theta_0$，企业 A 的操纵行为是显性的，操纵水平的升高大大降低了信息的精确度，即 $\partial \beta_m / \partial \eta > 0$。

命题 9.5 表明，θ 在对企业 A 操纵在线信息的精确度的影响中起着关键作用。为了更好更直观地说明命题 9.5，本小节进行了一个数值研究，假设 $k = 0.6$，$t = 0.7$，$\lambda = 0.2$，$\beta = 0.8$，可以得到 $\hat{\theta} = -0.01$。从图 9-4 中我们发现，在显性操纵的情况下，β_m 随企业 A 操纵水平的增加而增加，这是直观的，也与实际相符。然而，在隐性操纵情况下，当 θ 处于低水平时，β_m 随着企业 A 操纵水平的降低而降低，当 θ 处于中等水平时，β_m 随着企业 A 操纵水平的提高而增加，这意味着低水平 θ 下的隐性操纵行为比中等水平 θ 下的隐性操纵行为更不易察觉，从而增加了诱导企业 B 实行反击决策的难度。接下来的命题旨在解决其他参数对于企业 A 操纵水平决策的影响。

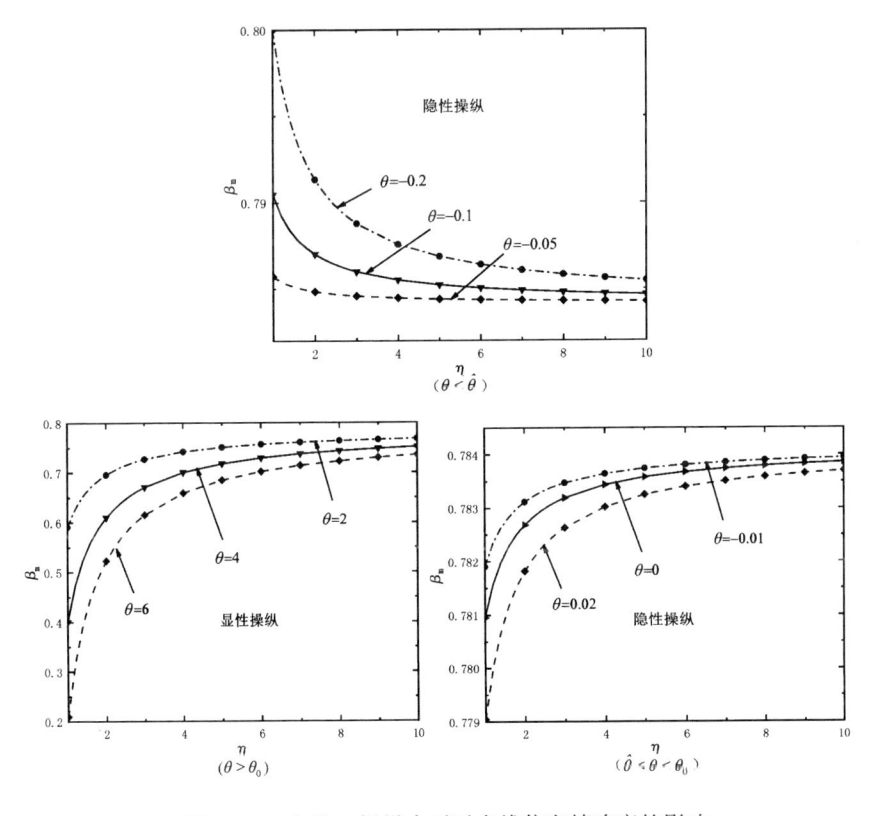

图 9-4 企业 A 操纵水平对在线信息精确度的影响

命题 9.6 企业 A 的操纵水平随操纵成本增加而降低（即 $\partial \eta / \partial k < 0$）。然而，企业 A 的操纵水平随着被操纵的在线信息的总体影响系数增加而增加（即 $\partial \eta / \partial \lambda > 0$）。

命题 9.6 揭示了企业 A 的操纵成本和操纵信息的总体影响系数对企业 A 的操纵水平有显著影响。直观地看，当操纵总成本较大时，由于利润增量无法弥补相应的操纵成本，企业 A 放弃操纵是明智的。当操纵的效果很显著时，企业会认为夸大线上评论和销量信息是有意义和值得的，从而激发 A 的操纵意图和操纵程度。

（四）考虑竞争者反击操纵信息披露行为的模型

在这一小节，将讨论一旦企业 B 意识到企业 A 进行操纵，企业 B 是否会对企业 A 的操纵行为采取反击措施。正如我们所知，在真实的商业情景中，第三方产品评论（TPR）已经变得无处不在，并广泛地被企业用来影响对方的态度和行为。因此，企业 B 可以通过 TPRs 采取公开或秘密的反击措施。考虑企业 B 对企业 A 的操纵发起对抗，从而承担一些反控诉风险，并产生相应的风险成本，表示为 $\rho \omega^2$，其中 ω 表示企业 B 的反击水平，ρ 是每单位反击水平的风险成本。

由于企业 B 的反击，消费者感知产品间质量差异会随着企业 B 的反击水平 ω 而变化，因此，消费者对产品 A 和产品 B 的感知质量差异的减少量在本章被量化为 $\varphi \omega$，其中 φ 为企业 B 反击水平的影响系数。为此，得到消费者对产品 A 和 B 的期望净效用差为：

$$E(U_A - U_B \mid y) = \theta + \lambda \eta - \varphi \omega - (2y - 1)(\beta - \beta_m)t - (p_A - p_B) \quad (9.14)$$

根据公式（9.14），求得各企业的需求和利润函数如下：

$$D_A = \frac{1}{2} + \frac{\theta + \lambda \eta - \varphi \omega - p_A + p_B}{2(\beta - \beta_m)t}, \quad D_B = \frac{1}{2} - \frac{\theta + \lambda \eta - \varphi \omega - p_A + p_B}{2(\beta - \beta_m)t}$$

$$(9.15)$$

$$\max_{p_A, \eta} \pi_A = p_A D_A - \frac{1}{2}k\eta^2 = p_A \left(\frac{1}{2} + \frac{\theta + \lambda \eta - \varphi \omega - p_A + p_B}{2(\beta - \beta_m)t} \right) - \frac{1}{2}k\eta^2 \quad (9.16)$$

$$\max_{p_B, \omega} \pi_B = p_B D_B - \rho \omega^2 = p_B \left(\frac{1}{2} - \frac{\theta + \lambda \eta - \varphi \omega - p_A + p_B}{2(\beta - \beta_m)t} \right) - \rho \omega^2 \quad (9.17)$$

为了便于分析，令 $\mu = 1/[2(\beta - \beta_m)t]$，$\mu$ 表示两个企业之间的竞争，$\mu \to 0$

表示竞争最激烈。为了保证企业 A 的利润函数 $\pi_A(p_A,\eta)$ 是关于 p_A 和 η 的凹函数,并且企业 B 的利润函数 $\pi_B(p_B,\omega)$ 是关于 p_B 和 ω 的凹函数,需要确保海森矩阵负定,即满足 $2k - \mu\lambda^2 > 0$ 和 $4\rho - \mu\varphi^2 > 0$ 的条件。通过计算公式 (9.16) 和公式 (9.17) 的一阶导数,得到最优的价格、操纵水平和反击力度。结果如表 9-2 所示。接下来探讨企业 B 的反击水平决策受哪些因素影响。

命题 9.7 一旦企业 B 选择了进行反击,则有:

(a) 企业 B 的反击水平随着单位风险成本的增加而减小,即 $\partial \omega / \partial \rho < 0$;

(b) 企业 B 的反击水平与企业间竞争程度之间呈"U"型变化,即当 $\varphi > \sqrt{\rho(4k\theta + 2\lambda^2)/k}$ 时,$\partial \omega / \partial \mu > 0$;当 $\varphi < \sqrt{\rho(4k\theta + 2\lambda^2)/k}$ 时,$\partial \omega / \partial \mu < 0$。

命题 9.7 说明企业 B 的反击水平随着反击的风险成本而降低。有趣的是,企业 B 的反击水平并不随着两种产品之间的竞争程度的减少而单调地降低或增加,而是与反击对消费者效用的影响系数 φ 有关。当反击影响系数较大时,就算竞争不激烈,企业 B 的反击水平也会很高。然而,如果企业 B 的反击对消费者效用的影响较小,则结果恰恰相反。其基本原理是直观的,概括如下。当 φ 处于较低水平时,意味着消费者对企业 B 的反击不敏感,从而诱使企业 B 在两家公司竞争加剧时加强反击水平,从而吸引更多的消费者注意。但是,当 φ 超过一个阈值时,表明企业 B 的反作用是有效的,不需要提高其反击水平,因为反击水平的增加会产生额外的风险成本。

通过比较考虑反击策略下的企业 B 利润和只考虑操纵策略下企业 B 的利润,命题 5.8 给出了企业 B 采取反击策略的条件。

命题 9.8 当企业 A 采取操纵策略时,在满足以下 (a) 和 (b) 的条件下,企业 B 会进行反击:

(a) 企业 B 反击的单位风险成本比较低 $[\rho < k\varphi^2/(4\lambda^2)]$ 或者比较高 $(\rho > k\varphi^2/\lambda^2)$;

(b) 企业 B 反击的单位风险成本适中 $[k\varphi^2/(4\lambda^2) < \rho < k\varphi^2/\lambda^2]$,且企业间的竞争较为激烈 $(\mu < \mu_r, \mu_r = [-k\varphi^2 + 2\rho\lambda^2 + \sqrt{k^2\varphi^4 - 4k\rho\lambda^2\varphi^2 + 16\rho^2\lambda^4}]/(2\rho\lambda^4))$。

命题 9.8 表明在企业 A 的操纵下,当企业 B 的单位风险成本较高或较低时,无论企业 A 与企业 B 之间的竞争强度如何,企业 B 都会进行反击。此现象的原因是直观和明显的，因为企业 B 在企业 A 的操纵策略下利润得到了冲击，因此，会考虑选择反击策略来降低损失，低单位风险成本（$\rho = 0.1$）有助于并强化企业 B 的反击动机 [图 9-5（a）]。在高风险成本（$\rho = 0.9$）的情况下，企业 B 仍然会进行反击，这表明即使企业 B 承担更多的风险成本，反击所带来的回报也足以弥补 [图 9-5（c）]。有趣的是，当单位风险成本适中时（$\rho = 0.5$），企业 B 是否采取反击策略取决于竞争激烈程度 μ。当 $\mu < \mu_r$，意味着企业 A 和企业 B 之间的竞争十分激烈，从而引发企业 B 的反击；否则，企业 B 仍然选择不作为 [图 9-5（b）]。

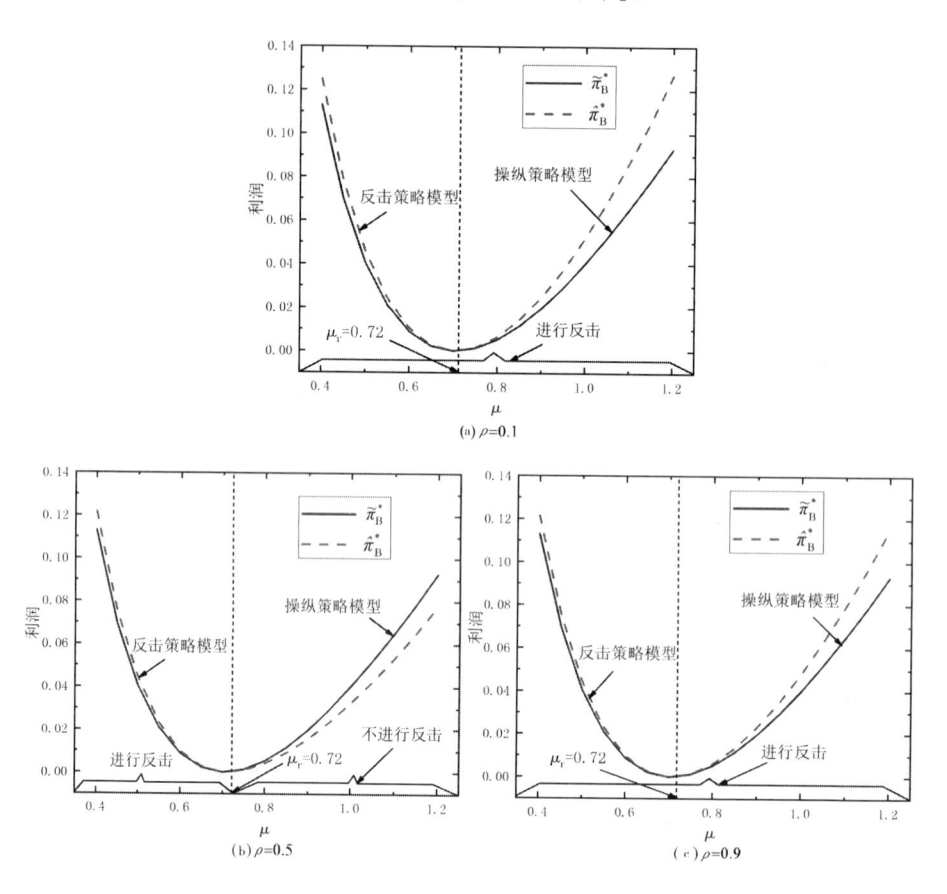

图 9-5　企业 B 进行反击和不进行反击的利润比较

命题 9.9　当企业 B 选择反击策略时，相较于只有企业 A 进行操纵的情形，企业 A 的均衡结果发生如下变化：

(1) 企业 A 的价格和需求量下降，即 $\hat{p}_A^* < \tilde{p}_A^*$，$\hat{D}_A^* < \tilde{D}_A^*$；

(2) 企业 A 的操纵水平升高，即 $\hat{\eta}_A^* > \tilde{\eta}_A^*$；

(3) 企业 A 的利润减小，即 $\hat{\pi}_A^* < \tilde{\pi}_A^*$。

命题 9.9 揭示了企业 B 的反击可以降低企业 A 采用操纵的可能性。这是因为一旦企业 B 进行反击，会导致企业 A 利润下降，需求萎缩，价格下降，操纵成本增加。然而，这并不能完全阻碍企业 A 的操纵行为，其原因我们将在后面的小节中讨论。

三、企业操纵信息披露策略和竞争者反击策略互动分析

(一) 无法阻止的操纵 VS 可阻止的操纵

在现实中，虽然企业 B 的反击策略可以使企业 A 的利润低于没有反击情况下的利润，但是如果企业 A 面对企业 B 的反击策略能够比不操纵情况下获得更多的利润（即两个公司公平竞争），则企业 A 仍可能更倾向于操纵策略。因此，我们比较了企业 A 在两种情况下（即基准情形和反击策略情形）的利润，以确定企业 B 的反击策略是否能够有效地阻止企业 A 的操纵，从而最终回到一个公平的价格竞争的环境中来。

命题 9.10 考虑到企业 B 会采取反击策略的可能，

(1) 当且仅当操纵成本系数非常大时，即 $k > \hat{k}$，其中 $\hat{k} = (\sqrt{E^2 - 4DF} - E)/(2D)$，企业 A 会选择完全放弃操纵，即操纵行为一开始就不会发生。

(2) 当且仅当操纵成本系数相对较低时，即 $k < \tilde{k}$，其中 $\tilde{k} = (\sqrt{B^2 - 4AC} - B)/(2A)$，企业 B 的反击无法阻止企业 A 的操纵行为。

(3) 当且仅当操纵成本系数处于中等水平时，即 $\tilde{k} < k < \hat{k}$，企业 B 的反

击可以有效地阻止企业 A 的操纵行为。

命题 9.10 描述了在企业 B 反击的背景下发生的三种不同操纵行为的条件。为了更形象地阐述命题 9.10，图 9-6 显示企业 A 的操纵成本起着重要作用。当企业 A 的操纵成本低于某个临界值时，即 $k < 0.53$，尽管这种欺诈行为会引发企业 B 的反击，但它更倾向于选择操纵策略，因为企业 A 在操纵情形下的利润依然高于基准情况（不操纵）下的利润。在这种情况下，企业 B 的反击策略实际上对阻碍企业 A 的操纵毫无意义。因此，这种操纵对于企业 B 来说属于不可阻挡的操纵。

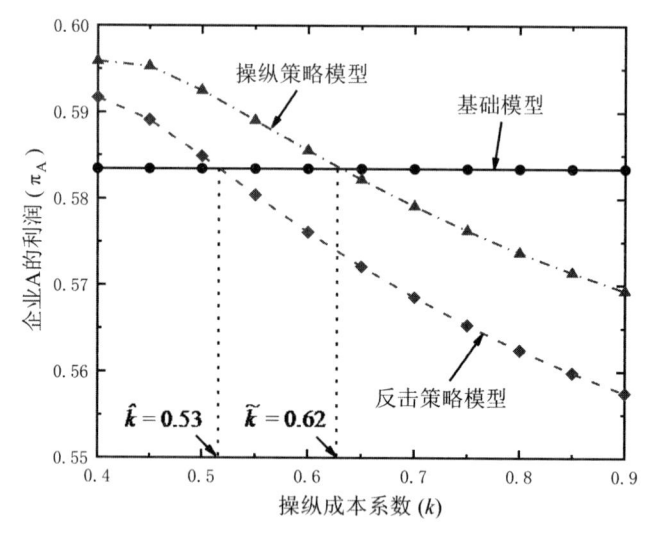

图 9-6 操纵成本系数 k 对企业 A 利润的影响（$\lambda = 0.8$，$\varphi = 0.3$，$\rho = 0.5$）

当企业 A 的操纵成本处于中等水平时，即 $0.53 < k < 0.62$，相较于基准情况，虽然企业 A 更倾向于操纵策略，但一旦企业 B 选择反击策略，企业 A 的利润将急剧下降，甚至低于基准情况——没有操纵策略时的利润。在这种情况下，企业 B 的反击策略可以有效地从一开始就阻止企业 A 的不当行为，这种操纵是可阻止的操纵。

我们还发现，当 A 公司的操纵成本较高时，即 $k > 0.62$，企业 A 根本没有操纵的意图。在这种情况下，企业 A 最初就完全放弃了操纵，即从未发生过操纵。

此外，本节接下来通过数值模拟研究了其他因素对操纵类型出现的影响，以更好地说明问题，如图 9-7 所示。

第9章 众包 Online 设计平台下企业操纵信息披露行为与策略分析

观察 9.1 考虑到企业 B 会采取反击策略的可能：

（1）当且仅当操纵影响系数 λ 相对较小时，即 $\lambda < \tilde{\lambda}$，企业 A 完全放弃操纵策略，即从未发生过操纵；

（2）当且仅当操纵影响系数 λ 是相对较大且反击冲击系数 φ 很小，即 $\lambda > \tilde{\lambda}$，$\varphi < \tilde{\varphi}$ 时，企业 A 的操纵是不可阻挡的操纵；

（3）当且仅当操纵影响系数和反击冲击系数均相对较大，即 $\lambda > \tilde{\lambda}$，$\varphi > \tilde{\varphi}$ 时，企业 A 的操纵是可阻止的操纵。

观察 9.1 显示了在企业 B 的反击环境中三种操纵行为发生的条件（λ 和 φ 的共同影响）。图 9-7 说明，无论这两个因素的值如何变化，企业 A 在面对企业 B 反击情况下的利润总是低于仅有它操纵情况下的利润。然而，当企业 A 的操纵影响较大（$\lambda > 0.63$）而企业 B 的反击影响较小（$\varphi < 0.5$）时，企业 A 在企业 B 反击情况下的利润低于仅有它操纵的情形，而高于基准情况下的利润，这意味着企业 A 仍然会选择操纵策略。因此，企业 B 的反击只是补偿了企业 A 操纵导致自己的利润损失，却未能阻碍企业 A 的不当行为。在这种情况下，这种操纵对于企业 B 来说属于不可阻挡的操纵。

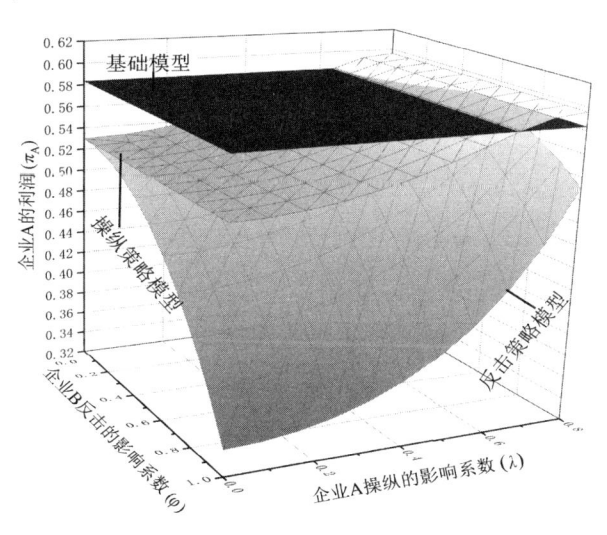

图 9-7 φ 和 λ 对企业 A 利润的影响（$h = 0.4$，$\rho = 0.5$）

相反，当企业 B 的反击影响和企业 A 的操纵影响都较大（即 $\varphi > 0.5$，$\lambda > 0.61$）时，企业 A 可能会犹豫是否采取操纵，因为企业 B 的反击行为严重削弱了企业 A 的盈利能力，在这种情况下，企业 B 的反击可能会在初始阶段阻碍企业 A 的操纵意图。企业 A 的操纵是可以阻止的。另外，当 A 公司的操纵影响较小时，即 $\lambda < 0.61$，企业 A 会完全放弃操纵策略，即从未发生过的操纵，这符合直觉。

（二）不可阻止/可阻止操纵 VS 显性/隐性操纵

在本小节中，我们使用与命题 9.10 和观察 9.1 相同的参数设置来研究不可阻止/可阻止操纵 VS 显性/隐性操纵之间的相互作用。从图 9-8 可以看出，在隐性操纵下，相比不可阻止和可阻止操纵，从未发生过的操纵占据了更多的区域，而图 9-9 表示在显性操纵下，不可阻止操纵所涵盖的范围最大，这意味着企业 A 最有可能采取操纵，不操纵是第二选择。相比可阻止的操纵，不可阻止和从未发生的操作发生的概率更高。总而言之，结果表明，无论是隐性操纵还是显性操纵，企业 B 的反击策略在不同的条件下都会产生三种可能的结果（即可阻止操纵、不可阻止操纵和从未发生的操纵）。

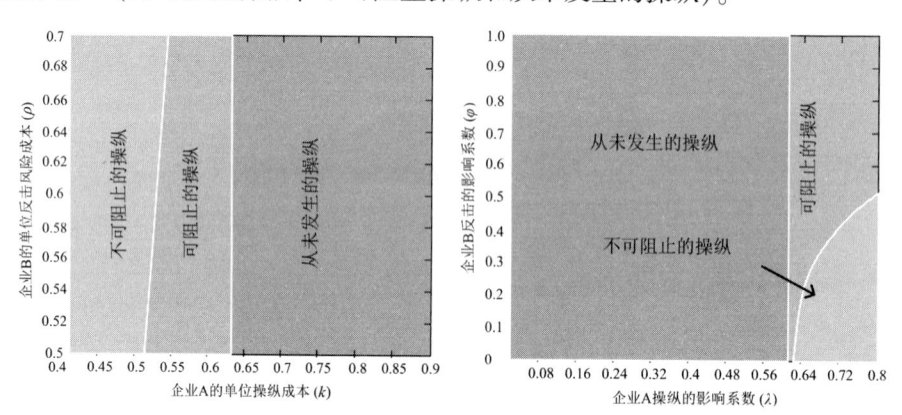

图 9-8　隐性操纵情况下操纵的可能结果（$\theta = 0.4$）

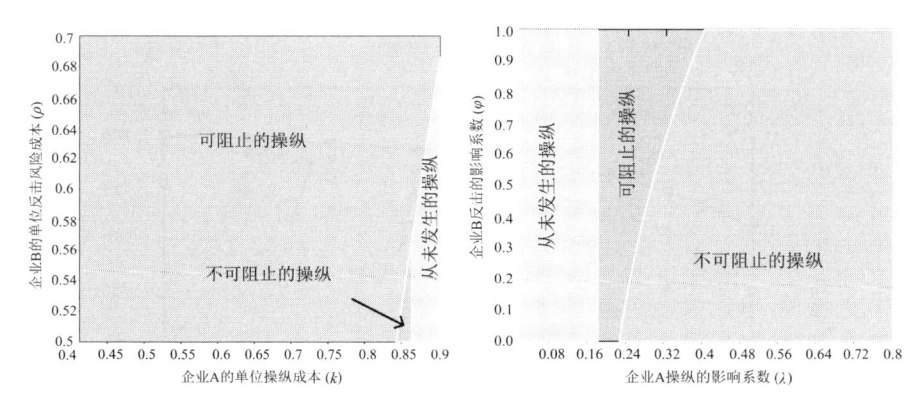

图9-9　显性操纵情况下操纵的可能结果（$\theta = 1.9$）

四、数值分析

本节应用数值分析来研究不同的参数组合（ρ, φ）和（λ_1, λ_2）对于企业决策和利润的影响。设定 $\beta = 0.8$，$t = 1.1$，$\beta_m = 0.1$。

（一）反击风险成本和反击影响系数对企业 A 操纵水平的影响

图9-10 刻画了企业 B 的反击风险成本 ρ 以及反击影响系数 φ 如何影响企业 A 的操纵水平。具体地，我们设置 $\rho \in [0.3, 1]$ 以确保企业 B 会选择反击策略，φ 分别为 0.6，0.7，0.8 和 0.9。从投入产出的角度来看，企业 B 的反击风险成本 ρ 代表投入，而反击影响系数 φ 则反映产出。显然，企业 A 的操纵水平随着企业 B 的反击风险成本而上升，而随着企业 B 的反击影响系数而下降。我们还发现，企业 A 的操纵水平随着反击效率 φ/ρ 的增加而降低。这表明只有当企业 B 提高其反击效率 φ/ρ，企业 A 才会降低其操纵意图和水平。

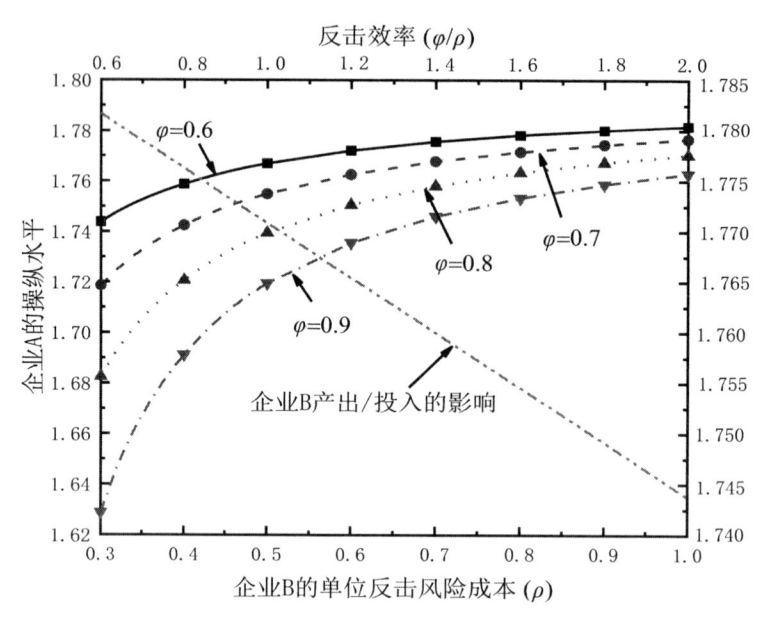

图 9-10　ρ 和 φ 对企业 A 操纵水平的影响

（二）操纵线上评论和销量信息对均衡利润的影响

在本小节，我们探究在三种情景下，被操纵的线上评论和销量信息对公司利润的影响。假设 $\rho=0.1$，$\varphi=0.5$，$\lambda_1=0.1$ 和 0.6 分别代表消费者对操纵的线上评论的感知影响的低、高程度。如图 9-11 所示，无论被操纵线上评论的影响是高是低，企业 A 的利润都会随着被操纵销量信息影响的扩大而增加，而企业 B 的利润则会随之减少，这意味着企业 A 的操纵行为对企业 B 造成了损害。然而，无论被操纵线上评论的影响大小如何变化，企业 A 在操纵策略情形和反击情形中的利润差距都大于企业 B，结果表明，企业 B 的反击行为会显著削弱企业 A 的盈利能力，而企业 B 的利润则会相应增加，这意味着企业 B 的反击会产生"一箭双雕"的效果。

同时，图 9-11 还表明，企业 A 在操纵下的利润在 λ_2 处于较高水平时可能超过基准情形的利润，这表明企业 A 有操纵在线信息的动机。对于企业 B 来说，其反击行为对于防止企业 A 的欺诈行为是有效的，但企业 B 的对策并不能带来超过基准情形的利润，说明企业 B 的反击行为与企业 A 的欺诈行为是有区别的，从而与实际情况相一致。

第 9 章　众包 Online 设计平台下企业操纵信息披露行为与策略分析

综上，本章主要从直接操纵在线信息披露的角度出发，采用博弈论中的双寡头模型研究了一个企业何时可以采取信息披露操纵策略，操纵者的操纵策略如何影响竞争对手，竞争对手在何种条件下实施反击策略，以及这种反击是否有效。

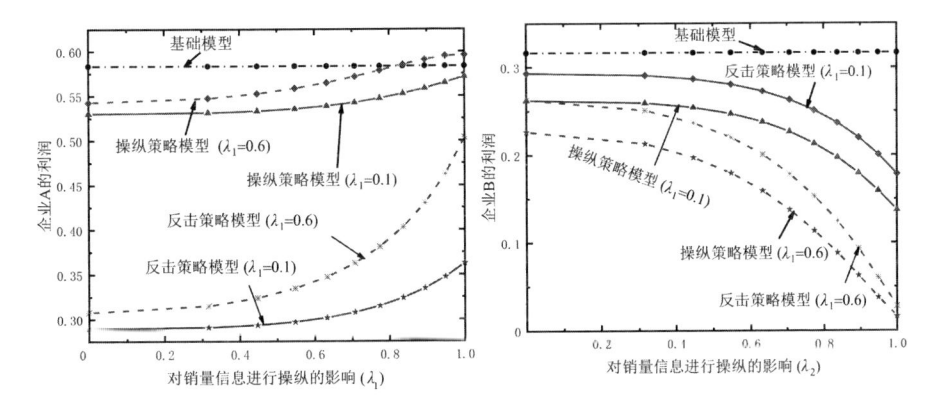

图 9-11　λ_1 和 λ_2 对企业 A 和企业 B 均衡利润的影响

第10章
基于最小批量和多重激励下的众包供应链的订货策略分析

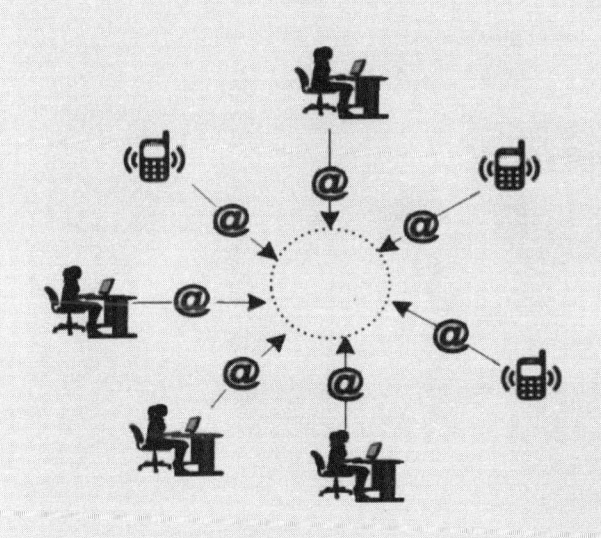

众包供应链企业冲破传统边界范围，寻觅和摸索供应链外部的设计与创新资源，谋划更独特的时尚创意，以应对市场终端客户的快速多变的需求，并整合供应链系统，进行高效的研发设计和生产。目前，众包供应链在时尚行业和家电行业不乏成功的例子。比如，美国无线T恤公司，依托互联网建立一个专业"众包"平台，引来大量青年设计师和艺术爱好者来为T恤构思创意，提供优秀作品，企业通过在线评分系统，分出在众包竞赛中的胜出者，这些胜出的设计马上通过下游供应链合作企业予以量产，最后快递给顾客，Threadless公司因此大获成功，在时尚服装领域开创了属于自己的蓝海。同样，在国内，Haier、Suning也将众包环节嵌入自己的供应链中，运用众包供应链方式，开发和生产出如"天樽"空调、骑客体感车等时尚经典的产品，打造出强大的企业核心竞争力。

本章将对众包供应链中的制造商和零售商如何制定生产和订货策略以及如何激励众包参与者积极参与众包设计等问题进行详细的建模分析。

第 10 章　基于最小批量和多重激励下的众包供应链的订货策略分析

一、问题假设及描述

假设快时尚行业中存在一众包供应链，该供应链由一家零售商、一家制造商和 n 个众包设计者组成。该众包供应链经营某类快时尚产品，该产品由下游制造商根据终端市场消费者反馈需求，并通过互联网众包平台向众包设计者发布，众包设计者则按要求进行设计，然后通过择优付酬方式，拍买胜出产品的设计使用权，并由下游制造商进行生产，最后，零售商将这种由众包设计者设计的时尚产品出售给最终用户（图 10-1）。

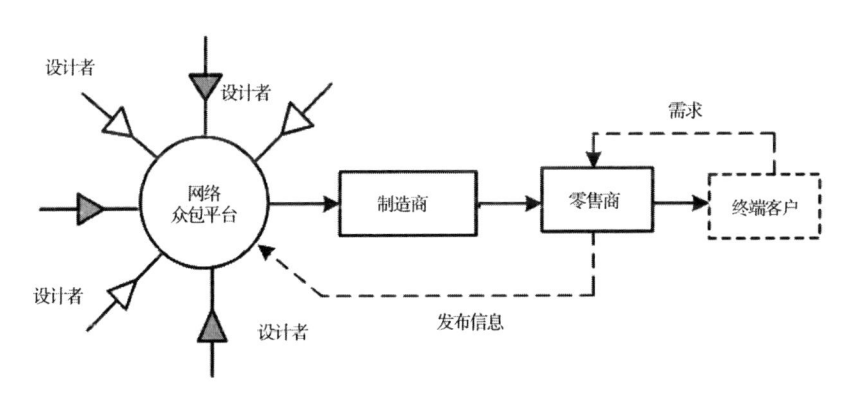

图 10-1　众包供应链结构示意图

一般来说，考虑快时尚产品存在一个流行窗口，即产品只能在一个很短的周期出售，而且假设在每个流行周期内售卖的快时尚产品只有一款，假设一年内有 k 个周期，因此，相对应有 k 种不同的快时尚产品，这 k 种产品都是通过众包设计者分别在每一个时尚周期内竞卖快速产生。

对于任何一周期 i，$i = \{1, 2, \cdots, k\}$，零售商将在每周期期初向制造商订购某种众包快时尚产品 X_i，这种产品只能在周期 i 出售，任何在周期末还没有售出的快时尚产品都会以一个较大的折扣价格 s 贱卖。假设每种产品 X_i

的需求 D_i 是一个服从累积分布函数 $F(D_i)$ 的独立同分布随机变量,假设所有由众包设计的快时尚产品都属于同一类别,故每种产品的成本－收益变量可看作是相似的,即假设制造商生产产品的单位生产成本为 c_m,以单位批发价格 p_w 供应给零售商,零售商再以价格 p 出售给顾客,且制造商给众包设计师的单位产品设计报酬,即众包设计成本为 c_{cr}^{ji},c_{cr}^{ji} 表示第 j 个众包设计者在第 i 周期的设计众包成本,z_j^i 表示为第 i 个订单的第 j 个众包设计者 c_{cr}。不失一般性,令 $s < c_m + c_{cr}^{ji} < p_w < p$,$j \in \{1,2,\cdots,n\}$,且 $\pi_{R,i}(q_i)$ 和 $\pi_{SC,i}(q_i)$ 分别表示零售商和众包供应链在周期 i 的利润。

二、多周期众包供应链的订货基本模型

对于整个众包供应链来说,在 k 个周期内的期望总利润模型可表达为:

$$\max_{(q_i, z_j^i)} \sum_{i=1}^{k} E[\pi_{SC,i}(q_i, z_j^i)]$$

$$s.t. \quad \sum_{j=1}^{n} z_j^i = 1$$

(10.1)

$$\sum_{i=1}^{k} \sum_{j=1}^{n} z_j^i = k \quad \forall k, i = 1,2,\cdots,k$$

$$z_j^i \in \{0,1\}, j = 1,2,\cdots,n$$

其中,$\sum_{i=1}^{k} E[\pi_{SC,i}(q_i, z_j^i)]$ 是众包供应链 k 个周期内的期望总利润,该利润包括制造商和零售商两个部分利润,而众包设计者的报酬利润按成本体现在模型中。而 $\pi_{SC,i}$ 则表示众包供应链第 i 个周期的利润。第一个约束条件表示在每个时尚周期 i 中,通过竞价方式,n 个众包设计者中只有一个众包设计

者 j 中标；第二个约束条件表示在每个时尚周期 i 中，均只接受唯一一个最佳众包设计产品。

为了对上述众包供应链基本模型（BM）求解，需借助于零售商订货量模型进行分析证明。对于众包供应链的零售商来说，需要在不同的时尚流行周期内出售不同的时尚产品，而上游众多众包设计者的参与，能满足下游制造商快速生产针对不同周期的时尚产品。为此，在 k 个周期中众包供应链零售商的订货量模型可表达为：

$$\max_{(q_i)} E[\sum_{i=1}^{k} \pi_{R,i}(q_i)] \tag{10.2}$$

其中，$E[\sum_{i=1}^{k} \pi_{R,i}(q_i)]$ 是众包供应链零售商在 k 个周期内的期望总利润，$\pi_{R,i}$ 表示零售商在第 i 个周期利润，q_i 表示零售商在第 i 个周期的订货量。

由于每周期时尚产品的需求服从独立同分布，且拥有相似的成本－收益变量，因此有：$E[\pi_{R,1}(q_1)] = E[\pi_{R,2}(q_2)] = \cdots = E[\pi_{R,k}(q_k)]$，为了简化，有如下表达：

$E[\pi_{R,i}(q_i)] = E[\pi_R(q)], \forall i = 1,2,\cdots,k$。可进一步把式（10.2）改写为：

$$\max_{(q)} k(E[\pi_R(q)]) \tag{10.3}$$

$$\max_{(q)} k(E[\pi_R(q)]) \Leftrightarrow \max_{(q)} E[\pi_R(q)] \tag{10.4}$$

很明显，从式（10.4）可看出，式子左边和右边最优解相同，故众包供应链的零售商的多周期利润模型可表示为：

$$\max_{(q)} E[\pi_R(q)] = \max_{(q)} E\{[(p - p_w)q - (p - s)(q - x)^+]\} \tag{10.5}$$

其中，$\pi_R(q) = (p - p_w)q - (p - s)(q - x)^+, (A)^+ = \max(A, 0)$。

根据文献 choi（2008），由于 $E[\pi_R(q)] = (p - p_w)q - (p - s)\int_0^q F(x)dx$ 是一个凹函数，所以，可以定义 $q_{R,E^*}^b = F^{-1}[(p - p_w)/(p - s)]$，即零售商期望利润最大化求得的值，零售商的最优订货量为 q_{R,E^*}^b。

与零售商类似，对于众包供应链总利润公式（10.1）的最优模型解，不难推导出其解等价于式（10.6）的最优模型的解：

$$\max_{(q,z_j^i)} E[\pi_{SC}(q,z_j^i)] = \max_{(q,z_j^i)} E\left[(p - c_m - c_{cr}^{ji} \cdot \sum_{j=1}^{n} z_j^i)q - (p-s)(q-x)^+\right]$$
(10.6)

由于 $E[\pi_{SC}(q,z_j^i)] = \left[p - c_m - c_{cr}^{ji} \cdot \left(\sum_{j=1}^{n} z_j^i\right)\right]q - (p-s)\int_0^q F(x)dx$，$E[\pi_{SC}(q,z_j^i)]$ 是一个凹函数，故可定义 $q_{SC,E^*}^b = F^{-1}[(p-c_m-c_{cr})/(p-s)]$，其中令 $c_{cr} = c_{cr}^{ji} \cdot \left(\sum_{j=1}^{n} z_j^i\right)$，通过众包供应链期望利润最大化，求得供应链的最优订货量为 q_{SC,E^*}^b 和所对应的 z_j^i 众包设计者。

三、基于最小批量和多重激励的扩展模型

（一）考虑资金快速周转价值模型

对于通过众包设计的时尚产品来说，产品轮换速度快和资金周转率高是其区别于其他产品的主要特征之一。通过快速周转，才能保证时尚产品的时尚性以及众包平台活跃度，减少资金占用，降低众包供应链运营风险，故在前面基本模型（BM）的基础上，考虑基于多个周期下，含有复利的资金周转价值的订货模型。故考虑资金快速周转价值的众包供应链订货模型（CM）可表示为：

$$\max_{(q_i,z_j^i)} E\left[\sum_{i=1}^{k} \frac{\pi_{SC,i}(q_i, z_j^i)}{(1+r)^i}\right]$$

$$s.t. \sum_{j=1}^{n} z_j^i = 1$$
(10.7)
$$\sum_{i=1}^{k}\sum_{j=1}^{n} z_j^i = k \ \forall k,\ i = 1, 2, \cdots, k$$
$$z_j^i \in \{0, 1\},\ j = 1, 2, \cdots, n$$

而在多周期下，考虑资金快速周转价值的众包供应链中零售商的订货量

模型也可表示为：

$$\max_{(q_i)} E\left[\sum_{i=1}^{k} \frac{\pi_{R,i}(q_i)}{(1+r)^i}\right] \tag{10.8}$$

其中，$E\left[\sum_{i=1}^{k}\frac{\pi_{R,i}(q_i)}{(1+r)^i}\right]$ 是考虑资金快速周转价值情况下零售商在 k 个周期内的期望总利润，r 表示复利利率；$E\left[\sum_{i=1}^{k}\frac{\pi_{SC,i}(q_i,z_j^i)}{(1+r)^i}\right]$ 是考虑资金快速周转价值情况下众包供应链在 k 个周期内的期望总利润。

定理 10.1 基本模型（BM）中众包供应链的最优订货量 $q_{SC,E*}^b$ 与考虑资金快速周转价值模型（CM）中众包供应链的最优订货量 $q_{SC,E*}^c$ 相等，即 $q_{SC,E*}^b = q_{SC,E*}^c$。

证明：由于 $\max_{(q_i)} E\left[\sum_{i=1}^{k}\frac{\pi_{R,i}(q_i)}{(1+r)^i}\right] = \max_{(q)} E\left[\sum_{i=1}^{k}\frac{\pi_R(q)}{(1+r)^i}\right]$，而 $\sum_{i=1}^{k}\frac{1}{(1+r)^i} = \frac{(1+r)^k-1}{r(1+r)^k} = A(r,k)$，可得如下式子：

$$\max_{(q)} A(r,k)(E[\pi_R(q)]) \tag{10.9}$$

$\max_{(q)} A(r,k)(E[\pi_R(q)]) \Leftrightarrow \max_{(q)} E[\pi_R(q)]$

表明式（10.9）的最优解与式（10.5）最优解等价。由前面可知，此时，众包供应链中零售商的最优订货量 $q_{R,E*}^c$ 与基本模型中零售商的最优订货量 $q_{R,E*}^b$ 是相等的，即 $q_{R,E*} = q_{R,E*}^b = q_{R,E*}^c$。

由此可以进一步得到，式（10.7）的解等于式（10.10）的解。

$$\max_{(q)} E[\pi_{SC}(q,z_j^i)] \Leftrightarrow \max_{(q_i,z_j^i)} E\left[\sum_{i=1}^{k}\frac{\pi_{SC,i}(q_i,z_j^i)}{(1+r)^i}\right] \tag{10.10}$$

此时众包供应链的最优订货量 $q_{SC,E*}^c$ 与基本模型中众包供应链的最优订货量 $q_{SC,E*}^b$ 是相等的，记 $q_{SC,E*} = q_{SC,E*}^b = q_{SC,E*}^c$，得证。

命题 10.1 在上述定理 1 下，即当零售商的最优订货量为 $q_{R,E*}$，众包供应链的最优订货量为 $q_{SC,E*}$ 时，众包供应链各环节不能实现有效协调。

证明：为了实现众包供应链的协调，制造商试图提供一个合适的单位批发价格，使得零售商的最优订货量 $q_{R,E*}$ 与供应链的最优订货量 $q_{SC,E*}$ 相

等,即:

$$F^{-1}[(p-p_w)/(p-s)] = F^{-1}[(p-c_m-c_{cr})/(p-s)]$$

则有 $p_w = c_m + c_{cr}$,这与我们前面的假设 $p_w > c_m + c_{cr}$ 不相符,所以,在这种情况下众包供应链不能实现协调,故此需要进一步对众包供应链的订货策略进行分析。

(二) 考虑最小订货量和零售商风险规避的模型

众包时尚产品流行窗口较短,且需求不确定性大,众包供应链企业均趋向为风险规避型,为了减小问题复杂性,在这里,只考虑零售商是风险规避型,同时还考虑众包设计者快速进行设计时,下游订货量大小将影响上游制造商生产的规模经济性。即当订货量小时,存在着制造商或因亏本而不愿生产,而导致众包供应链运行难以为继的可能性。故制造商往往需在生产前设定一个最小生产量 q_{MOQ},也即最小订货量。

基于以上分析,并在资金快速周转价值模型(CM 模型)的基础上,考虑零售商风险规避和制造商最小生产量下,众包供应链订货模型(Model with min quantity and risk,MRM)表示为:

$$\max_{(q_i, z_j^i)} E\left[\sum_{i=1}^{k} \frac{\pi_{SC,i}(q_i, z_j^i)}{(1+r)^i}\right]$$

$$s.t. \sum_{j=1}^{n} z_j^i = 1$$

$$\sum_{i=1}^{k}\sum_{j=1}^{n} z_j^i = k \quad \forall k, i = 1, 2, \cdots, k \quad (10.11)$$

$$V\left[\sum_{i=1}^{k} \frac{\pi_{SC,i}(q_i, z_j^i)}{(1+r)^i}\right] \leq C^2$$

$$q_i > q_{MOQ}$$

$$z_j^i \in \{0,1\}, j = 1, 2, \cdots, n\}$$

其中,$V\left[\sum_{i=1}^{k} \frac{\pi_{SC,i}(q_i, z_j^i)}{(1+r)^i}\right]$ 是考虑资金时间价值情况下,众包供应链 k 个周期的总利润方差,通过方差来衡量风险的大小,C^2 是众包供应链愿意承受的风险承受力水平。

第10章 基于最小批量和多重激励下的众包供应链的订货策略分析

命题 10.2 当考虑最小订货量和风险时,零售商和众包供应链的最优订货量分别为:

(1) 当 $q_{R,E^*} < q_{MOQ} < q_{R,EV}$ 时,零售商的最优订货量为 q_{MOQ};

(2) 当 $q_{MOQ} < q_{R,E^*}(q_{SC,E^*}) < q_{R,EV}(q_{SC,EV^*})$ 时,零售商(众包供应链)的最优订货量为 $q_{R,E^*}(q_{SC,E^*})$;

(3) 当 $q_{MOQ} < q_{SC,EV^*} < q_{SC,E^*}$ 时,众包供应链的最优订货量为 q_{SC,EV^*};

(4) 当 $q_{R,E^*}(q_{SC,E^*}) < q_{R,EV^*}(q_{SC,EV^*}) < q_{MOQ}$、$q_{R,EV^*}(q_{SC,EV^*}) < q_{R,E^*}(q_{SC,E^*}) < q_{MOQ}$、$q_{R,EV^*}(q_{SC,EV^*}) < q_{MOQ} < q_{R,E^*}(q_{SC,E^*})$ 时,无解。

证明:根据 $\max\limits_{(q_i)} E\left[\sum\limits_{i=1}^{k}\dfrac{\pi_{R,i}(q_i)}{(1+r)^i}\right] = \max\limits_{(q)} E\left[\sum\limits_{i=1}^{k}\dfrac{\pi_R(q)}{(1+r)^i}\right]$,而

$\sum\limits_{i=1}^{k}\dfrac{1}{(1+r)^i} = \dfrac{(1+r)^k - 1}{r(1+r)^k} = A(r,k)$,

$V\left[\sum\limits_{i=1}^{k}\dfrac{1}{(1+r)^i}\right] = \dfrac{(1+r)^{2k}-1}{(1+r)^{2k}[(1+r)^2-1]} = B(r,k)$,可以进一步把式(10.11)改写为式(10.12):

$$\max\limits_{(q)} E[\pi_R(q)]$$

$$s.t. \quad V[\pi_R(q)] \leq L^2/B(r,k) \tag{10.12}$$

$$q > q_{MOQ}$$

由 $\pi_R(q) = (p - p_w)q - (p-s)(q-x)^+$,可得 $V[\pi_R(q)] = (p-s)^2 \xi(q)$,

其中,$\xi(q) = 2q\int_0^q F(x)dx - 2\int_0^q xF(x)dx - \left(\int_0^q F(x)dx\right)^2$。

由于 $\xi(q)$ 是关于 q 的递增函数,意味着 $V[\pi_R(q)]$ 也是关于 q 的递增函数。故可定义:

$$q_{R,EV^*} = \arg\limits_{q}\{V[\pi_R(q)] - L^2/B(r,k) = 0\}$$

由于 $V[\pi_R(q)]$ 是关于 q 的递增函数,所以,如果 $V[\pi_R(q_{R,E^*})] - L^2/B(r,k) > 0$,则有 $q_{R,EV^*} < q_{R,E^*}$,可如下改写 $q_{R,EV^*} = q_{R,E^*} - \Delta_R$,其中 $\Delta_R > 0$。Δ_R 表示风险规避情况下零售商的最优订货量 q_{R,EV^*} 比风险中立情况下

的最优订货量 q_{R,E^*} 小多少。Δ_R 越大表明零售商风险规避的趋向越高。

同样地，考虑到多周期内不同快时尚产品需求服从独立同分布，有：

$$\begin{cases} \max\limits_{(q_i)} E[\sum_{i=1}^{k} \dfrac{\pi_{SC,i}(q_i,z_j^i)}{(1+r)^i}] \\ s.t. \sum\limits_{j=1}^{n} z_j^i = 1 \\ \sum\limits_{i=1}^{k}\sum\limits_{j=1}^{n} z_j^i = k \quad \forall k, i = 1,2,\cdots,k \\ V[\sum\limits_{i=1}^{k} \dfrac{\pi_{SC,i}(q_i,z_j^i)}{(1+r)^i}] \leq C^2 \\ q_i > q_{MOQ} \\ z_j^i \in \{0,1\}, j = 1,2,\cdots,n \end{cases} \Leftrightarrow \begin{cases} \max\limits_{(q)} A(r,k) E[\pi_{SC}(q,z_j^i)] \\ s.t. \sum\limits_{j=1}^{n} z_j^i = 1 \\ \sum\limits_{i=1}^{k}\sum\limits_{j=1}^{n} z_j^i = k \quad \forall k, i = 1,2,\cdots,k \\ B(r,k) V[\pi_{SC}(q,z_j^i)] \leq C^2 \\ q > q_{MOQ} \\ z_j^i \in \{0,1\}, j = 1,2,\cdots,n \end{cases} \Leftrightarrow$$

$$\begin{cases} \max\limits_{(q)} E[\pi_{SC}(q,z_j^i)] \\ s.t. \sum\limits_{j=1}^{n} z_j^i = 1 \\ \sum\limits_{i=1}^{k}\sum\limits_{j=1}^{n} z_j^i = k \quad \forall k, i = 1,2,\cdots,k \\ V[\pi_{SC}(q,z_j^i)] \leq C^2/B(r,k) \\ q > q_{MOQ} \\ z_j^i \in \{0,1\}, j = 1,2,\cdots,n \end{cases}$$

因为 $\pi_{SC}(q,z_j^i) = (p - c_m - c_{cr})q - (p-s)(q-x)^+$，可得：

$$V[\pi_{SC}(q,z_j^i)] = (p-s)^2 \xi(q)$$

其中，$\xi(q) = 2q\int_0^q F(x)\mathrm{d}x - 2\int_0^q xF(x)\mathrm{d}x - (\int_0^q F(x)\mathrm{d}x)^2$。由于 $\xi(q)$ 是关于 q 的递增函数，意味着 $V[\pi_{SC}(q,z_j^i)]$ 也是关于 q 的递增函数，可令

$$q_{SC,EV^*} = \arg\limits_{q}\{V[\pi_{SC}(q,z_j^i)] - C^2/B(r,k) = 0\}$$

由于 $V[\pi_{SC}(q,z_j^i)]$ 是关于 q 的递增函数,所以,如果 $V[\pi_{SC}(q_{SC,E*})] - C^2/B(r,k) > 0$,则有 $q_{SC,EV*} < q_{SC,E*}$,可如下改写 $q_{SC,EV*} = q_{SC,E*} - \Delta_{SC}$,其中 $\Delta_{SC} > 0$。

如果没有限制,零售商的最优订货量应该为 $q_{R,E*}$。$V[\pi_R(q)]$ 是关于 q 的递增函数,所以要满足风险的条件,最优订货量必须不超过 $q_{R,EV*}$,又因为有最小订货量的条件,所以最优订货量必须大于 q_{MOQ}。

(1) 当 $q_{R,E*} < q_{MOQ} < q_{R,EV*}$ 时,无条件下的最优订货量 $q_{R,E*}$ 满足了风险条件,但是不满足最小订货量条件,所以,最优订货量取 q_{MOQ};

(2) 当 $q_{MOQ} < q_{R,E*} < q_{R,EV*}$ 时,无条件下的最优订货量 $q_{R,E*}$ 同时满足了两个条件,所以,最优订货量即为 $q_{R,E*}$;

(3) 当 $q_{MOQ} < q_{R,EV*} < q_{R,E*}$ 时,无条件下的最优订货量 $q_{R,E*}$ 满足了最小订货量条件,但是不满足风险条件,所以,最优订货量取最大的风险承受力水平所代表的订货量 $q_{R,EV*}$,正好这个值也是满足最小订货量条件的;

(4) 当 $q_{R,E*} < q_{R,EV*} < q_{MOQ}$,$q_{R,EV*} < q_{R,E*} < q_{MOQ}$,$q_{R,EV*} < q_{MOQ} < q_{R,E*}$ 时,没有同时满足两个条件的值,所以无解。同理,可以证明整个众包供应链的最优订货量的确定,得证。

在该种情况下,为了实现众包供应链的协调,制造商也只能试图提供一个合适的单位批发价格,使得零售商的最优订货量与整个众包供应链的最优订货量相等,来有条件实现众包供应链的协调。

命题 10.3 (1) 当众包供应链的最优订货量为 $q_{SC,EV*}$ 时,零售商的最优订货量是 $q_{R,EV*}$,则制造商提供的单位批发价格只有满足:

$$p_w = p - (p-s)F(F^{-1}[(p-c_m-c_{cr})/(p-s)] - \Delta_{SC} + \Delta_R)$$

且 $\Delta_S C > \Delta_R$

众包供应链才能实现协调;零售商的最优订货量是 $q_{R,E*}$,则制造商提供的单位批发价格只有满足:

$$p_w = p - (p-s)F(F^{-1}[(p-c_m-c_{cr})/(p-s)] - \Delta_{SC})$$

众包供应链才能实现协调。

(2) 当众包供应链的最优订货量为 q_{MOQ} 时,则要想实现供应链的协调,零售商的最优订货量也只能是 q_{MOQ}。

(3) 当众包供应链的最优订货量为 $q_{SC,E*}$ 时,则众包供应链不能实现协调。

证明：（1）要想实现众包供应链的协调，零售商和供应链的最优订货量必须相等，零售商的最优订货量是 $q_{R,EV*}$ 时，则有

$$q_{SC,EV*} = q_{R,EV*} \Leftrightarrow q_{SC,E*} - \Delta_{SC} = q_{R,E*} - \Delta_R,$$

又有 $q_{R,E*} = F^{-1}[(p-p_w)/(p-s)]$，$q_{SC,E*} = F^{-1}[(p-c_m-c_{cr})/(p-s)]$，可得

$$p_w = p - (p-s)F(F^{-1}[(p-c_m-c_{cr})/(p-s)] - \Delta_{SC} + \Delta_R) \text{ 且 } \Delta_{SC} > \Delta_R;$$

零售商的最优订货量是 $q_{R,E*}$ 时，则有 $q_{SC,EV*} = q_{R,E*} \Leftrightarrow q_{SC,E*} - \Delta_{SC} = q_{R,E*}$，可得

$$p_w = p - (p-s)F(F^{-1}[(p-c_m-c_{cr})/(p-s)] - \Delta_{SC})$$

（2）要想实现众包供应链的协调，零售商和供应链的最优订货量必须相等，所以，当众包供应链的最优订货量是 q_{MOQ} 时，零售商的最优订货量当然也只能是 q_{MOQ}；

（3）要想实现众包供应链的协调，零售商和供应链的最优订货量必须相等，零售商的最优订货量是 $q_{R,E*}$ 时，则有 $q_{SC,E*} = q_{R,E*}$，可得 $p_w = c_m + c_{cr}$，这与我们前面的假设 $p_w > c_m + c_{cr}$ 不相符，所以，众包供应链不能实现协调；零售商的最优订货量是 $q_{R,EV*}$ 时，则有

$$q_{SC,E*} = q_{R,EV*} \Leftrightarrow q_{SC,E*} = q_{R,E*} - \Delta_R$$

因为 $\Delta_R > 0$，则 $q_{R,E*} > q_{SC,E*}$，可得 $p_w < c_m + c_{cr}$，也与假设 $p_w > c_m + c_{cr}$ 不符，所以，众包供应链不能实现协调，得证。

（三）考虑多重激励的回购模型

批发价格只对上述众包供应链有条件实现协调作用，但没有对众包设计者进行有效激励，难以使得众包设计者积极参与，这也意味着没有对整个众包供应链进行激励。为此，下面将设计一个多重激励契约，即考虑了回购（Buy-Back）情况下，制造商愿意为零售商提供回购价格 p_b，回购一部分零售商在周期末还未售卖出去的产品，另外一部分则还是由零售商自己以清仓价格 s 贱卖。假设回购部分所占比例为 θ，则清仓贱卖部分所占比例为（1-θ）；另外，众包供应链中，快时尚产品的普及在很大限度上取决于众包设计者的设计水平和参与水平，以激励众包设计者的积极性，设制造商给众包设

计者的单位产品设计报酬 c_{cr} 与零售商订货量 q 有关，即 $c_{cr} = c_{cr}^{ji}(\sum_{j=1}^{n} z_j^i) \simeq \alpha q$，($\alpha > 0$)，其中，$\sum_{j=1}^{n} z_j^i = 1, z_j^i \in \{0,1\}, i = 1,2,\ldots,k$。这意味着众包设计出的快时尚产品销量越多，众包设计者获得的报酬就越大，以此来激励众包设计者参与和创新。故也将这种多重激励契约，称为对众包参与者有激励的回购契约设计（Model with buy-back contract, BBM）。所以，众包供应链的利润表达式可以改写为：

$$\pi_{SC}^{(BB)}(q) = (p - c_m - \alpha q)q - (p-s)(1-\theta)(q-x)^+$$

求得期望利润及方差利润为：

$$E[\pi_{SC}^{(BB)}(q)] = (p - c_m - \alpha q)q - (1-\theta)(p-s)\int_0^q F(x)dx$$

$$V[\pi_{SC}^{(BB)}(q)] = (1-\theta)^2(p-s)^2 \xi(q)$$

计算可得出：

$$q_{SC,E*}^{(BB)} = [p - c_m - b(1-\theta)(p-s)]/[2\alpha + a(1-\theta)(p-s)]$$

$$q_{SC,EV*}^{(BB)} = \arg_q\{V[\pi_{SC}^{(BB)}(q) - C^2/B(r,k)] = 0\}$$

$q_{SC,E*}^{(BB)}$ 是让供应链期望利润最优的订货量值，并且为了方便求解，借助了令需求函数 $F(x) = ax + b$。

由于 $V[\pi_{SC}^{(BB)}(q)]$ 是关于 q 的递增函数，所以，如果 $V[\pi_{SC}^{(BB)}(q_{SC,E*}^{(BB)})] - C^2/B(r,k) > 0$，则有 $q_{SC,EV*}^{(BB)} < q_{SC,E*}^{(BB)}$，我们如下改写 $q_{SC,EV*}^{(BB)}$：$q_{SC,EV*}^{(BB)} = q_{SC,E*}^{(BB)} - \Delta_{SC}^{(BB)}$，其中 $\Delta_{SC}^{(BB)} > 0$。

零售商在回购契约下的利润及其期望和方差为：

$$\pi_R^{(BB)}(q) = (p - p_w)q - (p - p_b)\theta(q-x)^+ - (p-s)(1-\theta)(q-x)^+$$

$$E[\pi_R^{(BB)}(q)] = (p - p_w)q - \theta(p-p_b)\int_0^q F(x)dx - (1-\theta)(p-s)\int_0^q F(x)dx$$

$$V[\pi_R^{(BB)}(q)] = [\theta^2(p-p_b)^2 + (1-\theta)^2(p-s)^2]\xi(q)$$

由前面的剖析，非常容易获得：

$$q_{R,E*}^{(BB)} = (p - p_w)/a[\theta(p-p_b) + (1-\theta)(p-s)] - b/a$$

$$q_{R,EV*}^{(BB)} = \arg_q\{V[\pi_R^{(BB)}(q) - I_r^2/B(r,k)] = 0\}$$

由于 $V[\pi_R^{(BB)}(q)]$ 是关于 q 的递增函数，所以，如果 $V[\pi_R^{(BB)}(q_{R,E*}^{(BB)})] -$

$L^2/B(r,k) > 0$，则有 $q_{R,EV*}^{(BB)} < q_{R,E*}^{(BB)}$，我们如下改写 $q_{R,EV*}^{(BB)} = q_{R,E*}^{(BB)} - \Delta_R^{(BB)}$，其中 $\Delta_R^{(BB)} > 0$。

综上所知，在考虑激励众包设计者的回购契约下，为了实现众包供应链的协调，制造商试图提供合适的批发价格和回购价格，使得零售商的最优订货量与整个众包供应链的最优订货量相等，故得到命题4。

命题10.4 （1）当众包供应链的最优订货量为 $q_{SC,EV*}^{(BB)}$ 时，零售商的最优订货量是 $q_{R,EV*}^{(BB)}$，则制造商提供的单位回购价格只有满足：$p_b = p - (p - p_w)/a\theta\{[p - c_m - b(1-\theta)(p-s)]/[2\alpha + a(1-\theta)(p-s)] - \Delta_{SC}^{(BB)} + \Delta_R^{(BB)} + b/a\} - (1-\theta)(p-s)/\theta$，众包供应链才能实现协调；零售商的最优订货量是 $q_{R,E*}^{(BB)}$，则制造商提供的单位回购价格只有满足：$p_b = p - (p - p_w)/a\theta\{[p - c_m - b(1-\theta)(p-s)]/[2\alpha + a(1-\theta)(p-s)] - \Delta_{SC}^{(BB)} + b/a\} - (1-\theta)(p-s)/\theta$，众包供应链才能实现协调；

（2）当众包供应链的最优订货量为 q_{MOQ} 时，则要想实现供应链的协调，零售商的最优订货量也只能是 q_{MOQ}；

（3）当众包供应链的最优订货量为 $q_{SC,E*}^{(BB)}$ 时，零售商的最优订货量是 $q_{R,EV*}^{(BB)}$，则制造商提供的单位回购价格只有满足：$p_b = p - (p - p_w)/a\theta\{[p - c_m - b(1-\theta)(p-s)]/[2\alpha + a(1-\theta)(p-s)] + \Delta_R^{(BB)} + b/a\} - (1-\theta)(p-s)/\theta$，众包供应链才实现协调；零售商的最优订货量是 $q_{R,E*}^{(BB)}$，则制造商提供的单位回购价格只有满足：$p_b = p - (p - p_w)/a\theta\{[p - c_m - b(1-\theta)(p-s)]/[2\alpha + a(1-\theta)(p-s)] + b/a\} - (1-\theta)(p-s)/\theta$，众包供应链才能实现协调。

证明：（1）要想实现众包供应链的协调，零售商和供应链的最优订货量必须相等，当零售商的最优订货量是 $q_{R,EV*}^{(BB)}$ 时，则有 $q_{SC,EV*}^{(BB)} = q_{R,EV*}^{(BB)} \Leftrightarrow q_{SC,E*}^{(BB)} - \Delta_{SC}^{(BB)} = q_{R,E*}^{(BB)} - \Delta_R^{(BB)}$，又有

$$q_{SC,E*}^{(BB)} = [p - c_m - b(1-\theta)(p-s)]/[2\alpha + a(1-\theta)(p-s)]$$

$$q_{R,E*}^{(BB)} = (p - p_w)/a[\theta(p - p_b) + (1-\theta)(p-s)] - b/a$$

可得 $p_b = p - (p - p_w)/a\theta\{[p - c_m - b(1-\theta)(p-s)]/[2\alpha + a(1-\theta)(p-s)] - \Delta_{SC}^{(BB)} + \Delta_R^{(BB)} + b/a\} - (1-\theta)(p-s)/\theta$；当零售商的最优订货量是 $q_{R,E*}^{(BB)}$ 时，则有

$$q_{SC,EV*}^{(BB)} = q_{R,E*}^{(BB)} \Leftrightarrow q_{SC,E*}^{(BB)} - \Delta_{SC}^{(BB)} = q_{R,E*}^{(BB)}$$

可得 $p_b = p - (p - p_w)/a\theta\{[p - c_m - b(1-\theta)(p-s)]/[2\alpha + a(1-\theta)$

第 10 章 基于最小批量和多重激励下的众包供应链的订货策略分析

$(p-s)] - \Delta_{SC}^{(BB)} + b/a\} - (1-\theta)(p-s)/\theta$

（2）要想实现众包供应链的协调，零售商和供应链的最优订货量必须相等，当众包供应链的最优订货量是 q_{MOQ} 时，零售商的最优订货量当然也只能是 q_{MOQ}；

（3）要想实现众包供应链的协调，零售商和供应链的最优订货量必须相等，当零售商的最优订货量是 $q_{R,EV^*}^{(BB)}$ 时，则有 $q_{SC,E^*}^{(BB)} = q_{R,EV^*}^{(BB)} \Leftrightarrow q_{SC,E^*}^{(BB)} = q_{R,E^*}^{(BB)} - \Delta_R^{(BB)}$，可得：

$p_b = p - (p-p_w)/a\theta\{[p-c_m-b(1-\theta)(p-s)]/[2\alpha+a(1-\theta)(p-s)] + \Delta_R^{(BB)} + b/a\} - (1-\theta)(p-s)/\theta$；当零售商的最优订货量是 $q_{R,E^*}^{(BB)}$ 时，则有 $q_{SC,E^*}^{(BB)} = q_{R,E^*}^{(BB)}$，可得：

$p_b = p - (p-p_w)/a\theta\{[p-c_m-b(1-\theta)(p-s)]/[2\alpha+a(1-\theta)(p-s)] + b/a\} - (1-\theta)(p-s)/\theta$，得证。

综合上述 MRM 和 BBM 模型的协调条件，见表 10-1。

表 10-1 实现协调的条件

最佳订货量 (q)	无激励众包设计者的批发价格契约 (WP contract with no-incentive)	激励众包设计者的回购契约 (多重激励契约) (BB contract with incentive)
$q_{SC}=q_R=q_{SC,EV^*}=q_{R,EV^*}$	$p_w=p-(p-s)F(\eta-\Delta_{SC}+\Delta_R)$	$p_b=p-(p-p_w)/a\theta(\delta-\Delta_{SC}^{(BB)}+\Delta_R^{(BB)}+b/a)-\gamma$
$q_{SC}=q_R=q_{SC,EV^*}=q_{R,E^*}$	$p_w=p-(p-s)F(\eta-\Delta_{SC})$	$p_b=p-(p-p_w)/a\theta(\delta-\Delta_{SC}^{(BB)}+b/a)-\gamma$
$q_{SC}=q_R=q_{MOQ}$	$q_R=q_{MOQ}$	$q_R=q_{MOQ}$
$q_{SC}=q_R=q_{SC,E^*}=q_{R,E^*}$	- - -	$p_b=p-(p-p_w)/a\theta(\delta+b/a)-\gamma$
$q_{SC}=q_R=q_{SC,E^*}=q_{R,EV^*}$	- - -	$p_b=p-(p-p_w)/a\theta(\delta+\Delta_R^{(BB)}+b/a)-\gamma$

注 $\eta=F^{-1}[(p-c_m-c_{cr})/(p-s)]$，$\delta=[p-c_m-b(1-\theta)(p-s)]/[2\alpha+a(1-\theta)(p-s)]$，$\gamma=(1-\theta)(p-s)/\theta$。

四、算例分析

(一) 模型对比分析

在上述分析基础上，将对上述四种众包供应链订货模型，即基本多周期模型（BM）、资金快速周转价值模型（CM）、最小订货量和风险模型（MRM）和回购模型（BBM），各自零售商、制造商、众包者和供应链的最优利润，以及各自零售商和供应链的最优订货量进行算例分析。为此，假设众包时尚产品的需求函数设为 $F(x) = ax + b$，c_{cr}^{ji} =RAND(.)，利用随机函数生成器生成12个在 [1.5, 2.5] 范围内的众包设计报酬，其他相关的模型参数如表10-2所示。另外，考虑到实际需求量 x 和最优订货量 q 的差异，且不同的实际需求对众包供应链利润的影响，不失一般性，对不同最优订货量下的实际需求赋值见表10-2。

表10-2 模型相关参数值

a	b	p	p_w	s	c_m	r	k	L	C	q_{MOQ}	α	θ	p_b	n
-1/7	2	10	9	3	4	0.1%	4	59	137	8	2/13	7/13	4	12

通过Matlab计算，得出基本多周期模型（BM）和资金快速周转模型（CM）中，零售商和众包供应链的最优订货量分别为13和10；而最小订货量和风险模型（MRM）中，计算求得 $q_{R,EV*} \approx 12$，$q_{SC,EV*} \approx 15$，则有 $q_{MOQ} < q_{R,EV*} < q_{R,E*}$，$q_{MOQ} < q_{SC,E*} < q_{SC,EV*}$，根据命题2，零售商和众包供应链的最优订货量分别为12和10；在回购模型（BBM）中，求得 $q_{R,E*}^{(BB)} = 13$，$q_{SC,E*}^{(BB)} = 3$，$q_{R,EV*}^{(BB)} \approx 35$，$q_{SC,EV*}^{(BB)} \approx 24$，则有 $q_{MOQ} < q_{R,E*}^{(BB)} < q_{R,EV*}^{(BB)}$，$q_{SC,E*}^{(BB)} < q_{MOQ} < q_{SC,EV*}^{(BB)}$，同理，根据命题10.2，零售商和众包供应链的最优订货量分别为13和8。

通过计算分析，四个众包供应链模型策略下零售商、制造商和众包供应链的总利润，以及最优订货量如表10-3和图10-2所示。

第10章 基于最小批量和多重激励下的众包供应链的订货策略分析

表10-3 利润及最优订货量

策略模型	π_{R^*}		π_{SC^*}		q_{R^*}	q_{SC^*}
BM模型	24 | $x=12$	52 | $x=18$	132 | $x=9$	160 | $x=15$	13	10
CM模型	23.94 | $x=12$	51.87 | $x=18$	131.67 | $x=9$	159.6 | $x=15$	13	10
MRM模型	19.95 | $x=11$	47.88 | $x=18$	131.67 | $x=9$	159.6 | $x=15$	12	10
BBM模型	26.07 | $x=12$	51.87 | $x=16$	139.34 | $x=7$	152.23 | $x=11$	13	8

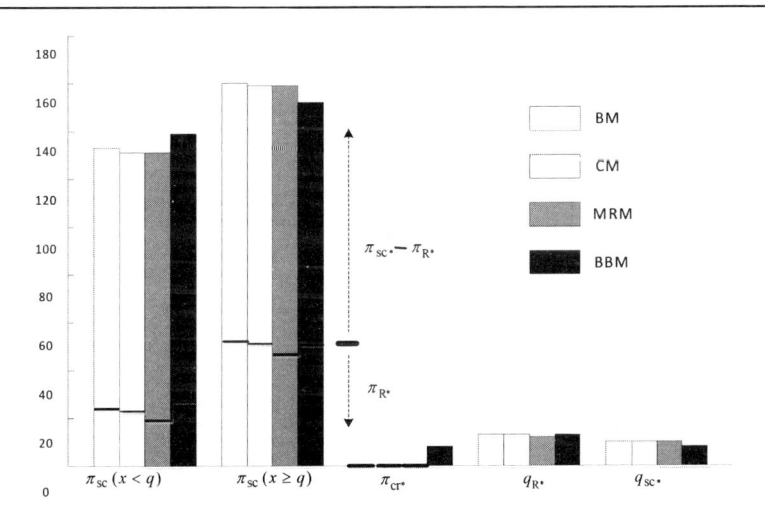

图10-2 利润及最优订货量

从最优订货量来看，四个模型策略中零售商最优订货量比众包供应链的最优订货量都要大，其中MRM模型，零售商和众包供应链的最优订货量之差最小，而在BBM模型中，这种差异最大，零售商的最优订货量为13，而众包供应链的最优订货量为8。产生这种差异的原因，是由于供应链存在着"牛鞭效应"，当分散决策（零售商单独决策）时，其牛鞭效应比集中决策（众包供应链整体决策）时的牛鞭效应更为明显。另外，BBM模型中众包供应链最优订货量最小（8），说明了回购契约设计能较好协调众包供应链各个企业关系，能最大限度减少众包供应链之间库存水平。

从利润水平来看，四个模型策略中，制造商的利润比零售商、众包设计者的利润大,特别是在实际需求量小于最优订货量时,更是这样。随着实际需求大于最优订货量时,则零售商所占利润比重放大,这也说明了最小订货量除了对制造商重要,对零售商也很重要。具体对比 BM 和 CM 模型,考虑资金快速周转价值后,零售商和众包供应链的利润都会较之前减少。对比模型 CM 和 MRM,众包供应链最优订货量不变,利润也不变;模型 MRM 中零售商的最优订货量减小,所以利润也相对模型 CM 减少,说明考虑风险及最小订货量的约束条件后,最优订货量减小,最终导致利润也减少;对比模型 CM 和 BBM,在最优订货量相等的条件下,加入回购契约后,当实际需求小于订货量需回购时,因制造商提供比清仓贱卖价格要高的回购价格回购一部分未售产品,减小了零售商的损失,所以模型 BBM 中零售商的利润增加,当实际需求大于订货量无需回购时,零售商的利润不变;同样地,当需求小于订货量时,模型 BBM 中整个众包供应链的利润增加,反之则相反。因此,加入回购契约对零售商与众包供应链均有利。

(二) 对众包设计者的敏感性分析

为了研究相关因素对众包设计者和供应链利润的影响,将分别对订货量 q、众包参与者激励分配比例 α ($\alpha = c_{cr}/q$,因为 $q \propto \pi_{SC}$,故 $\alpha \propto \pi_{SC}$)、清仓价格 s 和利率 r 进行敏感性分析。分析中以 BBM 模型为基础,后续在对清仓价格 s 和利率 r 进行敏感性分析时,将辅以 MRM 模型进行对比分析。

1. 订货量 q 对众包参与者和供应链利润的影响

从图 10-3 可以看出,一方面,众包设计者的利润会随着订货量 q 的增加而增加,零售商订购产品数量越多,众包设计者就会相应获得越多的报酬;另一方面,众包供应链利润是随 q 的增加先增加后减少,因为当零售商订货量 q 较小时,产品处于供不应求状态,利润自然会随着 q 的增加而增加,当 q 达到极值 9 时,利润处于最高点,过了极值点之后,产品处于供过于求的阶段,产品会有剩余,得低价贱卖,利润开始随着 q 的增加而减少。最重要的是,在图中可以看出众包设计者与众包供应链相交于 23,说明订货量为 23 时,众包设计者将独占众包供应链整个利润的极端情况,这也说明了对激励众包设计者的策略,不能完全通过与订货量线性函数关系来激

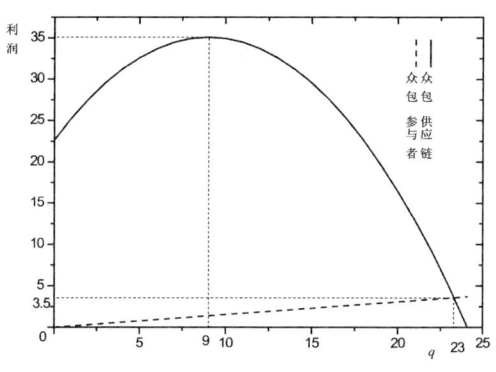

励,而应通过订货量区间分段激励方式,可以规避该风险。

图 10-3　订货量影响

2. 激励分配比例 α 对众包设计者和供应链利润的影响

从图 10-4 可以看出,众包设计者的利润与 α 成正比,其利润会随着 α 增加而增加;激励分配比例 α 增加,众包供应链的设计成本也增加,所以其利润会随 α 的增加而减小,两条线在 0.62 处相交,说明当 α 理论最大值为 0.62,而实际上激励分配比例应远小于 0.62。更重要的是,从图中可以看出,实线比虚线更为陡峭,说明激励分配比例 α 对众包供应链利润的影响远大于对众包参与者激励的影响,因此,一定程度上说明了应慎重选择 α 值,同时,也意味着对众包参与者的激励,除了将销售量作为激励分配基数外,众包供应链总利润作为基数也不失为一种选择。

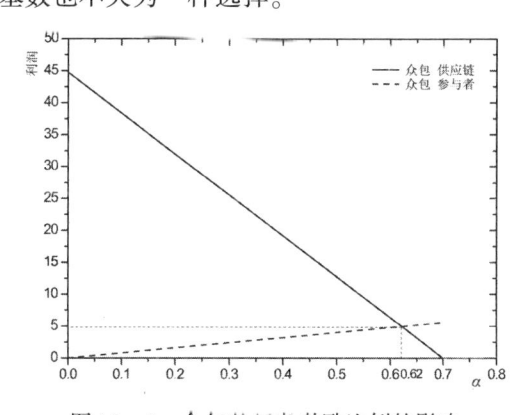

图 10-4　众包参与者激励比例的影响

3. 清仓价格 s 对众包供应链模型（MRM & BBM）总利润的影响

从图 10-5 可发现，两个众包供应链（MRM & BBM）总利润与清仓价格均成正比，即随着清仓价格 s 的升高而增加，清仓价格越高，则贱卖的那部分产品损失就会越小，众包供应链的总利润就相应增加。同样地，模型 BBM 所在的直线位于模型 MRM 直线所在的上方，且 BBM 所在的直线更为陡峭，说明了模型 BBM 利润始终比模型 MRM 大，也说明了回购契约在众包供应链中的协调价值和作用，同时，也表明在清仓价格 s 的影响下，BBM 模型比 MRM 的稳定性更好。

4. 利率 r 对众包供应链模型（MRM & BBM）总利润的影响

从图 10-6 可以发现，两个众包供应链（MRM & BBM）总利润与利率都成正比，即随着利率的升高而利润增加，这说明了考虑资金成本后，众包供应链对成本的控制得到加强，收益增加幅度大于成本增加。同时，从图中可看出两者都增长得比较平缓，说明利率对众包供应链总利润的影响不如其他变量的影响大。

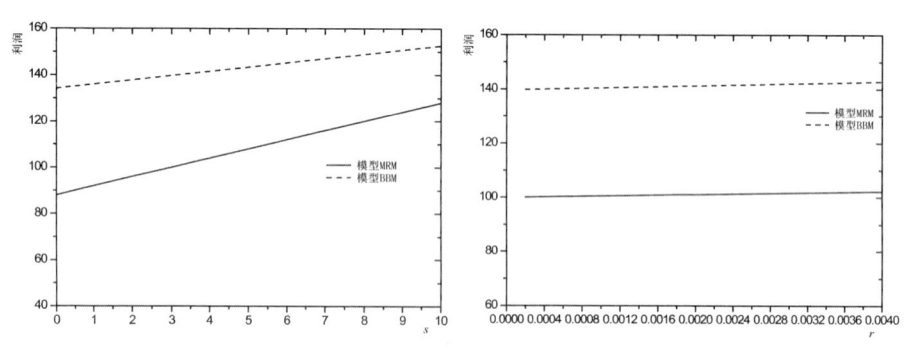

图 10-5　清仓价格的影响　　　　图 10-6　资金利率的影响

综上，随着互联网的发展以及客户对个性化的要求越来越高，越来越多的企业采取了众包模式。本章首先建立了在多周期下零售商和众包供应链的基本订货模型；在此基础上，考虑到互联网下众包平台具有快速设计、多频交付的特征，引入资金快速周转价值因子，将多周期模型扩展到快速周转价值模型；考虑到众包供应链制造商的生产规模和零售商风险规避的影响，构建了互联网下基于最小生产批量和风险的众包供应链订货模型策略；对模型进行了对比分析，得出各个模型的最优订货量以及实施条件；通过多重激励设计，即通过回购和订货量对众包设计者激励的契约设计，使得众包供应链达到最优；最后，通过算例和敏感性分析，进一步证实了该策略的可行性，为众包企业基于供应链的决策分析提供了可行方案，也为实际情况中众包供应链企业的生产和订货以及激励众包设计者参与众包设计提供了智力支持和相关理论依据。

第11章
基于On-Line/Off-Line混合定制的众包供应链设计与生产决策分析

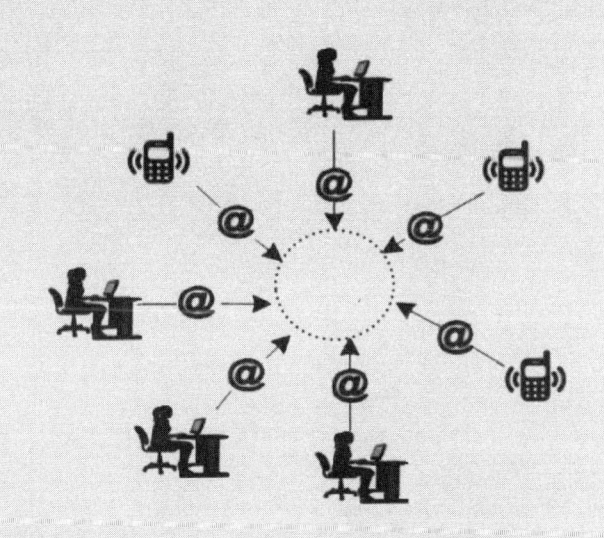

随着产品的复杂化、需求多样化和个性化的发展，企业生产模式由原来的备货生产转向按订单生产，最后到顾客更深层次参与的按订单定制设计生产（ETO），以获得差异化优势，提升企业竞争力。特别是以"互联网+"为背景的众包平台（Crowdsourcing Platform）出现，为基于ETO生产模式企业的研发和设计创新活动，从内部挖潜转向外部拓展开辟了新途径，彰显出巨大商业价值。考虑到在企业按订单定制设计中，可能存在线下自行设计能力不足或有限，需要借助外部设计力量，如将众包平台的线上定制设计环节纳入线下自行设计体系中，并配合供应链下游生产企业按订单生产，以满足订单生产时效需求。但目前众包供应链线上线下混合定制设计的研究极少，本章节将对此进行详细分析。

第 11 章 基于 On – Line/Off – Line 混合定制的众包供应链设计与生产决策分析

一、问题假设及描述

假设有一面向市场需求定制设计的供应链,该供应链由一个设计公司(线下)、一零部件供应商、一生产制造商和客户组成。整个供应链系统是基于按订单定制设计来进行驱动运作的,即供应链根据终端客户要求,进行定制化设计、采购和个性化生产来完成。在这个过程中,供应链企业面对客户定制要求,按线下自行定制设计来进行。而是否接受定制化设计订单,主要根据订单的利润水平和生产能力大小来衡量。若是既能盈利又满足生产能力的要求,便接受订单;若是盈利但不满足生产能力要求,则看能否通过加班来增加产能,来接受订单;若是既不能盈利,也不满足生产能力(常规生产时间和加班生产时间)的要求,则会拒绝订单。

相关符号及含义如表 11 - 1 所示。

表 11 - 1 符号及其含义

符号	含义	符号	含义
i	表示订单 i ($i = 1, \cdots, I$)	s	表示众包设计者 s ($s = 1, \cdots, S$)
r	表示资源 r ($r = 1, \cdots, R$)	m	表示零部件 m ($m = 1, \cdots, M$)
t	表示周期 t ($t = 1, \cdots, T$)		

参数:

cd_i:表示订单 i 在供应链线下自行定制设计成本;

cm_{im}:表示订单 i 对所需零部件 m 的购买成本;

cpr_{irt}:表示订单 i 通过供应链线下自行定制设计所需资源 r 在周期 t 内常规时间的生产成本;

cpo_{irt}:表示订单 i 通过供应链线下自行定制设计所需资源 r 在周期 t 内加

班时间的生产成本；

cl_i：表示订单 i 延期交付的单位时间惩罚成本；

CAR_{rt}：表示周期 t 内资源 r 在常规时间的最大生产能力（通常指机器运行时间）；

CAO_{rt}：表示周期 t 内资源 r 在加班时间的最大生产能力（通常指机器运行时间）；

α_{rt}：表示在周期 t 内为未来接受订单而预留的资源 r 的百分比；

iwp_r：表示之前余留下来未处理订单所需资源 r 的总负荷；

iw_{irt}：表示在周期 t 内加工订单 i 所需资源 r 的总负荷；

ow_{irt}：表示为了保证订单 i 按时完成，在周期 t 内所需资源 r 的总负荷；

p_i：表示订单 i 的接受概率；

$OT(i)$：表示必须按时生产的所有订单 i 的集合；

dd_i：表示订单 i 的截止交付日期；

M：表示一个很大的常数。

决策变量：Y_{irt}：表示在周期 t 内通过供应链线下自行定制设计的订单 i 所需资源 r 的数量，包括常规时间和加班时间；

O_{irt}：表示在周期 t 内加班时间分配给通过供应链线下自行定制设计的订单 i 所需资源 r 的数量；

LT_i：表示订单 i 的延迟交付时间；

FT_i：表示订单 i 在最后一个工序上的完成时间；

$$X_{it} = \begin{cases} 1 & Y_{irt} > 0, \\ 0 & 其他 \end{cases}$$

二、基于 Off-Line 定制的众包供应链建立

由以上分析可得，供应链线下自行定制设计与生产模型的目标函数如下：

第11章 基于 On-Line/Off-Line 混合定制的众包供应链设计与生产决策分析

$$MinC = \sum_{i=1}^{I} cd_i + \sum_{i=1}^{I}\sum_{m=1}^{M} cm_{im} + \sum_{i=1}^{I}\sum_{r=1}^{R}\sum_{t=1}^{T}\left[cpr_{irt}(Y_{irt} - O_{irt}) + cpo_{irt} \cdot O_{irt}\right] +$$
$$\sum_{i \notin OT(i)} cl_i \cdot LT_i \tag{11.1}$$

s.t.：

$$\sum_{i=1}^{n}(Y_{irt} - O_{irt}) \leq CAR_{rt}(1 - \alpha_{rt}) \quad \forall r,t \tag{11.2}$$

$$\sum_{i=1}^{n} O_{irt} \leq CAO_{rt} \quad \forall r,t \tag{11.3}$$

$$iwp_r + \sum_{i=1}^{I}\sum_{t=1}^{T} iw_{irt} \cdot p_i \geq \sum_{i=1}^{I}\sum_{t=1}^{T} Y_{irt} \quad \forall r \tag{11.4}$$

$$\sum_{i \in OT(i)}\sum_{k=1}^{t} ow_{irk} \cdot p_i = \sum_{i \in OT(l)}\sum_{k=1}^{t} Y_{irk} \quad \forall r,t \tag{11.5}$$

$$\sum_{k=1}^{t} iw_{irk} \cdot p_i \leq \sum_{k=1}^{t} Y_{irk} \quad \forall r, i \in OT(i), t \in (1,\ldots,dd_i) \tag{11.6}$$

$$Y_{irt} \leq M \cdot X_{it} \quad \forall t, i \notin OT(i) \tag{11.7}$$

$$-FT_i + t \leq M(1 - X_{it}) \quad \forall t, i \notin OT(i) \tag{11.8}$$

$$LT_i \geq (FT_i - dd_i) \quad \forall i \notin OT(i) \tag{11.9}$$

$$LT_i \leq (T - dd_i) \quad \forall i \notin OT(i) \tag{11.10}$$

$$\sum_{k=1}^{t} ow_{irk} \cdot p_i = \sum_{k=1}^{t+(T-dd_i)} Y_{irk} \quad \forall r, i \notin OT(i), t \in (1,\ldots,dd_i) \tag{11.11}$$

$$Y_{irt}, O_{irt} \geq 0 \quad \forall i,r,t \tag{11.12}$$

$$LT_i, FT_i > 0 \quad i \notin OT(i) \tag{11.13}$$

目标函数（11.1）是使供应链线下自行定制设计的供应链总成本最小，该总成本包括五个部分：供应链线下自行定制设计成本、零部件采购成本、常规时间和加班时间的生产成本及延期交付惩罚成本。

约束条件（11.2）是在常规时间对最大生产能力的限制；约束条件（11.3）是在加班时间对最大生产能力的限制；约束条件（11.4）保证所有接受订单的总负荷将被满足，为了在周期 T 内满足所有订单，实际使用资源 r 的总负荷须等于或小于系统总负荷，这个约束只是对生产能力的一个初始检验，并没有保证订单将会满足交货时间。

约束条件（11.5）保证订单可在订单计划完成时间之前完成，即表示分配给订单的生产时间与所需要的时间相等。尽管约束条件（11.5）增加了按时完成订单的可能性，但是，只是保证订单完成时间是基于时间段 t 来计划的，因此，订单完成时间可能发生在时间段 t 的开端或结尾或其中任何时间。为了使订单是在一个确切的时间点完成而设置了约束条件（11.6），约束条件（11.6）强调在周期1到周期 t 中，每个需要按时完成的订单所需要的生产时间（即不等式的左边）必须在周期1到它的截止日期之间被提供，这样订单才可以按时生产完成。

约束条件（11.7）到（11.11）是针对延迟交付订单。约束条件（11.7）说明，在 Y_{it} 为正时，X_{it} 的值为1；约束条件（11.8）的右边为0，从而 FT_i 确定下限；约束条件（11.9）确定延迟时间 LT_i 的下限；约束条件（11.10）保证延迟交付订单的时间不要超过计划周期，即确定 LT_i 的上限；约束条件（11.11）与约束条件（4.5）类似，保证延迟交付订单可以延迟至（$T-dd_i$），即延迟时间 LT_i 的上限；约束条件（11.12）和（11.13）定义有关非负变量。

三、基于 On‑Line/Off‑Line 混合定制的众包供应链

供应链线下自行定制设计中，如果在设计时间和设计能力上可以满足订单时，会先选择由线下自行设计团队来进行订单设计，当订单数量达到一定程度后，自身设计团队无暇顾及所有订单，但又不想直接放弃订单，可通过线上基于互联网的众包方式，来快速设计定制产品。以应对市场终端客户快速多变的需求。所以，众包线上线下混合定制设计生产模型（图11-1），除了涉及线下定制设计成本 cd_i，还涉及线上众包定制设计成本，即众包设计成本 cr_{is}，其中 $cr_{is} < cd_i$。众包设计成本是供应链制造商支付给众包设计者的报

第11章 基于 On-Line/Off-Line 混合定制的众包供应链设计与生产决策分析

酬。假设线上众包设计平台中包含有 s 个众包设计者,终端客户提出的每一个定制订单,由 s 个众包设计者按竞争性众包(Selective Crowdsourcing)独立参与,但最终只有一个众包设计者的方案被选中,并获得报酬 cr_{is},另外,考虑通过线上众包定制设计的产品,其工艺和设计与生产制造环节磨合时间较短,故在供应链生产制造环节的生产成本比线下自行定制设计的大,即 $cprc_{irt} > cpr_{irt}$,$cpoc_{irt} > cpo_{irt}$。

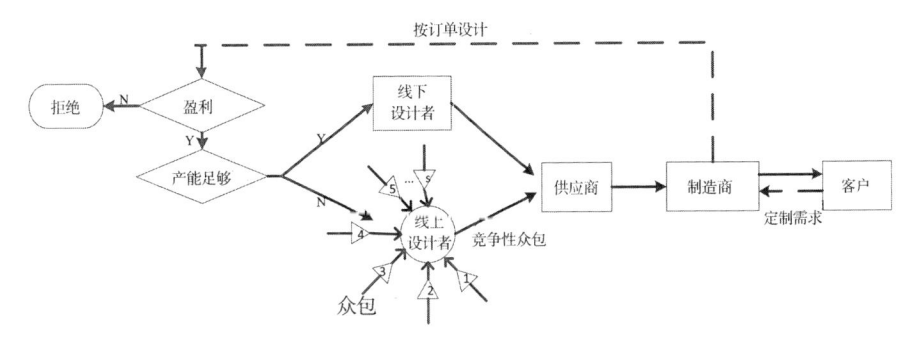

图 11-1 众包线上线下混合定制设计生产结构图

另外,在众包线上线下混合定制设计生产模型中,还涉及其他相关参数和变量。其中,设 $S(i)$ 表示线上定制设计订单 i 的所有众包设计者集合,$s \in S(i)$;$cprc_{irt}$ 表示订单 i 通过众包平台线上定制设计所需资源 r 在周期 t 内于常规时间的生产成本;$cpoc_{irt}$ 表示订单 i 通过众包平台线上定制设计所需资源 r 在周期 t 内于加班时间的生产成本;三个决策变量中,决策变量 YC_{irt} 表示在周期 t 内通过线上众包平台定制设计订单 i 所需资源 r 的数量,包括常规时间和加班时间;决策变量 OC_{irt} 表示在周期 t 内加班时间中分配给线上定制设计订单 i 所需资源 r 的数量;决策变量 z_{is} 表示一个 0-1 决策变量,当通过线上众包平台定制设计订单 i 时取 1,当通过供应链线下自行定制设计订单 i 时取 0。

由以上分析可得,众包线上线下混合定制设计与生产模型的目标函数如下:

$$MinC = \sum_{i=1}^{I} \left[cr_{is} \cdot \left(\sum_{s=1}^{S} z_{is} \right) \right] + \sum_{i=1}^{I} \left[cd_i \left(1 - \sum_{s=1}^{S} z_{is} \right) \right] + \sum_{i=1}^{n} \sum_{m=1}^{M} cm_{im} +$$

$$\sum_{i=1}^{I}\sum_{r=1}^{R}\sum_{t=1}^{T}[cprc_{irt}(YC_{irt}-OC_{irt})+cpoc_{irt}\cdot OC_{irt}]\cdot(\sum_{s=1}^{S}z_{is})+$$
$$\sum_{i=1}^{I}\sum_{r=1}^{R}\sum_{t=1}^{T}[cpr_{irt}(Y_{irt}-O_{irt})+cpo_{irt}\cdot O_{irt}](1-\sum_{s=1}^{S}z_{is})+\sum_{i\notin OT(i)}cl_{i}\cdot LT_{i}$$
(11.14)

$s.t.$：式（11.4）~式（11.13）

$$\sum_{s=1}^{S}z_{is}=1 \quad \forall i,i=1,2,\ldots,I \tag{11.15}$$

$$\sum_{i=1}^{I}\sum_{s=1}^{S}z_{is}=I \tag{11.16}$$

$$\sum_{i=1}^{I}(YC_{irt}-OC_{irt})\sum_{s=1}^{S}z_{is}+\sum_{i=1}^{I}(Y_{irt}-O_{irt})\cdot(1-\sum_{s=1}^{S}z_{is})\leqslant CAR_{rt}(1-\alpha_{rt})$$
$\forall r,t$ (11.17)

$$\sum_{i=1}^{I}OC_{irt}\sum_{s=1}^{S}z_{is}+\sum_{i=1}^{I}O_{irt}\cdot(1-\sum_{s=1}^{S}z_{is})\leqslant CAO_{rt} \quad \forall r,t \tag{11.18}$$

目标函数（11.14）表示线上线下混合定制设计的供应链总成本最小，该总成本包括六个部分：线上众包平台定制设计成本、供应链线下自行定制设计成本、零部件采购成本、线上众包设计订单在常规时间和加班时间的生产成本、供应链线下自行定制设计订单在常规时间和加班时间的生产成本及延期交付惩罚成本。

约束条件（11.15）表示对于每个订单i通过竞价方式，s个众包设计者中只有一个众包设计者中标；约束条件（11.16）表示每个订单i，均只接受唯一一个最佳众包设计产品；约束条件（11.17）表示常规时间最大生产能力的限制；约束条件（11.18）是在加班时间最大生产能力的限制。

四、模型求解算法

上述两个模型是一个多变量的混合非线性规划问题,鉴于粒子群算法(PSO)可对此类问题求解,其有收敛快、精度高等优势,故采用这种方法来求解模型近似最优解。

粒子群算法最初是由鸟类觅食活动产生的进化计算方法,假设下面的场景:一群鸟随意地寻找食物,而在搜寻一系列食物时,所有的鸟都不知道食物放在什么地方,研究人员发现飞行中的鸟经常改变方向、分散和聚集。他们的行为是不可预测的,但他们的整体一致性是不一样的。个人和个人之间的最佳距离也保持不变。Kennedy 等人觉得鸟群会相互交流讯息,经过估量自己的适应度值,以便它们能够了解离食物的位置有多远。寻找食物最佳的方法是在最近的鸟附近搜索。

在 PSO 中,视个体为"粒子",也表示约束条件下解区域中的一个可行解。它按照自身的飞行经验和搭档的飞行距离来调整自身的行动,每个粒子在行动进程中所经历过的最佳位置,就是找到的最佳解。整个群体所经历的最佳位置是整个群体现在发现的最优解,前者称为个体极值,后者称为全局极值。实际操作中,通过目标函数的适应度值来评价粒子的"优劣"水平。每一个粒子都由上述两个极端值不断更新,以调整下一次飞行的方向和距离,从而产生新一代群体。

由于本节的决策变量为 $Y_{irt}, O_{irt}, LT_i, FT_i, z_{is}, X_{it}$,它们的变化会最终影响目标函数值的变化,因此,本节应用的 PSO 的数学描述如下:设存在一个 6 维的目标搜寻空间,这 6 个维度分别为决策变量 $Y_{irt}, O_{irt}, LT_i, FT_i, z_{is}, X_{it}$。每个粒子都看成是空间内的一个点,即待优化问题的解。粒子的总体大小为 N,则第 i ($i=1, 2, \ldots, N$) 个粒子的位置可以表示为 $x_i = (x_{i1}, x_{i2}, x_{i3}, x_{i4}, x_{i5}, x_{i6})^T$,即对应的 6 维空间中的一个点的位置向量，相应的速度向量为 $v_i = (v_{i1}, v_{i2}, v_{i3}, v_{i4}, v_{i5}, v_{i6})^T$，即位置坐标每个维度变量变化的趋势。当粒子 i 搜索解空间时，保持搜索的最佳经验位置 $p_i = (p_{i1}, p_{i2}, p_{i3}, p_{i4}, p_{i5}, p_{i6})^T$，即粒子搜索的所有点的最大适应度函数值的位置。在每次迭代的开始，粒子都是基于它们自己的惯性和经验，及群体最优经过位置 $p_g = (p_{g1}, p_{g2}, p_{g3}, p_{g4}, p_{g5}, p_{g6})^T$（即全部粒子搜寻过的所有点中适应度函数最大值的位置）来调整自己的速度向量以调整自身位置。依照跟随目前最优粒子的原理，按照以下公式更新粒子自身的行动。

$$x_{ij}(t+1) = x_{ij}(t) + \lambda \cdot v_{ij}(t+1), \quad v_{ij}(t+1) = \omega \cdot v_{ij}(t) + c_1\xi(p_{ij}(t) - x_{ij}(t)) + c_2\eta(p_{gj}(t) - x_{ij}(t))$$

其中，$j = 1, 2, \cdots, 6$，$i = 1, 2, \cdots, N$，t 为当前迭代次数，λ 为速度的约束因子，ω 是惯性权重因子，c_1 为粒子跟踪自己历史最优值的权重系数，c_2 为粒子跟踪群体最优值的权重系数，ξ, η 是均匀分布在 [0, 1] 内的随机数。此外，每一维度位置坐标 x_{ij} 的粒子范围为 [$x_{\min}, x_{\max}$]，由每维度相应变量的约束条件所得，每一维度的范围不同，因此，每个维度的粒子的速度 v_{ij} 受到最大速度 $v_{\max}$ 和最小速度 $v_{\min}$ 的限制，当它超过 $v_{\max}$ 或小于 $v_{\min}$ 时，它将被限制为 $v_{\max}$ 或 $v_{\min}$，本模型粒子群优化算法的适应度函数为目标函数 $f(x_i) = MinC$，粒子群优化算法的流程如下：

步骤1：输入原始数据，包括模型的参数（cr_i，cd_i 等 22 个）、粒子群规模 N、速度的约束因子 λ、权重 ω、加速系数 c_1 和 c_2、最大迭代次数 $\max(t)$；

步骤2：随机初始化粒子群体的位置 x_{ij} 和速度 v_{ij}，在约束条件下的粒子范围内随机产生，同时，通过目标函数 $MinC = f(x_i)$ 计算比较得出相应的个体极值 p_i，并将每一个粒子的个体极值 p_i 坐标设置为目前的位置坐标，从众多个体极值 p_i 中选出最佳的作为全体极值 p_g，并将全体极值 p_g 坐标设置为该粒子目前的位置坐标；

步骤3：按照上述速度位置更新公式改变粒子的速度 v_i 和位置 x_i，迭代后计算每个粒子的适应值；

步骤4：每个粒子，它的适应值与个体极值 p_i 比较。如果它更好，它将更新当前的个体极值 p_i，否则将保持现有的个体极值 p_i 不变；

步骤5：每个粒子，它的适应值与全体极值 p_g 比较。如果是更好的，它将更新当前的全体极值 p_g，否则将保持现有的全体极值 p_g 不变；

步骤6：判断是否达到终止条件，若达到则停止计算，输出最优解，否则返回步骤3，其中，终止条件是预先设定一个最大的迭代次数，或者当迭代过程中可行解的自适应值不再明显变化时，算法终止。

五、算例分析

为了仿真和分析模型，利用 MATLAB R2014a 软件，在 Intel（R）Core（TM）i3 – 550 @ 3.20GHz CPU，4.00GB 内存电脑上运行计算。在每个参数的设置中，粒子的大小为 $N=200$，速度约束因子 $\lambda=1$，惯性权重 $\omega=1$。c_1，$c_2=2$。ξ,η 是在 [0，1] 之间随机产生，$v_{max}=k\cdot x_{max}, v_{min}=k\cdot x_{min}$，其中 $0.1 \leqslant k \leqslant 1$，最大的迭代数 $\max(t)=700$。基于众包线上线下混合定制设计的供应链中，线上众包平台存在4个众包设计者，设有3个连续周期，每个周期长为3个月。不失一般性，其他符号及参数赋值见表11–2。

表11–2 各符号及参数赋值情况

符号	赋值	成本相关参数	赋值	时间相关参数	赋值	其他参数	赋值
i	4	cr_i	3	dd_1	2	CAR_{rt}	5
t	3	cd_i	6	dd_2	4	CAO_{rt}	3
r	1	cm_{im}	1	dd_3	8	α_{rt}	0.3
m	2	cpr_{irt}	4	$p_{t1}(t)$	3	iwp_r	4
s	4	cpo_{irt}	4.5	$p_{t2}(t)$	6	iw_{irt}	3
		$cprc_{irt}$	5	$p_{t3}(t)$	9	ow_{irt}	4
		$cpoc_{irt}$	6	T	9	p_i	0.8
		cl_i	1				

另外，按定制设计订单是由线下自行定制设计还是通过线上众包设计，以及订单按及时生产交付（In - time order, IO）和延期生产交付（Tardy order, TO），分为如下八种订单设计生产分布情况，见表 11 – 3。

表 11 – 3 订单设计生产分布分类情况

订单定制设计分布情况		订单生产时间分布情况			
		周期1	周期2	周期3	…
$\begin{Bmatrix} z1\ z2\ z3\ z4 \\ \begin{pmatrix} 1 & 1 & 1 & \otimes \\ 1 & 1 & \otimes & 1 \\ 1 & \otimes & 1 & 1 \\ \otimes & 1 & 1 & 1 \end{pmatrix} \end{Bmatrix}$	$\begin{Bmatrix} z1\ z2\ z3\ z4 \\ \begin{pmatrix} 0 & 0 & 0 & \otimes \\ 0 & 0 & \otimes & 0 \\ 0 & \otimes & 0 & 0 \\ \otimes & 0 & 0 & 0 \end{pmatrix} \end{Bmatrix}$	IO IO IO IO TO TO TO TO	IO IO IO TO IO IO TO TO	IO IO TO IO IO TO IO TO	… … … … … … … …
$\begin{Bmatrix} z1\ z2\ z3\ z4 \\ \begin{pmatrix} 1 & 1 & 0 & \otimes \\ 1 & 0 & 1 & \otimes \\ 0 & 1 & 1 & \otimes \end{pmatrix} \end{Bmatrix}$	$\begin{Bmatrix} z1\ z2\ z3\ z4 \\ \begin{pmatrix} 1 & 1 & 0 & \otimes \\ 1 & 0 & 0 & 1 \\ 0 & 1 & 0 & 1 \end{pmatrix} \end{Bmatrix}$	IO TO IO	TO IO IO	IO IO TO	… … …
$\begin{Bmatrix} z1\ z2\ z3\ z4 \\ \begin{pmatrix} 1 & \otimes & 1 & 0 \\ 1 & \otimes & 0 & 1 \\ 0 & \otimes & 1 & 1 \end{pmatrix} \end{Bmatrix}$	$\begin{Bmatrix} z1\ z2\ z3\ z4 \\ \begin{pmatrix} \otimes & 1 & 1 & 0 \\ \otimes & 1 & 0 & 1 \\ \otimes & 0 & 1 & 1 \end{pmatrix} \end{Bmatrix}$	IO IO TO	IO TO IO	TO IO IO	… … …
$\begin{Bmatrix} z1\ z2\ z3\ z4 \\ \begin{pmatrix} 1 & 0 & 0 & \otimes \\ 0 & 1 & 0 & \otimes \\ 0 & 0 & 1 & \otimes \end{pmatrix} \end{Bmatrix}$	$\begin{Bmatrix} z1\ z2\ z3\ z4 \\ \begin{pmatrix} 1 & 0 & 0 & \otimes \\ 0 & 1 & 0 & \otimes \\ 0 & 0 & 1 & \otimes \end{pmatrix} \end{Bmatrix}$	TO IO IO	IO TO IO	IO IO TO	… … …
$\begin{Bmatrix} z1\ z2\ z3\ z4 \\ \begin{pmatrix} 1 & \otimes & 0 & 0 \\ 0 & \otimes & 1 & 0 \\ 0 & \otimes & 0 & 1 \end{pmatrix} \end{Bmatrix}$	$\begin{Bmatrix} z1\ z2\ z3\ z4 \\ \begin{pmatrix} \otimes & 1 & 0 & 0 \\ \otimes & 0 & 1 & 0 \\ \otimes & 0 & 0 & 1 \end{pmatrix} \end{Bmatrix}$	TO IO IO	IO TO IO	IO IO TO	… … …

注　$z_{is} = 1$ 表示订单通过众包平台线上定制设计，$z_{is} = 0$ 表示订单通过供应链线下自行定制设计，$z_{is} = \otimes$ 表示订单被拒绝。

（一）计算结果分析

通过 MATLAB 计算得出（图 11 – 2 及表 11 – 3、表 11 – 4），最优解为：3 个订单均由线下自行设计时的第二种订单生产情况（即第 1、2 周期均为及时生产交付订单，第 3 周期为延期生产交付订单的情况）和第四种订单生产情况（第1周期是延期生产交付订单，第2、3周期是及时生产交付订单的情况），它们使供应链总成本最小。其中，在选择的三个订单均由线上众包设计（Ⅰ）时，供应链总成本最小的为第二和第四种订单生产情况（73.3），供应链总成本最大的为第五和第六种订单生产情况（75）；在选择的三个订单中，有两个是由线上众包设计（Ⅱ）时，供应链总成本最小的为第二种订单生产情况（70.85），供应链总成本最大的为第五种订单生产情况（75.6）；在选择的三个订单中，只有一个是由线上众包设计（Ⅲ）时，供应链总成本最小的为第二种订单生产情况（70.65），供应链总成本最大的为第六种订单生产情况（75.4）；在选择的三个订单均由线下自行设计（Ⅳ）时，供应链总成本最小的为第二和第四种订单生产情况（70.45），供应链总成本最大的为第五和第六种订单生产情况（72.3）。

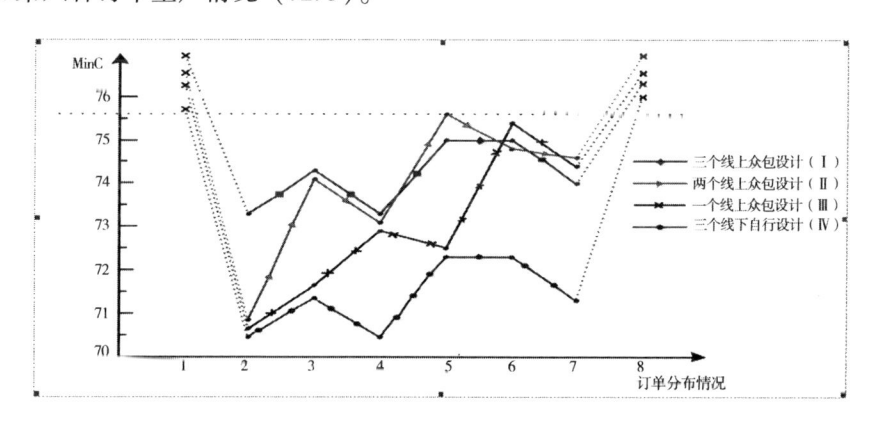

图 11 - 2　模型求解结果

从横向比较看，第二、第三和第四种订单生产中，第三种订单生产的供应链总成本相对较高，它们所对应的延期交付期分别位于第3周期、第2周期和第1周期，但延期生产交付的两个订单安排在第1周期和第3周期（第七种订单生产情况）生产的成本比分布在第1周期和第2周期（第六种订单生产情况）、第2周期和第3周期（第五种订单生产情况）生产的成本均要低，在一定限度上说明延期生产交付订单不宜集中安排在中间周期生产，应尽量安排在期初或期末，以便在期初早作安排或期末相互调整；第五、第六和第七种订单生产情况中,当延期交付生产从一个增加到两个周期时,成本同时增加,说明延期交付生产周期会增加成本,故应尽量及时均衡安排生产,减少延期可能。

从纵向比较看,由图中线Ⅲ、Ⅳ可以看出,当线上众包设计订单数量为1时,不论及时生产交付订单和延期生产交付订单构成比例,其总成本均比没有线上众包设计订单时的总成本要高。可见,当线上众包设计订单较少时,体现不出众包的优势;从Ⅰ、Ⅱ、Ⅲ这三条线的前几种订单分布情况(第二、第三和第四种订单分布情况)可以看出,随着线上众包设计订单的增加,当接受的三个订单中,只包含一个延期生产交付周期时,线上众包设计订单数量越多,成本反而越高,但是从Ⅰ、Ⅱ、Ⅲ这三条线的后几个订单分布情况(第五、第六和第七种订单分布情况)可以发现,情况发生了显著变化:当接受的三个订单中,包含两个延期生产交付订单时,会出现线上众包设计订单数量多的成本,低于线上众包设计订单少的成本,此时就体现出了线上众包设计的优势了,具体结果见表11-4和表11-5。

(二) 模型对比分析

为了对线下自行定制设计生产模型和基于众包的线上线下混合定制设计生产模型做对比分析,分别研究供应链线下自行设计成本 cd_i、供应链线下自行设计订单在常规时间的生产成本 cpr_{irt} 和供应链线下自行设计订单在加班时间的生产成本 cpo_{irt} 对两个模型供应链总成本的影响。

设供应链线下自行设计成本 cd_i 在区间 [1, 10] 内变化,供应链线下自行设计订单在常规时间的生产成本 cpr_{irt} 在区间 [1, 7] 内变化,供应链线下自行设计订单在加班时间的生产成本 cpo_{irt} 在区间 [1, 7] 内变化,并都按照步长1递增。

计算得出上述三个参数分别对两个模型供应链总成本的影响见表11-6。

第11章 基于On-Line/Off-Line混合定制的众包供应链设计与生产决策分析

表11-4 模型求解结果

	t			Y_{111}/ YC_{111}	Y_{212}/ YC_{212}	Y_{313}/ YC_{313}	O_{111}/ OC_{111}	O_{212}/ OC_{212}	O_{313}/ OC_{313}	LT_1	LT_2	LT_3	MinC
	1	2	3										
三个订单线上设计	IO	IO	IO	3.2	3.2	4.8	—	—	1.3	—	—	1	73.3
	IO	IO	TO	3.2	4.8	3.2	—	1.3	—	—	2	—	74.3
	IO	TO	IO	4.8	3.2	3.2	1.3	—	—	1	—	—	73.3
	IO	TO	TO	3.2	$YC_{212}+YC_{313}=8$		—	—	—	—	2	1	75
	TO	IO	TO	$YC_{111}+YC_{212}=8$		3.2	$OC_{111}+OC_{212}=1$		—	1	2	—	75
	TO	TO	IO	$YC_{212}=3.2$ $YC_{111}+YC_{313}=8$			$OC_{111}+OC_{313}=1$			1	—	1	74
	TO	TO	TO	无解									
两个订单线上设计和一个订单线下设计	IO	IO	IO	3.2	3.2	4.8	—	—	1.3	—	—	1	70.85
	IO	IO	TO	3.2	4.8	3.2	—	1.3	—	—	2	—	74.1
	IO	TO	IO	4.8	3.2	3.2	1.3	—	—	1	—	—	73.1
	IO	TO	TO	3.2	4.8	3.2	—	1.3	1	—	2	1	75.6
	TO	IO	TO	$YC_{111}-OC_{212}=1$	3.2	3.2	$OC_{111}=1.3$	—	—	1	2	—	74.8
	TO	TO	IO	4.8	3.2	3.2	1.3	—	1	1	—	1	74.6
	TO	TO	TO	无解									

表11-5 模型求解结果

	t			Y_{111}/YC_{111}	Y_{212}/YC_{212}	Y_{313}/YC_{313}	O_{111}/OC_{111}	O_{212}/OC_{212}	O_{313}/OC_{313}	LT_1	LT_2	LT_3	Min C
	1	2	3										
一个订单线上设计和两个订单线下设计	IO	IO	IO	无解									
	IO	IO	TO	3.2	3.2	4.8	—	—	1.3	—	—	1	70.65
	IO	TO	IO	3.2	4.8	3.2	—	1.3	—	—	2	—	71.65
	TO	IO	IO	4.8	3.2	3.2	1.3	—	—	1	—	—	72.9
	IO	TO	TO	3.2	$Y_{212}+Y_{313}=8$		—	$O_{212}+O_{313}=1$		—	2	1	72.5
	TO	IO	TO	4.8	3.2	3.2	1.3	—	1	1	—	1	75.4
	TO	TO	IO	4.8	3.2	3.2	1.3	1	—	1	2	—	74.4
	TO	TO	TO	无解									
三个订单线下设计	IO	IO	IO	无解									
	IO	IO	TO	3.2	3.2	4.8	—	—	1.3	—	—	1	70.45
	IO	TO	IO	3.2	4.8	3.2	—	1.3	—	—	2	—	71.35
	TO	IO	IO	4.8	3.2	3.2	1.3	—	—	1	—	—	70.45
	IO	TO	TO	3.2	$Y_{212}+Y_{313}=8$		—	$O_{212}+O_{313}=1$		—	2	1	72.3
	TO	IO	TO	$Y_{111}+Y_{212}=8$		3.2	$O_{111}+O_{212}=1$			1	—	1	72.3
	TO	TO	IO	$Y_{111}=3.2$ $Y_{212}=3.2$ $Y_{313}=8$			$O_{111}+O_{313}=1$			1	2	—	71.3
	TO	TO	TO	无解									

注 除 Y_{111}/YC_{111}、Y_{212}/YC_{212}、Y_{313}/YC_{313}、O_{111}/OC_{111}、O_{212}/OC_{212}、O_{313}/OC_{313} 之外,其他 Y_{int}/YC_{int}、O_{int}/OC_{int} 均为 0。

第 11 章 基于 On‑Line/Off‑Line 混合定制的众包供应链设计与生产决策分析

表 11‑6　cd_i、cpr_{irt}、cpo_{irt} 对两个模型供应链总成本的影响

	1	2	3	4	5	6	7	8	9	10
$MinC/OFM$ (cd_i)	39.75	41.75	43.75	45.75	47.75	49.75	51.75	53.75	55.75	57.75
$MinC/HOM$ (cd_i)	69.8	70.8	71.8	72.8	73.8	74.8	75.8	76.8	77.8	78.8
$MinC/OFM$ (cpr_{irt})	26.35	34.15	41.95	49.75	57.55	65.35	73.15			
$MinC/HOM$ (cpr_{irt})	65.2	68.4	71.6	74.8	78	81.2	84.4			
$MinC/OFM$ (cpo_{irt})	45.8	46.9	48	49.1	50.2	51.3	52.4			
$MinC/HOM$ (cpo_{irt})	74.8	74.8	74.8	74.8	74.8	74.8	74.8			

由图 11‑3 可知，线下自行定制设计生产模型的供应链总成本与 cd_i、cpr_{irt} 和 cpo_{irt} 均呈正相关关系，即 cd_i、cpr_{irt} 和 cpo_{irt} 越高，供应链总成本越大；而基于众包的线上线下混合定制设计生产模型的供应链总成本与 cd_i 和 cpr_{irt} 呈正相关关系，但 cpo_{irt} 对供应链总成本无根本性影响，但是，这种无影响是在一定条件下产生的，这将在后面敏感性分析中体现出来。

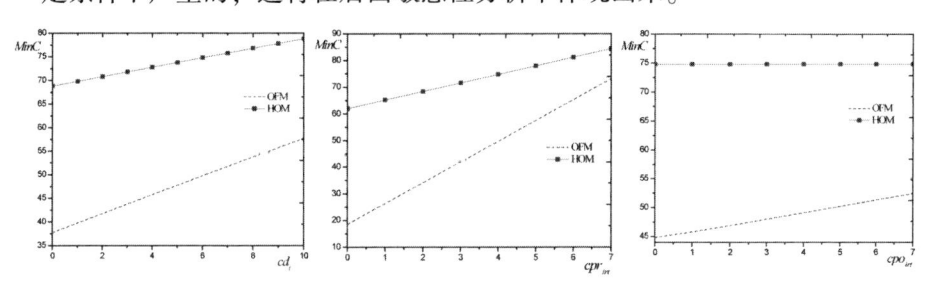

图 11‑3　cd_i，cpr_{irt}，cpo_{irt} 对两个模型供应链总成本的影响

由图还可发现，线下自行定制设计生产模型这条线比线上线下混合定制设计生产模型的更为陡峭，说明 cd_i、cpr_{irt}、cpo_{irt} 对线下自行定制设计生产模型影响，比众包线上线下混合定制设计生产模型的更大，原因是在于众包线上线下混合定制设计生产模型中，还有线上众包设计三个成本，来共同影响供应链总成本，很大程度分摊和稀释对总成本的敏感性，也说明了基于众包线上线下混合定制设计生产具有一定程度的抗风险性。

(三) 敏感性分析

1. 单因素敏感性分析

为进一步分析线上众包设计成本、线上众包设计订单在常规时间的生产成本和在加班时间的生产成本分别对供应链总成本的影响,下面将针对基于众包的线上线下混合定制设计生产模型来进行敏感性分析。

设线上众包设计成本 cr_{is} 在区间 [1,6] 内变化,线上众包设计订单在常规时间的生产成本 $cprc_{irt}$ 在区间 [1,8] 内变化,线上众包设计订单在加班时间的生产成本 $cpoc_{irt}$ 在区间 [1,10] 内变化,并都按照步长 1 递增。

计算得出上述三个参数分别对供应链总成本的影响见表 11-7。

表 11-7 cr_{is}、$cprc_{irt}$、$cpoc_{irt}$ 对供应链总成本的影响

	1	2	3	4	5	6	7	8	9	10
$MinC(cr_{is})$	70.8	72.8	74.8	76.8	78.8	80.8				
$MinC(cprc_{irt})$	46.8	53.8	60.8	67.8	74.8	81.8	88.8	95.8		
$MinC(cpoc_{irt})$	69.8	70.8	71.8	72.8	73.8	74.8	75.8	76.8	77.8	78.8

由图 11-4 可知,供应链总成本与线上众包设计成本 cr_{is}、线上众包设计订单在常规时间的生产成本 $cprc_{irt}$ 和线上众包设计订单在加班时间的生产成本 $cpoc_{irt}$ 均呈正相关关系,即这三个参数增加,供应链总成本均会随之增加。$cpoc_{irt}$ 对供应链总成本的影响这条线最为平缓,说明 $cpoc_{irt}$ 的影响最小,$cprc_{irt}$ 对供应链总成本的影响这条线最为陡峭,说明 $cprc_{irt}$ 的影响最大,cr_i 的影响力居于中间。这从侧面说明了线上众包设计在常规时间生产挤占线下设计常规生产时间,使得生产成本骤升,反而在加班时间生产更为合适,而线上众包设计成本变化不是很敏感(居中),这说明可以适当提高众包报酬以激励众包设计者参与,同时也不会增加更多的总成本,这也说明了基于众包的线上线下混合定制设计的可行性和可操作实用性。

2. 双因素敏感性分析

(1) 线上众包设计成本和线下自行设计成本共同对供应链总成本的影响。设线上众包设计成本 cr_{is} 和线下自行设计成本 cd_i 分别在区间 [3,0] 和 [6,10] 内变化,取 cr_{is} 按照步长 1 递减,cd_i 按照步长 1 递增。计算得出供应链总

第 11 章　基于 On-Line/Off-Line 混合定制的众包供应链设计与生产决策分析

成本如表 11-8 和图 11-5 所示。

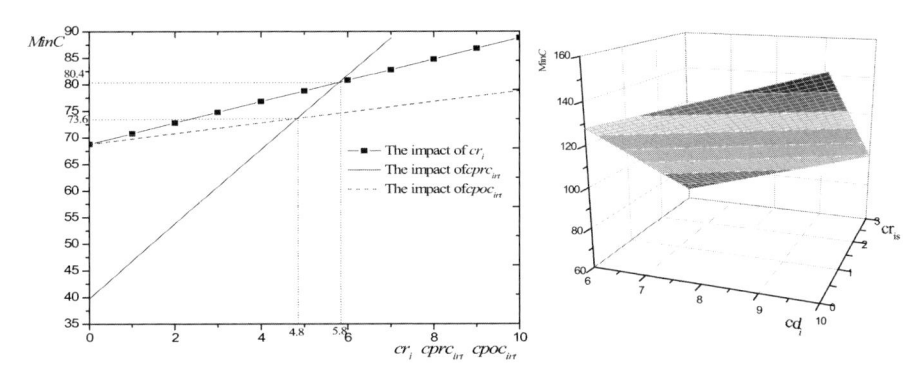

图 11-4　cr_{is}、$cprc_{irt}$、$cpoc_{irt}$ 对供应链总成本的影响　　图 11-5　cr_{is} 和 cd_i 共同对供应链总成本的影响

表 11-8　cr_{is} 和 cd_i 对供应链总成本的影响

cr_{is} cd_i	6	7	8	9	10
3	74.8	75.8	76.8	77.8	78.8
2	72.8	73.8	74.8	75.8	76.8
1	70.8	71.8	72.8	73.8	74.8
0	68.8	69.8	70.8	71.8	72.8

（2）线上众包设计成本和线上众包设计订单在常规时间的生产成本对供应链总成本的影响。设线上众包设计成本 cr_{is} 和线上众包设计订单在常规时间的生产成本 $cprc_{irt}$ 分别在区间 [3,0] 和 [5,9] 内变化，取 cr_{is} 按照步长 1 递减，$cprc_{irt}$ 按照步长 1 递增。计算得出供应链总成本如表 11-9 和图 11-6 所示。

表 11-9　cr_{is} 和 $cprc_{irt}$ 对供应链总成本的影响

cr_{is} $cprc_{irt}$	5	6	7	8	9
3	74.8	81.8	88.8	95.8	102.8
2	72.8	79.8	86.8	93.8	100.8
1	70.8	77.8	84.8	91.8	98.8
0	68.8	75.8	82.8	89.8	96.8

(3) 线上众包设计订单在常规时间的生产成本和加班时间的生产成本对供应链总成本的影响。设线上众包设计订单在常规时间的生产成本 $cprc_{irt}$ 和线上众包设计订单在加班时间的生产成本 $cpoc_{irt}$ 分别在区间 [5，9] 和 [6，0] 内变化，取 $cprc_{irt}$ 按照步长 1 递增，$cpoc_{irt}$ 按照步长 1 递减。计算得出供应链总成本如表 11-10 和图 11-7 所示。

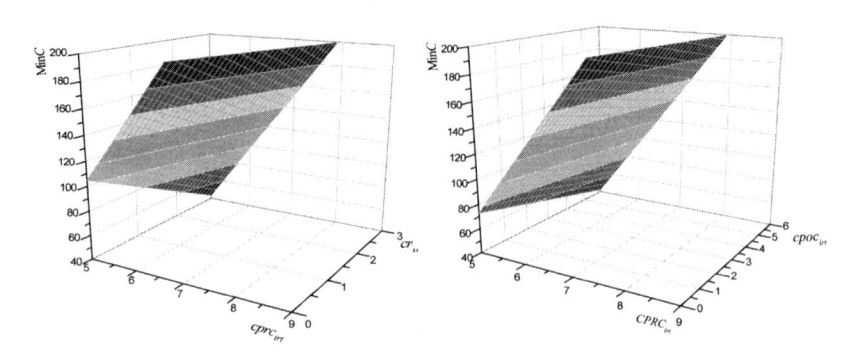

图 11-6 cr_{is} 和 $cprc_{irt}$ 对供应链总成本的影响　　图 11-7 $cprc_{irt}$ 和 $cpoc_{irt}$ 对供应链总成本的影响

表 11-10　$cprc_{irt}$ 和 $cpoc_{irt}$ 对供应链总成本的影响

$cpoc_{irt}$ / $cprc_{irt}$	5	6	7	8	9
6	74.8	81.8	88.8	95.8	102.8
5	73.8	80.8	87.8	94.8	101.8
4	72.8	79.8	86.8	93.8	100.8
3	71.8	78.8	85.8	92.8	99.8
2	70.8	77.8	84.8	91.8	98.8
1	69.8	76.8	83.8	90.8	97.8
0	68.8	75.8	82.8	89.8	96.8

从图 11-5 和图 11-6 对比发现，同样都有线上众包设计成本 cr_{is} 的情况下，线上众包设计订单在常规时间的生产成本 $cprc_{irt}$，比线下自行设计成本 cd_i 对总成本影响要敏感；图 11-6 和图 11-7 对比，同样都有线上众包设计订单在常规时间的生产成本 $cprc_{irt}$，但是，图 11-6 图形截面比图 11-7 的图形截面更为陡峭，说明线上众包设计成本，比线上设计的加班生产成本对总成本更为敏感；而且图 11-7 的截面比图 11-5 的截面也显得更为陡峭，说明控制众包供应链生产环节的线上常规生产时间生产成本，对众包供应链实施

第 11 章　基于 On-Line/Off-Line 混合定制的众包供应链设计与生产决策分析

非常关键。

综上，本章在订单定制设计模式（ETO）的基础上，将定制设计和订单生产两环节相结合，并以交货期为驱动，按常规生产时间和加班生产时间来优化生产流程。在此框架下，建立了线下自行定制设计的供应链生产模型；接着结合互联网众包平台的特点，以及众包线上和线下的互补性，将众包线上定制设计环节有机嵌入融合到线下自行定制设计供应链中，并设计出众包线上定制设计和线下定制设计动态切换的前提条件，以此建立了基于众包的线上线下混合定制设计的供应链生产决策模型，该模型采用粒子群优化算法求解。最后通过实例进行分析，发现定制订单数量不多时，线上线下混合定制设计对成本的降低不是很显著，但随着订单数量越多，线上线下混合定制设计优势将显著变化，并且具有一定程度的抗风险性；通过这个转换点，也分析出不同寻常的规律：定制设计的订单生产最好安排在期初和期末，众包线上定制设计订单应尽可能减少挤占线下自行设计的常规生产时间，而应转向在加班时间生产更为经济；同时，通过增加对众包设计者的设计报酬，发现不仅对整个供应链的成本影响不大，反而对众包设计者形成较大激励作用，进一步证明该模式的可行性和实用性。

第12章
Bayes信息更新下基于众包供应链延迟Online设计生产策略

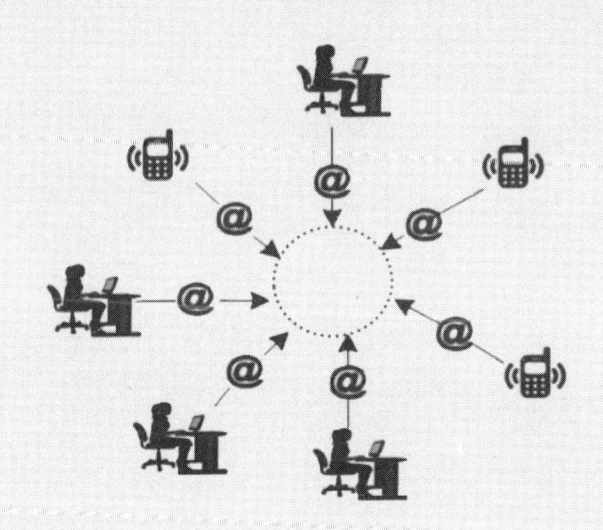

众包供应链（CSC）虽然借助外部设计资源来快速响应顾客个性化定制需求，但作为一种新方法应用到快时尚行业中，也必然面临一些问题，这些问题主要体现在两个方面：一是如何将线上众包环节，有机融合和嫁接到线下传统快时尚供应链中，形成一个整体的决策系统？二是快时尚产品周期很短，意味着信息更新速度快，这些信息频繁更新给定制设计和生产带来较大波动，因此，如何处理信息实时更新，与众包供应链各个环节企业协调运作？因此，本章将对这些问题进行探讨。

第 12 章　Bayes 信息更新下基于众包供应链延迟 Online 设计生产策略

一、问题假设及描述

假设在快时尚众包供应链系统中，存在一个包含众多众包设计者的在线设计平台、一个制造商、一个零售商和终端客户。制造商根据终端市场客户需求信息，将其定制需求发布在众包平台上，线上每个众包设计者根据初始需求信息，进行众包设计，然后制造商根据需求和客户偏好，从众多的众包参与者的设计中竞选出其中 w 个众包设计者设计的产品，并对胜出的 w 个众包设计者支付众包设计报酬，随后对这些产品进行量产，如图 12-1 所示。

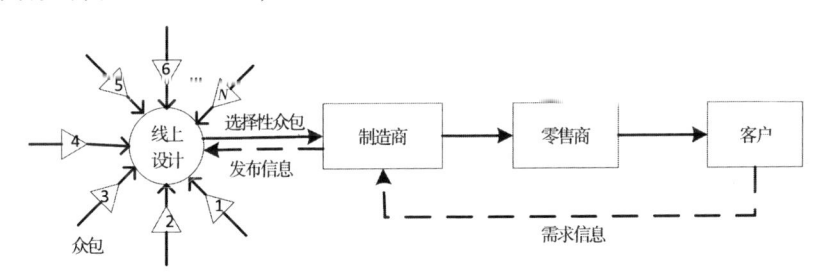

图 12-1　众包供应链结构图

在快时尚供应链中，面对某一情景 k 下的定制设计需求 D_k，其概率密度函数和累积分布函数分别为 $f_k(D_k)$ 和 $F_k(D_k)$，制造商单位生产成本为 c_m，q 为制造商生产的产量，而下游的零售商以价格 r 销售给顾客，同时，零售商对应单位缺货成本 c_o 和单位库存成本 c_h，且 $cr_i(q)$ 表示给予众包设计者 i 的报酬，即众包设计成本，它是一个关于销量 q 的函数，通过市场销量来激励众包设计者，不失一般性 $c_m + cr_i(q) < r$，z_i^k 表示为第 k 种情形下的第 i 个众包设计者，其中 $\sum_{k=1}^{n} z_i^k = w, z_i^k \in \{0,1\}$，表示在第 k 种情形下接受 w 个中标者，并令 $cr_i(q) = \sum_{k=1}^{n} cr_i^k(q) \cdot z_i^k$。

二、基于众包的供应链基本模型

为此,在第 k 种定制设计需求情景下快时尚供应链期望利润 $E(R_k)$ 如下:

$$E(R_k) = r \cdot E(\min\{q, D_k\}) - cr_i(q) - c_m \cdot q - c_h \int_0^q f_k(D_k)(q - D_k) dD_k - c_o \int_q^\infty f_k(D_k)(D_k - q) dD_k = r \cdot E(\min\{q, D_k\}) - cr_i(q) - c_m \cdot q - (c_h + c_o) \int_0^q f_k(D_k)(q - D_k) dD_k - c_o \int_0^\infty f_k(D_k)(D_k - q) dD_k$$

其中 R_k 为第 k 种定制设计需求情景下快时尚供应链利润,第一部分为供应链整个销售收入,第二部分为众包设计者的众包设计成本,第三部分为制造商的生产成本,第四和第五部分分别为零售商的库存和缺货成本。

根据 Cachon(2003)的研究,进一步推导为:

$$E(\min\{q, D_k\}) = q - \int_0^q F_k(D_k) dD_k, \quad \int_0^q f_k(D_k)(q - D_k) dD_k = \int_0^q F_k(D_k) dD_k,$$

$$\int_0^\infty f_k(D_k)(D_k - q) dD_k = \mu_k - q,$$

其中,μ_k 为 D_k 的期望。故上式可以化简为:

$$E(R_k) = (r - c_m - c_o)q - (r + c_h + c_o) \int_0^q F_k(D_k) dD_k - cr_i(q) - c_o \cdot \mu_k \quad (5.1)$$

定理 12.1 $E(R_k)$ 是关于 q 的严格凹函数,并且当满足 $F_k(q) = \dfrac{r - c_m - c_o - \widetilde{cr_i}}{r + c_h + c_o}$ 时,基于众包的快时尚供应链存在唯一最优生产量 q^*,使得快时尚供应链期望利润 $E(R_k)$ 最大。

证明 对 (5.1) 式分别求 q 一阶和二阶偏导数:

$$\frac{\partial E(R_k)}{\partial q} = (r - c_m - c_o) - (r + c_h + c_o) F_k(q) - \frac{\partial cr_i(q)}{\partial q}$$

第 12 章　Bayes 信息更新下基于众包供应链延迟 Online 设计生产策略

$$\frac{\partial^2 E(R_k)}{\partial q^2} = -(r + c_h + c_o)f_k(q) - \frac{\partial^2 cr_i(q)}{\partial q^2}$$

令 $\tilde{cr_i} = \frac{\partial cr_i(q)}{\partial q}$，$\bar{cr_i} = \frac{\partial^2 cr_i(q)}{\partial q^2}$，由于 $-(r + c_h + c_o)f_k(q) - \bar{cr_i} < 0$，所以，$E(R_k)$ 是 q 的严格凹函数。令一阶偏导数等于 0，有 $(r - c_m - c_o) - (r + c_h + c_o)F_k(q) - \tilde{cr_i} = 0$，即 $(r + c_h + c_o)F_k(q) = (r - c_m - c_o) - \tilde{cr_i}$，则满足 $F_k(q) = \frac{r - c_m - c_o - \tilde{cr_i}}{r + c_h + c_o}$ 时，可得到基于众包的快时尚供应链唯一的最优生产量 q^* 使得期望利润 $E(R_k)$ 最大，证毕。

三、信息更新下众包供应链 Online 设计策略

由于竞争压力的增大，快时尚企业要想获得成功，必须充分了解客户的偏好需求。定制需求信息的准确性直接影响决策质量，如果早设计、早生产，虽然能尽快占领市场，但是对市场的需求精准匹配存在差异，而随着时间的推移，可获取更多实时市场需求定制信息，了解更多客户的偏好，则可减小定制需求信息偏差，降低无效设计的可能性。鉴于此，把众包设计按是否收到最新终端信息分为两类策略：一类是只知道初始需求的即时设计（Instant Design，ID），另一类是在即时设计基础上，又重新获得客户精确需求反馈的信息之后再修改设计，即延迟设计（Postpone Design，PD）。一般来说，设计延迟的时间越长，相对应成本就越大，因此，决策过程中就要把握和平衡信息精准度和相应成本的关系。

（一）众包设计者设计决策概率更新

设快时尚市场存在两种可供选择的众包设计需求 u_i 和 v_i，其中 u_i 表示即时设计（Instant Design，ID）的定制化需求，v_i 表示延迟设计（Postpone Design, PD）的定制化需求，设 u_i 和 v_i 都为服从某一分布的随机变量。且延迟设计生产过程中，客户偏好要求的信息是可信的，无论众包设计是即时设计还是延迟设计，制造商都能完成计划产量。p_i 表示第 i 个众包设计者即时设计的概率，则其延迟设计概率为 $1-p_i$，根据每个众包设计者设计策略的上述两种可能性，则 w 个众包设计者一共可以得到 2^w 种可能情景。第 i 个众包设计者选择即时或延迟设计决策时，用 Bernoulli 随机变量表示，其分布函数为 $\Phi(\xi_i|p_i) = p_i^{\xi_i}(1-p_i)^{1-\xi_i}$，$\xi_i \in \{0,1\}$。$D_k$ 表示第 k 种情景下整个市场卷积需求，$k = 1, 2, \cdots, 2^w$，$D_k = \sum_{i=1}^{w}(u_i^{1-\xi_i} + v_i^{\xi_i})$，$\xi_i \in \{0,1\}$，其中 $\xi_i = 1$，表示第 i 个众包设计者选择延迟设计，$\xi_i = 0$，表示该众包设计者选择即时设计。l_k 表示第 k 种情景下市场需求 D_k 出现的概率，$l_k = \prod_{i=1}^{w}\Phi(\xi_i|p_i) = \prod_{i=1}^{w}p_i^{\xi_i}(1-p_i)^{1-\xi_i}$。

考虑到信息更新对众包设计策略选择的影响，此处将讨论对众包设计者设计决策的概率进行贝叶斯（Bayes）更新。在贝叶斯方法中，存在共轭分布。对于给定的样本数据分布，存在先验分布函数，使得后验分布函数和先验分布函数属于一类分布函数族，从而极大地简化贝叶斯分析。因此，根据贝叶斯方法的共轭分布的选择原则，二项分布的共轭先验分布是贝塔分布，p_i 的先验分布密度函数如下：

$$J(p_i; \tau_i, \delta_i) = \frac{\Psi(\tau_i + \delta_i)}{\Psi(\tau_i)\Gamma(\delta_i)} p_i^{\tau_i - 1}(1-p_i)^{\delta_i - 1}$$

τ_i, δ_i 为参数，且 $\tau_i > 0, \delta_i > 0$，则 p_i 的先验期望为 $p_i = \dfrac{\tau_i}{\tau_i + \delta_i}$。

获得选择哪种设计策略的观测信息，从观测信息中获得 ξ_i 的一组独立同分布的观测值 $\{\hat{\xi}_{i1}, \hat{\xi}_{i2}, \ldots, \hat{\xi}_{in}\}$，则利用 Bayes 公式可得 p_i 的后验分布为：

$$J(p_i | \hat{\xi}_{i1}, \hat{\xi}_{i2}, \ldots, \hat{\xi}_{in}) \propto J(p_i; \tau_i, \delta_i) \cdot \Phi(\hat{\xi}_i | p_i) = p_i^{\tau_i + \sum \hat{\xi}_{ij} - 1}(1-p_i)^{\delta_i + n - \sum \hat{\xi}_{ij} - 1}$$

即 p_i 的后验分布 $J(p_i | \hat{\xi}_{i1}, \hat{\xi}_{i2}, \ldots, \hat{\xi}_{in})$ 为服从参数 $\tau_i + \sum \hat{\xi}_{ij}$ 和 $\delta_i + n - $

第12章 Bayes信息更新下基于众包供应链延迟Online设计生产策略

$\sum \hat{\xi}_{ij}$ 的 Beta 分布，则 p_i 的后验期望为 $\bar{p}_i = \dfrac{\tau_i + \sum \hat{\xi}_{ij}}{\tau_i + \delta_i + n}$，因此，$p_i$ 得到更新。

（二）不同众包设计策略下最优生产决策

即时众包设计（Instant Design, ID）时，概率的取值为先验期望 p_i，p_i 实际上带有主观性，制造商根据历史经验或专家建议，主观估计参数 τ_i 和 δ_i，进而得到先验期望。先介绍几个符号：q_1、q_2 分别为即时设计（ID）和延迟设计（Postpone Design, PD）时对应的制造商生产的产量，c_{m1}、c_{m2} 分别为即时设计和延迟设计时对应的制造商的单位生产成本，R_{k1}、R_{k2} 分别为供应链在第 k 种情景下即时设计和延迟设计时的利润，$\pi_1(q_1)$、$\pi_2(q_2)$ 分别为即时设计和延迟设计时对应的众包供应链收益函数。在基本模型的基础上，可得即时设计（ID）时快时尚供应链的收益函数 $\pi_1(q_1)$ 为：

$$\pi_1(q_1) = \sum_{k=1}^{2w} l_k \cdot E(R_{k1}) = \sum_{k=1}^{2w} l_k \cdot \left[(r - c_{m1} - c_o)q_1 - (r + c_h + c_o) \int_0^{q_1} F_k(D_k)\mathrm{d}D_k - cr_i(q) - c_o \cdot \mu_k \right]$$

其中 l_k 来自 p_i 的先验概率密度。

众包设计者若是选择延迟设计，会获得更多精准信息对设计进行调整。利用 Bayes 方法更新对众包设计者选择的初始估计，此时 p_i 取值为其后验期望 $\bar{p}_i$，相应地，上述的 l_k 会变为 $\bar{l}_k$，是来自 p_i 的后验概率密度。延迟设计的情况下，延迟设计时快时尚供应链的收益函数 $\pi_2(q_2)$ 为：

$$\pi_2(q_2) = \sum_{k=1}^{2w} \bar{l}_k \cdot E(R_{k2}) = \sum_{k=1}^{2w} \bar{l}_k \cdot \left[(r - c_{m2} - c_o)q_2 - (r + c_h + c_o) \int_0^{q_2} F_k(D_k)\mathrm{d}D_k - cr_i(q) - c_o \cdot \mu_k - c_d \right]$$

其中，c_d 为供应链的延迟成本。

定理 12.2 $\pi_1(q_1)$ 和 $\pi_2(q_2)$ 分别是关于 q_1 和 q_2 的严格凹函数，并且当分别满足 $\sum_{k=1}^{2w} l_k \cdot F_k(q_1) = \dfrac{r - c_{m1} - c_o - \tilde{cr}_i}{r + c_h + c_o}$ 和 $\sum_{k=1}^{2w} \bar{l}_k \cdot F_k(q_2) = \dfrac{r - c_{m2} - c_o - \tilde{cr}_i}{r + c_h + c_o}$ 时，众包即时设计和延迟设计策略的快时尚供应链生产量存在最优解。

证明 对收益函数分别求 q_1 一阶和二阶偏导数：

$$\frac{\partial \pi_1(q_1)}{\partial q_1} = \sum_{k=1}^{2w} l_k [(r - c_{m1} - c_o) - (r + c_h + c_o) F_k(q_1) - c\tilde{r}_i]$$

$$\frac{\partial^2 \pi_1(q_1)}{\partial q_1^2} = -\sum_{k=1}^{2w} l_k \cdot [(r + c_h + c_o) \cdot f_k(q_1) + \overline{cr_i}]$$

正因为 $-\sum_{k=1}^{2w} l_k \cdot [(r + c_h + c_o) \cdot f_k(q_1) + \overline{cr_i}] < 0$，故 $\pi_1(q_1)$ 是一个严格的凹函数。令一阶偏导数等于 0，有 $\sum_{k=1}^{2w} l_k [(r - c_{m1} - c_o) - (r + c_h + c_o) F_k(q_1) - \tilde{cr}_i] = 0$，即 $(r + c_h + c_o) \sum_{k=1}^{2w} l_k \cdot F_k(q_1) = [(r - c_{m1} - c_o) - \tilde{cr}_i] \cdot \sum_{k=1}^{2w} l_k$，由于 $\sum_{k=1}^{2w} l_k = 1$，则满足 $\sum_{k=1}^{2w} l_k \cdot F_k(q_1) = \frac{r - c_{m1} - c_o - \tilde{cr}_i}{r + c_h + c_o}$ 时，可得到众包即时设计策略下，快时尚供应链生产量存在最优解。同理可证明基于众包延迟设计策略下，快时尚供应链生产量存在最优解，证毕。

四、众包 Online 设计信息更新下的延迟生产策略

快时尚产品在定制时，根据需求信息更新做出即时众包设计和延迟众包设计的策略，也必然引起供应链下游制造商做出相应的响应，以应对众包设计所引起的变化。快时尚制造商为此有两种策略选择：即时生产（Instant Production, IP）和延迟生产（Postpone Production, PP）。当制造商选择即时生产时，会面临库存风险；而选择延迟生产，则可减少缺货可能。而快时尚产品库存与众包设计选择的策略密切相关，即延迟设计由于信息更新的准确性可使库存降低到几乎可以忽略的水平，故结合众包设计和延迟生产，快时尚供应链有如下三种策略：即时设计延迟生产策略（ID&PP）、延迟设计即时生产策略（PD&IP）、延迟设计延迟生产策略（PD&PP）。

另外，设 q_t 为这三种策略（ID&PP，PD&IP，PD&PP）中第 t 种策略的制造商生产的产量，$t = \text{I}$，II，III，c_{mt} 为三种策略中第 t 种策略的制造商的单位生产成本，c_{dt} 为三种策略中第 t 种策略的延迟成本，R_{kt} 为供应链在第 k 种情景下第 t 种策略的利润，$\pi_t(q_t)$ 为三种策略中第 t 种策略对应的快时尚供应链收益函数。

（一）快时尚供应链 ID&PP 策略

此种策略下，快时尚供应链只是生产环节涉及延迟情况，理论上可更多地掌握客户的需求信息后再生产，但由于是即时众包设计，对客户的偏好信息没有完全把握，所以，会导致快时尚众包设计与客户对产品满意度出现偏差而出现余货的情况，即存在库存成本。相应的模型为：

$$E(R_{k\text{I}}) = r \cdot E(\min\{q_\text{I}, D_k\}) - cr_i(q) - c_{m\text{I}} \cdot q_\text{I} - c_h \int_0^{q_\text{I}} f_k(D_k)(q_\text{I} - D_k) \mathrm{d}D_k - c_{d\text{I}} = (r - c_{m\text{I}}) q_\text{I} - (r + c_h) \int_0^{q_\text{I}} F_k(D_k) \mathrm{d}D_k - cr_i(q) - c_{d\text{I}}$$

因此，快时尚供应链的收益函数 $\pi_\text{I}(q_\text{I})$ 为：

$$\pi_\text{I}(q_\text{I}) = \sum_{k=1}^{2w} \bar{l}_k \cdot E(R_{k\text{I}}) = \sum_{k=1}^{2w} \bar{l}_k \left[(r - c_{m\text{I}}) q_\text{I} - (r + c_h) \int_0^{q_\text{I}} F_k(D_k) \mathrm{d}D_k - cr_i(q) - c_{d\text{I}} \right]$$

其中 $\bar{l}_k$ 来自 p_i 的先验概率密度。

（二）快时尚供应链 PD&IP 策略

在此种策略下，快时尚供应链在进行众包设计时，延迟到需求信息更为准确后，才让众包设计者提交创意方案，即众包设计者在更多地了解了客户的偏好后才进行设计，设计的快时尚产品会与客户需求进行精准匹配，但由于是即时生产，即只存在缺货成本而没有库存成本。相应的模型为：

$$E(R_{k\text{II}}) = r \cdot E(\min\{q_\text{II}, D_k\}) - cr_i(q) - c_{m\text{II}} \cdot q_\text{II} - c_o \int_{q_\text{II}}^{\infty} f_k(D_k)(D_k - q_\text{II}) \mathrm{d}D_k - c_{d\text{II}} = (r - c_{m\text{II}} + c_o) q_\text{II} - (r + c_o) \int_0^{q_\text{II}} F_k(D_k) \mathrm{d}D_k - cr_i(q) - c_o \cdot \mu_k - c_{d\text{II}}$$

因此，快时尚供应链的收益函数 $\pi_\text{II}(q_\text{II})$ 为：

$$\pi_\text{II}(q_\text{II}) = \sum_{k=1}^{2w} \bar{l}_k \cdot E(R_{k2}) = \sum_{k=1}^{2w} \bar{l}_k \left[(r - c_{m\text{II}} + c_o) q_\text{II} - (r + c_o) \right.$$

$\int_0^{q_{\text{II}}} F_k(D_k) \mathrm{d}D_k - cr_i(q) - c_o \cdot \mu_k - c_{d\text{II}}]$,其中 $\bar{l}_k$ 来自 p_i 的后验概率密度。

(三) 快时尚供应链 PD&PP 策略

在该策略下,快时尚供应链两个环节众包设计和生产环节均采用延迟策略,在这种定制需求信息掌握比较完全的情况下,定制设计和生产掌握信息较为准确,余货缺货几乎可以忽略不计,即不存在库存成本和缺货成本。相应的模型为:

$$E(R_{k\text{III}}) = r \cdot E(\min\{q_{\text{III}}, D_k\}) - c_{m\text{III}} \cdot q_{\text{III}} - cr_i(q) - c_{d\text{III}}$$
$$= (r - c_{m\text{III}})q_{\text{III}} - r\int_0^{q_{\text{III}}} F_k(D_k)\mathrm{d}D_k - cr_i(q) - c_{d\text{III}}$$

因此,快时尚供应链的收益函数 $\pi_{\text{III}}(q_{\text{III}})$ 为:

$$\pi_{\text{III}}(q_{\text{III}}) = \sum_{k=1}^{2w} \bar{l}_k \cdot E(R_{k\text{III}}) = \sum_{k=1}^{2w} \bar{l}_k \cdot [(r - c_{m\text{III}})q_{\text{III}} - r\int_0^{q_{\text{III}}} F_k(D_k)\mathrm{d}D_k - cr_i(q) - c_{d\text{III}}]$$

$\bar{l}_k$ 来自 p_i 的后验概率密度。

综上所述,在不同设计、生产决策组合下,最优生产量存在及满足的条件见表 12-1。

表 12-1 不同策略组合最优生产量满足条件

设计、生产策略组合类型		最优生产量满足条件
无信息更新	基本模型(BM)	$F_k(q) = \dfrac{r - c_m - c_o - \tilde{cr_i}}{r + c_h + c_o}$
有信息更新 只设计环节涉及延迟	即时设计(ID)	$\sum_{k=1}^{2^*} l_k \cdot F_k(q_1) = \dfrac{r - c_{m1} - c_o - \tilde{cr_i}}{r + c_h + c_o}$
	延迟设计(PD)	$\sum_{k=1}^{2^*} \bar{l}_k \cdot F_k(q_2) = \dfrac{r - c_{m2} - c_o - \tilde{cr_i}}{r + c_h + c_o}$
有信息更新 众包设计、生产环节均涉及延迟	即时设计延迟生产(ID&PP)	$\sum_{k=1}^{2^*} l_k \cdot F_k(q_{\text{I}}) = \dfrac{r - c_{m\text{I}} - \tilde{cr_i}}{r + c_h}$
	延迟设计即时生产(PD&IP)	$\sum_{k=1}^{2^*} \bar{l}_k \cdot F_k(q_{\text{II}}) = \dfrac{r - c_{m\text{II}} + c_o - \tilde{cr_i}}{r + c_o}$
	延迟设计延迟生产(PD&PP)	$\sum_{k=1}^{2^*} \bar{l}_k \cdot F_k(q_{\text{III}}) = \dfrac{r - c_{m\text{III}} - \tilde{cr_i}}{r}$

需要说明的是,众包定制时尚产品在 PD&IP 策略下,因为 $\sum_{k=1}^{2w} \bar{l}_k \cdot F_k(q_{\text{II}}) > 0$,

第 12 章　Bayes 信息更新下基于众包供应链延迟 Online 设计生产策略

则 $\frac{c_{mII} + \tilde{c}r_i}{r + c_o} < 1$，而 $r + c_o > c_{mI} + \tilde{c}r_i$ 比假设 $r > c_{mI} + \tilde{c}r_i$ 约束更强，所以，只要没有众包延迟设计成本大幅度提高和生产产品大幅度降价这种极偏情况存在，PD&IP 策略是有效可行的。

另外，在 PD&PP 策略下，揭示了众包定制快时尚供应链始终有最优解，且不存在任何其他约束条件都成立，因为在实际中，有 $\sum_{k=1}^{2^w} \bar{l}_k \cdot F_k(q_{III}) > 0$，则 $\frac{c_{mIII} + \tilde{c}r_i}{r} < 1$，而快时尚产品零售价格始终是大于生产成本和设计成本的，即 $r > c_{mIII} + \tilde{c}r_i$。当然，在快时尚产品降价销售的情况下，可能出现 $r < c_{mIII} + \tilde{c}r_i$，导致无最优解。

五、不同组合策略的最优分析

（一）策略分析

通过对上述快时尚供应链各个策略的单独分析，可以得出各个策略的最优产量（或订货量），但哪种策略是最优策略呢？为了选择出最优策略方案，下面通过比较各个策略对应的收益函数的大小，通过差值法来探究其中最优策略方案。

在快时尚供应链的众包平台中，设有 10 个众包设计者参与，在一个快时尚周期中有 3 个众包设计者的设计脱颖而出，即 $w = 3$，则存在 $2^3 = 8$ 种卷积需求，$cr_i^k = RAND(\cdot)$，利用随机函数生成器生成 3 个在 [1500, 5500] 范围内的众包设计报酬。参数 τ_i, δ_i 的值分别为：$\tau_1 = 5, \delta_1 = 6, \tau_2 = 2, \delta_2 = 8, \tau_3 = 3, \delta_3 = 7$，并设 ξ_1, ξ_2, ξ_3 的观测值（取 $n = 10$）分别为：{1, 1, 1, 0, 0, 1, 0, 1, 1, 1}，{0, 1, 0, 0, 1, 0, 1, 1, 1, 1}，{0, 1, 0, 0, 0, 0, 0,

0，0，$1\}$，则计算出 p_i 的先验期望值和后验期望值以及卷积需求发生的概率值 l_k 如表12-2所示。

表12-2　p_i 的先验期望值和后验期望值以及卷积需求发生的概率值

	\multicolumn{3}{c}{i}		
	1	2	3
p_i	5/11	1/5	3/10
$\bar{p}_i$	4/7	2/5	1/4

	\multicolumn{8}{c}{k}							
	1	2	3	4	5	6	7	8
l_k	3/110	9/275	36/275	21/275	6/55	7/110	14/55	84/275
$\bar{l}_k$	2/35	3/70	9/140	9/70	3/35	6/35	9/35	27/140

其他参数的取值为：产品零售价 $r=100$，零售商的单位缺货成本 $c_o=25$，单位库存成本 $c_h=5$，为了便于计算，各种决策下的单位生产成本 $c_{m1}=c_{m2}=15$，$c_{mI}=c_{mII}=16$，$c_{mIII}=17$，延迟成本 $c_d=c_{dI}=c_{dII}=c_{dIII}=20$。假设各个众包设计者，无论是即时设计还是延迟设计，其设计产品对应的需求都服从正态分布，见表12-3。

表12-3　需求分布函数

	众包设计者1设计的产品	众包设计者2设计的产品	众包设计者3设计的产品
u_i	$u_1 \sim N(100, 100)$	$u_2 \sim N(150, 120)$	$u_3 \sim N(200, 150)$
v_i	$v_1 \sim N(200, 400)$	$v_2 \sim N(350, 500)$	$v_3 \sim N(500, 650)$

设众包设计成本 $cr_i(q)$ 是关于产量 q 的线性函数，$cr_i(q)=5q+1$，且为了便于计算，不失一般性，也令 $cr_1(q)=cr_2(q)=cr_3(q)$。

使用Matlab软件，代入数值计算获得了以下结果（表12-4、表12-5）：

第12章 Bayes 信息更新下基于众包供应链延迟 Online 设计生产策略

表12-4 不同策略下最优生产量

最优生产量	q_1^*	q_2^*	q_I^*	q_{II}^*	q_{III}^*
数值	583	618	680	750	728

表12-5 不同策略下收益函数差

收益函数差	Δ_1 (PD－ID)	Δ_2 (ID&PP－ID)	Δ_3 (PD&PP－PD)	Δ_4 (PD&PP－PD&IP)	Δ_5 (PD&PP－ID&PP)	Δ_6 (PD&IP－ID&PP)
数值	513	33791	36897	521	3421	2570

由于 $\Delta_1 > 0$，即只有众包设计环节涉及延迟的情况下，延迟设计时的收益函数比即时设计时的收益函数要高。这说明众包设计延迟策略相对于即时设计策略要优，因为延迟设计策略尽可能获取更多市场和需求信息，了解更多客户的偏好和要求，在重新获得客户精确需求反馈信息之后，再对设计进行修订，可以减小需求信息偏差，减少无效设计，虽然可能增加了设计成本，但能降低余货、缺货的可能性，从而提高收益。

由于 $\Delta_2 > 0$，即众包设计环节都是即时设计，生产环节选择延迟生产时，其收益函数要高于即时生产时的收益函数，由此可看出，延迟生产对收益函数的影响。说明选择延迟生产，可以留出时间来判定快时尚供应链上游众包即时设计所带来的偏差，从而调整生产产量，降低库存，通过前面的分析，此种设计生产策略，就只有库存成本而没有缺货成本，从而通过降低库存来提高收益。

由于 $\Delta_3 > 0$，即设计环节都是延迟设计，生产环节选择延迟生产时的收益函数高于即时生产时的收益函数。同样体现了延迟生产的作用，做出最优的生产决策，通过前面的分析，此种策略通过 JIT 生产方式来提高快时尚供应链整体收益。

由于 $\Delta_4 > 0$，$\Delta_5 > 0$，$\Delta_6 > 0$，即在设计、生产环节均涉及延迟的情况下，三种策略的收益函数两两对比结果为：策略Ⅲ的收益函数高于策略Ⅱ的收益函数，策略Ⅱ的收益函数又高于策略Ⅰ的收益函数，即 $\pi_{III}(q_{III}) > \pi_{II}(q_{II}) > \pi_I(q_I)$。策略Ⅲ的收益函数最高，说明众包设计环节和生产环节均选择延迟的情况是最好的。可见通过两个环节的延迟，留出了充足的时间获取需求和偏好信息来更新信息,并修正设计和生产运作,从而使得收益最大。

由于 $\Delta_2 > 0$、$\Delta_3 > 0$,说明基于众包设计和生产的双组合策略的收益好于单独基于众包设计策略的收益,由此可见,上述在 Bayes 信息更新下五种组合策略的优势排序为:PD&PP 策略最优,其次是 PD&IP 策略和 ID&PP 策略,接下来是 PD 策略,而 ID 策略最差。

(二) 敏感性分析

1. 缺货成本 c_o 对收益函数的影响

由图 12-2 计算不难发现,Δ_1 与缺货成本呈反相关关系,Δ_5 与缺货成本无关,且还有 Δ_5 恒大于 Δ_1,由前文可知 $\Delta_1 > 0$,体现了延迟设计较即时设计更优,即体现了信息更新的价值,此处又有 Δ_5 恒大于 Δ_1,体现了信息更新的溢出价值,即快时尚供应链在众包设计环节所带来的价值,还扩大到了对生产环节的影响,更是说明了设计环节信息更新的可行性。

由图 12-3 可看出,收益函数 $\pi_1(q_1)$ 和 $\pi_2(q_2)$ 均与缺货成本呈反相关关系,说明随着缺货成本的增加,收益函数 $\pi_1(q_1)$ 和 $\pi_2(q_2)$ 均会随之降低,所以应该控制缺货成本。并且不论缺货成本如何变化,收益函数 $\pi_2(q_2)$ 始终大于 $\pi_1(q_1)$,说明缺货成本不会影响信息更新、延迟设计的价值。

由图 12-4 可看出,收益函数 $\pi_Ⅰ(q_Ⅰ)$ 和 $\pi_Ⅲ(q_Ⅲ)$ 均与缺货成本无关,只有收益函数 $\pi_Ⅱ(q_Ⅱ)$ 与缺货成本呈反相关关系,即随着缺货成本的增加,收益函数 $\pi_Ⅱ(q_Ⅱ)$ 随之降低。还可以发现收益函数 $\pi_Ⅲ(q_Ⅲ)$ 始终大于 $\pi_Ⅰ(q_Ⅰ)$,而收益函数 $\pi_Ⅱ(q_Ⅱ)$ 与 $\pi_Ⅲ(q_Ⅲ)$ 相交于点 (2.6, 40078),与 $\pi_Ⅰ(q_Ⅰ)$ 相交于点 (92.6, 36657),即当缺货成本小于 2.6 时,三种情形对应的收益函数的大小关系为 $\pi_Ⅱ(q_Ⅱ) > \pi_Ⅲ(q_Ⅲ) > \pi_Ⅰ(q_Ⅰ)$,当缺货成本在范围 [2.6, 92.6] 中变动时,三种情形对应的收益函数的大小关系为 $\pi_Ⅲ(q_Ⅲ) > \pi_Ⅱ(q_Ⅱ) > \pi_Ⅰ(q_Ⅰ)$,当缺货成本大于 92.6 时,三种情形对应的收益函数的大小关系为 $\pi_Ⅲ(q_Ⅲ) > \pi_Ⅰ(q_Ⅰ) > \pi_Ⅱ(q_Ⅱ)$,所以,应该根据缺货成本的大小来选择出最优的众包设计、生产情况,如前面的数值分析部分缺货成本的取值为 25,所以得出了情形Ⅲ最优的结论。

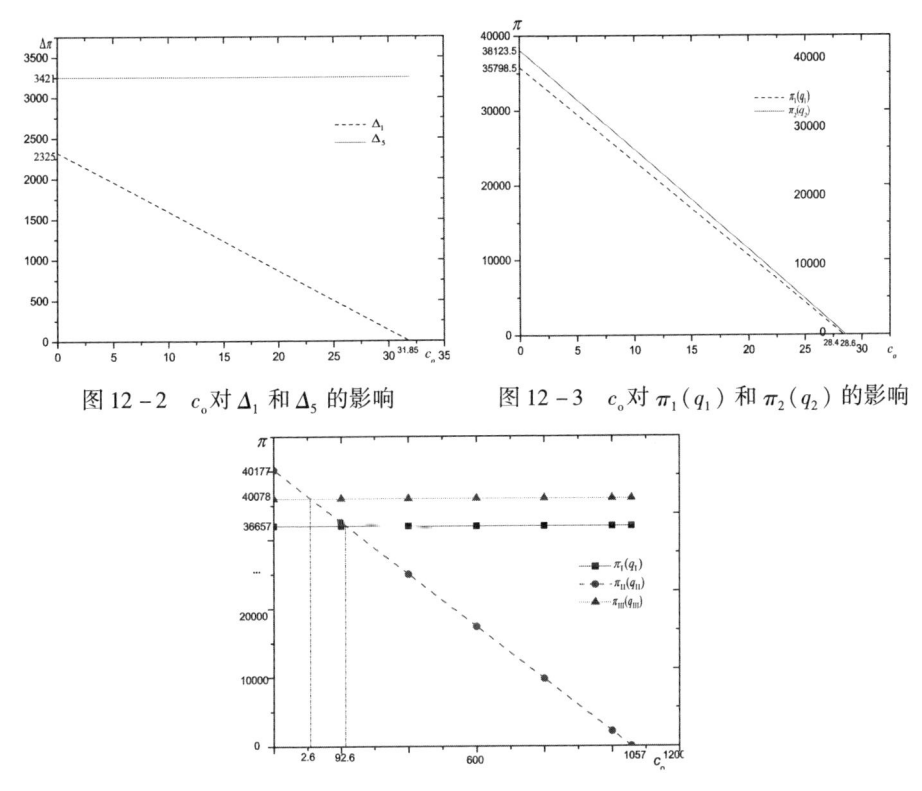

图 12-2　c_o 对 Δ_1 和 Δ_5 的影响

图 12-3　c_o 对 $\pi_1(q_1)$ 和 $\pi_2(q_2)$ 的影响

图 12-4　c_o 对 $\pi_I(q_I)$、$\pi_{II}(q_{II})$ 和 $\pi_{III}(q_{III})$ 的影响

2. 延迟成本 c_d 对收益函数的影响

由图 12-5 可发现，Δ_1 与延迟成本呈反相关关系，Δ_5 与延迟成本无关，同样 Δ_5 恒大于 Δ_1。由图 12-6 可看出，收益函数 $\pi_1(q_1)$ 与延迟成本无关，收益函数 $\pi_2(q_2)$ 与延迟成本呈反相关关系，收益函数 $\pi_2(q_2)$ 对应的是延迟设计的情况，会随着延迟成本的增加而降低。并且两条线相交于点（520，4331），说明当延迟成本为 520 时，收益函数 $\pi_1(q_1)$ 和 $\pi_2(q_2)$ 相等，当延迟成本小于 520 时，收益函数 $\pi_2(q_2)$ 依然大于 $\pi_1(q_1)$，但当延迟成本大于 520 后，收益函数 $\pi_2(q_2)$ 反而小于 $\pi_1(q_1)$，信息更新、延迟众包设计的价值不再体现出来，这也和前面分析的"设计延迟时间越长，相对应成本就越大，因此，决策过程中就要把握和平衡信息精准度和相应成本的关系"相吻合。

由图 12-7 可看出，收益函数 $\pi_I(q_I)$、$\pi_{II}(q_{II})$ 和 $\pi_{III}(q_{III})$ 均与延迟成本呈反相关关系，即收益函数会随着延迟成本的增加而降低，所以，应该对延迟成本进行控制。并且无论延迟成本如何变化，始终都有收益函数 $\pi_{\mathrm{III}}(q_{\mathrm{III}}) > \pi_{\mathrm{II}}(q_{\mathrm{II}}) > \pi_{\mathrm{I}}(q_{\mathrm{I}})$，所以，应该综合考虑缺货成本和延迟成本的大小来做出最后的决策。

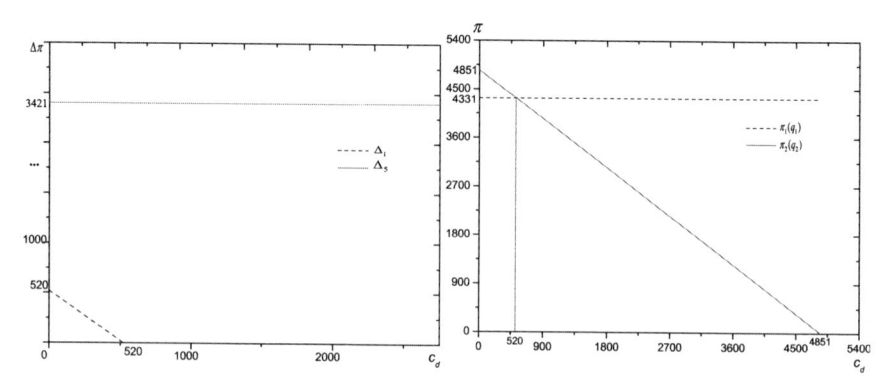

图 12-5　c_d 对 Δ_1 和 Δ_5 的影响　　图 12-6　c_d 对 $\pi_1(q_1)$ 和 $\pi_2(q_2)$ 的影响

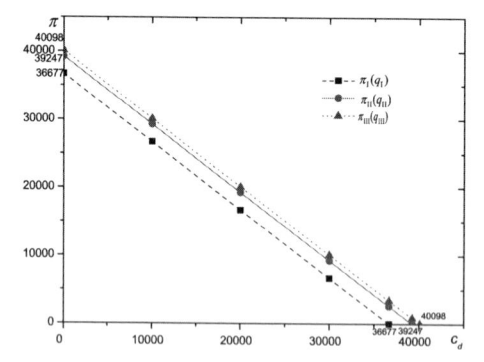

图 12-7　c_d 对 $\pi_{\mathrm{I}}(q_{\mathrm{I}})$、$\pi_{\mathrm{II}}(q_{\mathrm{II}})$ 和 $\pi_{\mathrm{III}}(q_{\mathrm{III}})$ 的影响

3. 众包设计成本 $cr_i(q)$ 对收益函数的影响

由图 12-8 可以看出，有无信息更新，收益函数都是先随着众包设计成本的增加而升高，当众包设计成本增加到一定程度后，再随着众包设计成本的增加而降低。说明当众包设计成本较小时，增加众包设计成本，不但不会使得收益函数降低，还会因为报酬增加激励了众包设计者积极参与，设计出受客户欢迎的产品，从而使得收益函数升高；但当众包成本增加到一定程度后，增加众包设计成本所带来的负担掩盖了其所带来的好处，所以收益函数开始降低，因此要控制好众包设计成本的幅度，不能只一味看到它带来的好处，也不能忽视它带来的负面影响。两条线相交接近于 2600，所以，当众包

设计成本小于 2600 时，没有信息更新情况下的收益函数较有信息更新情况下的收益函数要高，而当众包设计成本超过 2600 之后，则有信息更新会更优。

由图 12-9 可看出，三种情形下的收益函数均随着众包设计成本的增加而升高，当众包设计成本增加到一定程度之后，再随其增加而降低。最上面那条线整条线都比较平滑，中间那条线在上升阶段比较陡峭，然后下降时趋于平滑，最下面那条线则是先比较平滑，而在下降阶段比较陡峭，说明收益函数 $\pi_{\mathrm{III}}(q_{\mathrm{III}})$ 代表的这种情形（延迟设计 + 延迟生产）最为稳定，不容易受众包设计成本的影响。

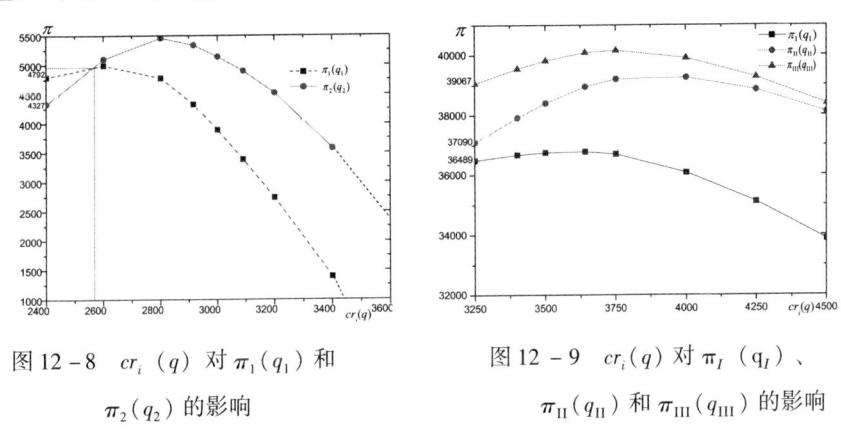

图 12-8 $cr_i(q)$ 对 $\pi_1(q_1)$ 和 $\pi_2(q_2)$ 的影响

图 12-9 $cr_i(q)$ 对 $\pi_{\mathrm{I}}(q_{\mathrm{I}})$、$\pi_{\mathrm{II}}(q_{\mathrm{II}})$ 和 $\pi_{\mathrm{III}}(q_{\mathrm{III}})$ 的影响

4. 胜出的众包设计者人数 w 对收益函数的影响

胜出的众包设计者人数 w 的变化对收益函数的影响，以设计和生产环节都有延迟的三种情形为例。通过计算三种情形下的收益函数 $\pi_{\mathrm{I}}(q_{\mathrm{I}})$、$\pi_{\mathrm{II}}(q_{\mathrm{II}})$ 和 $\pi_{\mathrm{III}}(q_{\mathrm{III}})$，分别得出胜出的众包设计者人数为 2、3 和 4 时，其结果如图 12-10 所示，随着众包设计者人数增加，三种情形下的收益函数均呈上升趋势，说明越多的众包设计者参与众包设计，竞选出越多的优秀产品以供客户选择，从而刺激销量增加收益。

综上，本章首先将众包设计者有机嵌入快时尚供应链中，建立了基于众包的快时尚供应链基本模型；在此基础上，考虑到定制需求信息的准确性直接影响众包设计决策的质量，将基本模型扩展到信息更新下的众包快时尚供应链设计策略，分别得到了即时设计和延迟设计两种设计策略下的最优生产量；进一步考虑到两种不同设计策略必然引起供应链下游制造商做出相应的

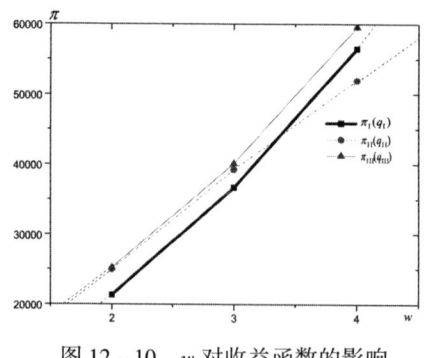

图 12-10　w 对收益函数的影响

响应（Instant Production，IP & Postpone Production，PP），故结合众包设计和延迟生产，快时尚供应链有如下三种组合策略：即时设计 & 延迟生产策略（ID&PP）、延迟设计 & 即时生产策略（PD&IP）、延迟设计 & 延迟生产策略（PD&PP），并获得了这三种组合的最佳产量；接下来通过算例对各不同组合策略进行了对比分析，得出上述在 Bayes 信息更新下五种策略的优劣排序为：PD&PP 策略最优，其次是 PD&IP 策略和 ID&PP 策略，接下来是 PD 策略，而 ID 策略最差；最后，通过敏感性分析，进一步证实了 Bayes 信息更新、延迟设计生产的作用和重要性。